## 广州城市智库丛书

广州市社会科学院　组编

# 新发展阶段粤港澳大湾区协同发展评价与策略

覃剑　巫细波 ◎ 著

中国社会科学出版社

图书在版编目（CIP）数据

新发展阶段粤港澳大湾区协同发展评价与策略／覃剑，巫细波著 .—北京：中国社会科学出版社，2023.12

（广州城市智库丛书）

ISBN 978 - 7 - 5227 - 2613 - 7

Ⅰ.①新… Ⅱ.①覃…②巫… Ⅲ.①城市群—区域经济发展—研究—广东、香港、澳门 Ⅳ.①F127.65

中国国家版本馆 CIP 数据核字（2023）第 204362 号

| | |
|---|---|
| 出 版 人 | 赵剑英 |
| 责任编辑 | 喻 苗　曲 迪 |
| 责任校对 | 胡新芳 |
| 责任印制 | 王 超 |
| 出　　版 | 中国社会科学出版社 |
| 社　　址 | 北京鼓楼西大街甲 158 号 |
| 邮　　编 | 100720 |
| 网　　址 | http://www.csspw.cn |
| 发 行 部 | 010 - 84083685 |
| 门 市 部 | 010 - 84029450 |
| 经　　销 | 新华书店及其他书店 |
| 印　　刷 | 北京明恒达印务有限公司 |
| 装　　订 | 廊坊市广阳区广增装订厂 |
| 版　　次 | 2023 年 12 月第 1 版 |
| 印　　次 | 2023 年 12 月第 1 次印刷 |
| 开　　本 | 710×1000　1/16 |
| 印　　张 | 17.75 |
| 插　　页 | 2 |
| 字　　数 | 225 千字 |
| 定　　价 | 89.00 元 |

凡购买中国社会科学出版社图书，如有质量问题请与本社营销中心联系调换
电话：010 - 84083683
版权所有　侵权必究

# 广州城市智库丛书
# 编审委员会

**主　任**　张跃国
**副主任**　周成华　杨再高　尹　涛　伍　庆

**委　员**（按拼音排序）
　　　白国强　蔡进兵　陈彦博　杜家元　方　琳　郭艳华
　　　何　江　何春贤　黄　玉　柳立子　罗谷松　欧江波
　　　覃　剑　王美怡　杨代友　姚　阳　殷　俊　曾俊良
　　　张赛飞

# 总　　序

何谓智库？一般理解，智库是生产思想和传播智慧的专门机构。但是，生产思想产品的机构和行业不少，智库因何而存在，它的独特价值和主体功能体现在哪里？再深一层说，同为生产思想产品，每家智库的性质、定位、结构、功能各不相同，一家智库的生产方式、组织形式、产品内容和传播渠道又该如何界定？这些问题看似简单，实际上直接决定着一家智库的立身之本和发展之道，是必须首先回答清楚的根本问题。

从属性和功能上说，智库不是一般意义上的学术团体，也不是传统意义上的哲学社会科学研究机构，更不是所谓的"出点子""眉头一皱，计上心来"的术士俱乐部。概括起来，智库应具备三个基本要素：第一，要有明确目标，就是出思想、出成果，影响决策、服务决策，它是奔着决策去的；第二，要有主攻方向，就是某一领域、某个区域的重大理论和现实问题，它是直面重大问题的；第三，要有具体服务对象，就是某个层级、某个方面的决策者和政策制定者，它是择木而栖的。当然，智库的功能具有延展性、价值具有外溢性，但如果背离本质属性、偏离基本航向，智库必会惘然自失，甚至可有可无。因此，推动智库建设，既要遵循智库发展的一般规律，又要突出个体存在的特殊价值。也就是说，智库要区别于搞学科建设或教材体系的大学和一般学术研究机构，它重在综合运用理论和知识分析研判重大问题，这是对智库建设的一般要求；同时，具体到一家智库个体，又要依据自身独一无二的性质、类型和定位，塑造独特个性和鲜明风格，占据真正属于自己的空间和制高点，这是智库独立和自立的根本标志。当前，智库建设的理论和政策不一而足，实践探索也呈现出八仙过海之势，这当然有利于形成智库界的时代标签和身份识别，但在热情高涨、高歌猛进的大时代，也容易盲目跟风、漫天飞舞，以致破坏本就脆弱的智库生态。所以，我们可能还要保持一点冷静，从战略上认真思考智库到底应该怎么建，社科院智库应该怎么建，城市社科院智库又应该怎么建。

广州市社会科学院建院时间不短，在改革发展上也曾经历曲折艰难探索，但对于如何建设一所拿得起、顶得上、叫得响的新型城市智库，仍是一个崭新的时代课题。近几年，我们全面分析研判新型智库发展方向、趋势和规律，认真学习借鉴国内外智库建设的有益经验，对标全球城市未来演变态势和广州重大战略需求，深刻检视自身发展阶段和先天禀赋、后天条件，确定了建成市委、市政府用得上、人民群众信得过、具有一定国际影响力和品牌知名度的新型城市智库的战略目标。围绕实现这个战略目标，边探索边思考、边实践边总结，初步形成了"1122335"的一套工作思路：明确一个立院之本，即坚持研究广州、服务决策的宗旨；明确一个主攻方向，即以决策研究咨询为主攻方向；坚持两个导向，即研究的目标导向和问题导向；提升两个能力，即综合研判能力和战略谋划能力；确立三个定位，即马克思主义重要理论阵地、党的意识形态工作重镇和新型城市智库；瞄准三大发展愿景，即创造战略性思想、构建枢纽型格局和打造国际化平台；发挥五大功能，即咨政建言、理论创新、舆论引导、公众服务、国际交往。很显然，未来，面对世界高度分化又高度整合的时代矛盾，我们跟不上、不适应的感觉将长期存在。由于世界变化的不确定性，没有耐力的人常会感到身不由己、力不从心，唯有坚信事在人为、功在不舍的自觉自愿者，才会一直追逐梦想直至抵达理想的彼岸。正如习近平总书记在哲学社会科学工作座谈会上的讲话中指出的，"这是一个需要理论而且一定能够产生理论的时代，这是一个需要思想而且一定能够产生思想的时代。我们不能辜负了这个时代"。作为以生产思想和知识自期自许的智库，我们确实应该树立起具有标杆意义的目标，并且为之不懈努力。

智库风采千姿百态，但立足点还是在提高研究质量、推动内容创新上。有组织地开展重大课题研究是广州市社会科学院提高研究质量、推动内容创新的尝试，也算是一个创举。总的考虑是，加强顶层设计、统筹协调和分类指导，突出优势和特色，形成系统化设计、专业化支撑、特色化配套、集成化创新的重大课题研究体系。这项工作由院统筹组织。在课题选项上，每个研究团队围绕广州城市发展战略需求和经济社会发展中重大理论与现实问题，结合各自业务专长和学术积累，每年年初提出一个重大课题项目，经院内外专家三轮论证评析后，院里正式决定立项。在课题管理上，要求从基本逻辑与文字表达、基础理论与实践探索、实地调研与方法集成、综合研判与战略谋划等方面反复打磨锤炼，结项仍然要经过三轮评审，并集中举行重大课题成果发布会。在成果转化应用上，建设"研究专报＋刊物发表＋成果发布＋媒体宣传＋著作出版"组合式转化传播平台，形成延伸转化、彼此补充、互相支撑的系列成果。自 2016 年以来，广州市社会科学院已组织开展 40 多项重大课题研究，积累了一批具有一定学术价值和应用价值的研究成果，这些成果绝大部分以专报方式呈送市委、市政府作为决策参考，对广州城市发展产生了积极影响，有些内容经媒体宣传报道，也产生了一定的社会影响。我们认为，遴选一些质量较高、符合出版要求的研究成果统一出版，既可以记录我们成长的足迹，也能为关注城市问题和广州实践的各界人士提供一个观察窗口，是很有意义的一件事情。因此，我们充满底气地策划出版了这套智库丛书，并且希望将这项工作常态化、制度化，在智库建设实践中形成一条兼具地方特色和时代特点的景观带。

感谢同事们的辛勤劳作。他们的执着和奉献不但升华了自我，也点亮了一座城市通向未来的智慧之光。

广州市社会科学院党组书记、院长

张跃国

2018年12月3日

# 前　言

纵观全球，中心城市和城市群正在成为承载发展要素的主要空间形式。党的二十大报告明确指出，以城市群、都市群为依托构建大中小城市协调发展格局，推动以县城为重要载体的城镇化建设。"十三五"时期，中国重点建设的19个城市群GDP、人口占全国比重已经分别超过88%和80%，预计到2030年，中国新增的2亿城镇人口中80%将分布在城市群区域，而京津冀、长三角、粤港澳大湾区、长江中游城市群及成渝地区双城经济圈的人口规模将达到6亿人，有望贡献中国GDP增长的75%及城市人口增量的50%。随着城市群和都市圈成为区域发展战略版图的重要支撑，城市群和都市圈协同发展显得越来越重要。事实上，大部分的都市圈和城市群发展规划，几乎都是以推动协同发展和一体化发展作为主要思路和任务。可以说，协同发展程度既是城市群或都市圈建设的主要目标，也是衡量城市群和都市圈建设进展的重要指标。

2019年2月，中共中央、国务院发布《粤港澳大湾区发展规划纲要》，对粤港澳大湾区建设国际一流湾区和世界级城市群作出系统部署。《粤港澳大湾区发展规划纲要》在肯定粤港澳大湾区建设良好基础的同时，也指出了粤港澳大湾区建设面临的挑战，即"在'一国两制'下，粤港澳社会制度不同，法律制度不同，分属于不同关税区域，市场互联互通水平有待进一步提升，生产要素高效便捷流动的良好局面尚未形成。大湾区内部发展差距依然较大，协同性、包容性有待加强，部分地区和领域还存在同质化竞争和资源错配现象"，这些短板和挑战归结起来就是粤港澳大湾区协同发展程度还不够高。《粤港澳大湾区发展规划纲要》颁布以来，在党中央、国务院的领导下，粤港澳三地积极配合、主动发力，粤港澳大湾区在规则衔接、互联互通、产业协作、创新协同、要素流通等方面协同发展都取得了显著成效。与此同时，粤港澳大湾区协同发展也还面临着一些新情况新问题，在此背景下，建立粤港澳大湾区协同发展的理论分析框架和评价方法，对粤港澳大湾区发展进行分析、监测和评估，相对客观评价粤港澳大湾区建设进展成效以及存在的问题，并在此基础上提出相应的对策建议，对推动粤港澳大湾区建设富有活力和国际竞争力的一流湾区和世界级城市群、打造高质量发展的典范具有极其重要的意义。

随着《粤港澳大湾区发展规划纲要》的深入实施，学术界对粤港澳大湾区协同发展的研究也日趋活跃，且主要体现出以下四大特征：一是对产业、创新、市场、公共品供给等具体领域协同发展研究渐多，但对粤港澳大湾区协同发展系统研究仍然比较少；二是对粤港澳大湾区协同发展的定性研究较多，量化分析评价仍然比较少，相比京津冀和长三角地区已各有1—2家研究机构持续发布该区域的协同发展指数或一体化发展指数，粤港澳大湾区协同发展相关评价指数还未有机构或者学者对外公开发布；三是对粤港澳大湾区协同发展研究主要以城市为具体分析单元，尚无法将空间分析单元进一步细化，研究精准度和精细化还有待进一步突破提升；四是对粤港澳大湾区协同发展评价数据主要来源于统计部门公开的数据，数据来源较为单一，数据量较少，数据涉及面较窄。相较于以往研究，本书可能的创新之处在于：一是建立粤港澳大湾区协同发展的理论框架，进一步丰富区域协同发展理论、区域协调发展理论等相关理论；二是建立粤港澳大湾区协同发展评价方法并对粤港澳大湾区协同发展程度进行评价评估，发现优势与短板，为推动粤港澳大湾区建设工作提供决策参考；三是根据区域发展特征，超越城市从更微观空间尺度上运用POI数据分析粤港澳大湾区空间协同发展现状与趋势。

本书总体按照"理论建构→方法建构→实践应用→发现问题→解决方案"的逻辑思路开展研究。首先，基于区域经济学、城市经济学、空间经济学相关理论，结合党中央关于城市群、都市圈和区域协同发展的重大战略部署，建立城市群协同发展的理论框架，为粤港澳大湾区协同发展提供相对科学的理论依据。其次，基于城市群协同发展理论框架，构建粤港澳大湾区协同发展评价体系，分别从相对发展均衡性、空间布局均衡性两大维度，对粤港澳大湾区协同发展进行评价分析。最后，利用构建的粤港澳大湾区协同发展评价方法，分别对粤港澳大湾区产业、市场、交通、公共服务和生态环境的协同发展程度进行深入评价，发现各个具体领域存在的问题和短板，提出推动粤港澳大湾区协同发展的思路目标、主要路径和对策建议，为相关政策制定提供依据和参考。为进一步分析中心城市如何引领城市群协同发展，本书还以广州为案例进行了分析。整体上看，本书的研究技术路线如图1所示。

遵循以上研究思路和技术路线，本书主要章节安排如下：第一章为粤港澳大湾区协同发展的理论建构与评价方法，主要研究提出粤港澳大湾区协同发展的概念内涵、评价体系和评价方法；第二章为粤港澳大湾区交通协同发展评价分析，主要对粤港澳大湾区交通发展现状进行梳理回顾，从交通相对发展均衡性和交通空间布局均衡性对粤港澳大湾区交通协同发展情况进行评价，在此基础上发现制约粤港澳大湾区交通协同发展水

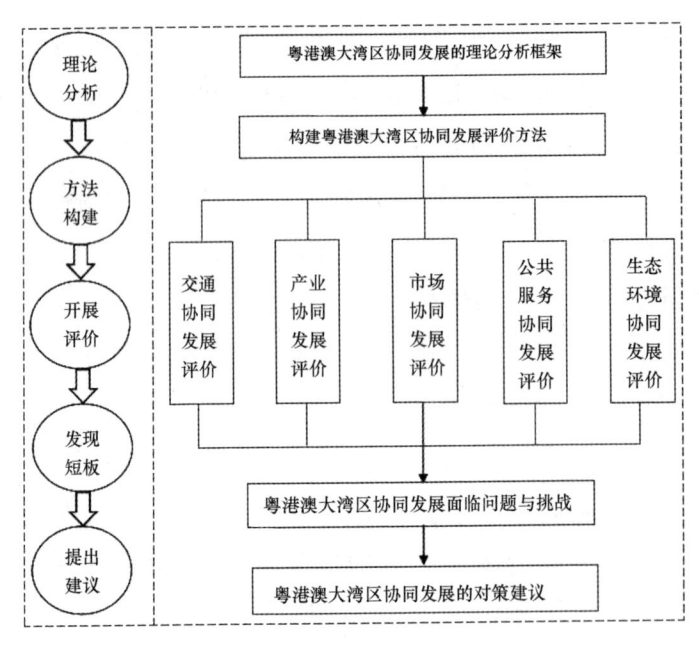

## 4 新发展阶段粤港澳大湾区协同发展评价与策略

**图1 技术路线**

资料来源：笔者绘制。

平提升的问题挑战，提出相应的对策建议；第三章为粤港澳大湾区产业协同发展评价分析，主要对粤港澳大湾区产业发展现状进行梳理回顾，从产业相对发展均衡性、产业空间布局均衡性和产业结构分工状态对粤港澳大湾区产业协同发展情况进行评价，在此基础上发现制约粤港澳大湾区产业协同发展水平提升的问题挑战，提出相应的对策建议；第四章为粤港澳大湾区市场协同发展评价分析，主要对粤港澳大湾区市场发展现状进行梳理回顾，从市场相对发展均衡性、市场空间载体和设施布局均衡性对粤港澳大湾区产业协同发展情况进行评价，在此基础上发现制约粤港澳大湾区市场协同发展水平提升的问题挑战，提出相应的对策建议；第五章为粤港澳大湾区公共服务协同发展评价分析，主要对粤港澳大湾区公共服务发展现状进行梳理回顾，从公共服务相对发展均衡性、公共服务空间布局均衡性对粤港澳大湾区公共服务协同发展情况进行评价，在此基础上发现制约粤港澳大湾区公共服务协同发展水平提升的问题挑战，提出相应的对策建议；第六章为粤港澳大湾区生态环境协同发展评价分析，主要对粤港澳大湾区生态环境发展现状进行梳理回顾，从生态环境相对发展均衡性、生态环境空间布局均衡性对粤港澳大湾区生态环境协同发展情况进行评价，在此基础上发现制约粤港澳大湾区生态环境协同发展水平提升的问题挑战，提出相应的对策建议；第七章为中心城市引领粤港澳大湾区协同发展分析：以广州为例，主要通过分析评估广州在粤港澳大湾区的集聚能力、连接能力、辐射能力及其引领带动粤港澳大湾区协同发展面临的挑战，在此基础上提出广州引领粤港澳大湾区协同发展的实现路径。

  本书是在区域发展研究所、广州城市战略研究院承担广州市社会科学院2021年立项重大课题研究成果的基础上深化形成。在研究过程中，得到了广州市社会科学院党组书记和院长张跃国、副院长尹涛等领导的悉心指导，科研处从研究立项到成果出版整个过程提供了大量的帮助、付出了辛勤的劳动，在此一并表示感谢。区域发展研究所是广州地区较早专业从事城市与区域经济研究的机构。近年来，区域发展研究所立足广州、面向全国、放眼世界，重点开展区域发展战略、城市空间发展战略、中心城市与区域协调发展战略、特殊功能区发展战略等领域的研究。广州城市战略研究院是广州市重点建设的高端智库，以全球城市、城市经济、数字城市研究为主攻方向。区域发展研究所和广州城市战略研究院先后推出了一批高质量、有影响的研究成果，多次获得省、市主要领导的高度重视和肯定，被各级政府决策、立法采纳和新闻媒体广泛报道。

  本书分工如下：前言、第一章、第三章、第七章主要由覃剑撰写；第二章、第四章、第五章、第六章主要由巫细波撰写；

区域发展研究所程风雨参与第四章初稿撰写，葛志专参与第五章初稿撰写，邹小华参与第六章初稿撰写；区域发展研究所蒋丽、赵蓓蕾、李晓琪亦对本书的撰写有不同程度的贡献。全书篇章布局和研究思路主要由覃剑统筹设计，数据分析方法与模型主要由巫细波设计并测算。城市群协同发展是一个相对宽泛的概念，粤港澳大湾区又是在一个国家、两种制度、三个关税区、三种货币的条件下建设，国际上没有先例。因此，粤港澳大湾区协同发展测度评价面临诸多挑战，并不好把握。研究方法、研究数据和研究视野还有较大的局限性，研究深度也远远不够，许多地方表述或是不到位或是有疏漏之处，一些内容也还需要进一步进行仔细和严谨推敲。总之，不妥之处，敬请同行专家和读者批评指正，以便作者日后开展进一步研究和不断完善。

# 目 录

**第一章 粤港澳大湾区协同发展的理论建构与评价方法** …………… (1)
  第一节 粤港澳大湾区协同发展的概念内涵 ………………… (1)
  第二节 粤港澳大湾区协同发展的评价体系 ………………… (5)
  第三节 粤港澳大湾区协同发展的评价方法 ………………… (13)

**第二章 粤港澳大湾区交通协同发展评价分析** …………… (23)
  第一节 粤港澳大湾区交通发展概况 ………………………… (23)
  第二节 粤港澳大湾区交通相对发展均衡性评价 …………… (40)
  第三节 粤港澳大湾区交通空间布局均衡性评价 …………… (46)
  第四节 粤港澳大湾区交通协同发展面临的问题与挑战 ………………………………………………… (55)
  第五节 粤港澳大湾区交通协同发展的对策建议 …………… (58)

**第三章 粤港澳大湾区产业协同发展评价分析** …………… (62)
  第一节 粤港澳大湾区产业发展概况 ………………………… (62)
  第二节 粤港澳大湾区产业相对发展均衡性评价 …………… (73)
  第三节 粤港澳大湾区产业空间布局均衡性评价 …………… (89)
  第四节 粤港澳大湾区产业协同发展面临的问题与挑战 ………………………………………………… (101)

第五节 粤港澳大湾区产业协同发展的对策建议 …… （106）

**第四章 粤港澳大湾区市场协同发展评价分析** …… （119）
  第一节 粤港澳大湾区市场发展概况 …… （119）
  第二节 粤港澳大湾区市场相对发展均衡性评价 …… （125）
  第三节 粤港澳大湾区市场空间布局均衡性评价 …… （133）
  第四节 粤港澳大湾区市场协同发展面临的问题
       与挑战 …… （146）
  第五节 粤港澳大湾区市场协同发展的对策建议 …… （151）

**第五章 粤港澳大湾区公共服务协同发展评价分析** …… （156）
  第一节 粤港澳大湾区公共服务发展概况 …… （156）
  第二节 粤港澳大湾区公共服务相对发展
       均衡性评价 …… （165）
  第三节 粤港澳大湾区公共服务空间布局均衡性
       评价 …… （173）
  第四节 粤港澳大湾区公共服务协同发展面临的
       问题与挑战 …… （180）
  第五节 粤港澳大湾区基本公共服务协同发展的
       对策建议 …… （183）

**第六章 粤港澳大湾区生态环境协同发展评价分析** …… （189）
  第一节 粤港澳大湾区生态环境发展概况 …… （189）
  第二节 粤港澳大湾区生态环境相对发展
       均衡性评价 …… （196）
  第三节 粤港澳大湾区生态环境空间布局
       均衡性评价 …… （207）

第四节　粤港澳大湾区生态环境协同发展面临的
　　　　　　问题与挑战 …………………………………………（212）
　　第五节　粤港澳大湾区生态环境协同提升的
　　　　　　对策建议 ……………………………………………（214）

**第七章　中心城市引领粤港澳大湾区协同发展分析：
　　　　以广州为例** ……………………………………………（219）
　　第一节　广州在粤港澳大湾区的集聚能力分析 ………（219）
　　第二节　广州在粤港澳大湾区的连接能力分析 ………（233）
　　第三节　广州在粤港澳大湾区的辐射能力分析 ………（235）
　　第四节　广州引领粤港澳大湾区协同发展
　　　　　　面临的挑战 …………………………………………（238）
　　第五节　提升广州在粤港澳大湾区协同发展中引领
　　　　　　能力的对策 …………………………………………（241）

**附录　数据来源与使用说明** ……………………………………（248）

**参考文献** ………………………………………………………（258）

# 第一章　粤港澳大湾区协同发展的理论建构与评价方法

## 第一节　粤港澳大湾区协同发展的概念内涵

纵观已有的研究，有关城市群协同发展的基础理论研究脉络可归纳为两条：第一条是沿着"区域→城市群→都市圈→城市"的研究脉络，即从区域协调发展和区域一体化开始，逐渐延伸到城市群、城市间、城乡间的协同发展，形成的主要理论包括产业区位论、中心地理论、区域经济增长理论、区域分工与协作理论、区域空间结构理论、区域可持续发展理论、区域协调发展理论、集聚经济理论、新经济地理学理论、新区域主义理论和演化经济地理学理论等；第二条是沿着"城市→都市圈→城市群→区域"的研究脉络，即以城市研究为起点，逐渐延展至城市与区域的协同关系，形成的经典理论包括网络城市理论、田园城市理论、有机疏散理论、卫星城理论、世界城市理论、城市网络理论、城市体系理论、城市化理论、城市群理论等。

截至2021年，城市群协同发展研究仍然比较分散、缺乏系统性。从概念内涵看，城市群协同发展体现为城市群内部各个城市

## 2 新发展阶段粤港澳大湾区协同发展评价与策略

之间相互开放、相互依赖与分工合作。① 从协同动力看，城市群协同发展动力主要来源于不同主体追求公共利益或市场利益以及要素集聚扩散（Fujita, M., 1997；Henderson J. V., 2007）。从协同过程看，城市群协同发展是城市群内各个城市立足于比较优势，依托交通、信息等基础设施，通过城市间互动、共建和共生演化，促进生产要素流动，促进产业、交通、市场、创新、服务等领域协同，实现城市群从无序向有序和高效不断演进的过程（Meijers, 2005；郭杰等, 2022）。从实践经验看，城市群协同发展大致可以划分为政府主导模式和市场主导模式，涉及空间、经济、社会、环境、机制协同等（Lefèvre, C., 1998；Herzog, I., 2021；Ouweehand, W. M., 2022）。从协同机制看，国内外城市群协同机制有多种模式，如有的在城市政府基础上建立城市群政府级别政府，通过更高级别行政架构推进城市群协同发展；有的通过发挥城市间协会组织的作用推进城市群协同发展；有的则以核心城市为主导建设都市圈促进城市群协同发展；虽然不同协同发展模式各有特色，但是总体上城市群协同发展机制应强调系统性、多层次、多形式（鞠立新, 2010）。从政策要求看，强调在巩固发达区域优势的同时创造更多机会推动欠发达区域发展（Iammarino, S., 2019）。从发展阶段看，城市群协同发展程度从低到高大致经历协助阶段、协作阶段、协调阶段、协合阶段、协同阶段、协振阶段、一体化阶段、同城化阶段等八个阶段。② 从发展趋势看，城市群协同发展朝着综合平衡和持续均衡方向演进（Counsell, D., 2004）。

2019 年，习近平总书记在《求是》杂志上发表《推动形成

---

① 覃成林、潘丹丹：《粤港澳大湾区产业结构趋同及合意性分析》，《经济与管理评论》2018 年第 3 期。
② 方创琳：《京津冀城市群协同发展的理论基础与规律性分析》，《地理科学进展》2017 年第 1 期。

优势互补高质量发展的区域经济布局》一文①，明确指出新形势下促进区域协调发展，总的思路是：按照客观经济规律调整完善区域政策体系，发挥各地区比较优势，促进各类要素合理流动和高效集聚，增强创新发展动力，加快构建高质量发展的动力系统，增强中心城市和城市群等经济发展优势区域的经济和人口承载能力，增强其他地区在保障粮食安全、生态安全、边疆安全等方面的功能，形成优势互补、高质量发展的区域经济布局。习近平总书记虽然是站在全国的高度对区域协调发展的要求进行论述，实际上对一个区域内部的协调协同发展内涵要求也指明了方向、提供指导。

按照习近平总书记对区域协调发展的论述，综合城市群协同发展的基础理论以及相关研究，可以认为粤港澳大湾区协同发展是指在全面贯彻落实新发展理念的前提下，不同区域立足要素资源禀赋充分发挥各自比较优势，促进区域网络持续完善、要素高效流动集聚、区域分工协作更加紧密、基本公共服务趋于均等、经济社会发展水平持续提高、区域发展差距不断缩小，形成功能清晰、优势互补、高质量发展的新格局。具体来看，粤港澳大湾区协同发展应重点强调各个城市之间协作发展和共同发展。而无论是协作发展还是共同发展，最终的落脚点是发展质量的提升、发展结构和发展空间的优化。因此，可以认为相对发展均衡性和空间布局均衡性是构成粤港澳大湾区协同发展的核心要义，其中相对发展均衡性是指粤港澳大湾区协同发展强调的是在高质量发展过程中实现协同均衡，而不是在停滞乃至衰退中实现所谓的协同均衡。而各区域在发展过程中，必须具有一定的同步性，发展的速度差异、规模差异要保持在一个合理的区间，朝着差距不断缩小的目标迈进。空间布局均衡

---

① 习近平：《推动形成优势互补高质量发展的区域经济布局》，《求是》2019年第24期。

性强调空间布局的合理性，它并不是要求要素资源在空间上均匀分布，而是注重人口、经济、公共服务以及生态环境在空间上的匹配性，体现城市群空间的整合优化。

在具体领域上，2019年国家发展和改革委员会出台的《关于培育发展现代化都市圈的指导意见》，明确把基础设施一体化、产业协作分工、统一开放市场建设、公共服务共建共享、生态环境共保共治以及城乡融合发展作为现代化都市圈建设的重点内容。在国家发改委批复的重点城市群建设规划或方案当中，上述领域亦为重点。如2022年国家发改委批复的《长江中游城市群发展"十四五"实施方案》中，其重点内容包括优化城市群空间布局、推进基础设施互联互通、共促产业转型升级、共建高标准市场体系、共筑生态安全屏障、共同提升公共服务水平。为建设富有活力和国际竞争力的一流湾区和世界级城市群，《粤港澳大湾区发展规划纲要》则明确提出粤港澳大湾区建设的重点任务包括优化空间布局，推进科技创新协同，促进基础设施互联互通，建设现代产业体系，推进生态文明建设，建设宜居宜业宜游优质生活圈，提升市场一体化水平和扩大对外开放等。综合城市群协同发展重点关注的领域，本书主要从交通、产业、市场、公共服务和生态环境五个方面分析粤港澳大湾区的相对发展均衡性和空间布局均衡性，进而评价粤港澳大湾区的协同发展水平。

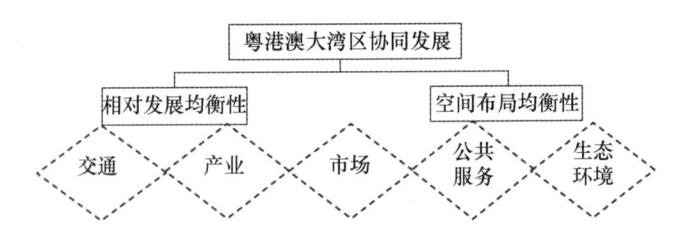

图1-1 粤港澳大湾区协同发展概念构成

资料来源：笔者绘制。

## 第二节 粤港澳大湾区协同发展的评价体系

### 一 城市群协同发展的主要评价指标体系

近年来，相继有一些学者开始探索建立城市群协同发展评价指标体系。党兴华等建立城市群协调发展评价系统框架，系统中包含经济、社会、人口、资源、环境五子系统之间协同发展。[1] 在实践中，陆续有一些研究机构以某一城市群为对象，公开发布城市群协同发展评价指数。中国社会科学院课题组（2020）基于新发展理念构建了京津冀协同发展指数，该指数包含创新发展、协调发展、绿色发展、开放发展、共享发展5个一级指标以及25个二级指标。华东师范大学课题组（2019）构建了长三角城市协同发展能力指数，该指数由经济发展、科技创新、交流服务、生态支撑四大领域、20个核心指标组成。浙江大学课题组（2020）构建了长三角高质量一体化发展指数，从开放一体化、创新一体化、制度一体化、生态一体化、福利一体化五个维度采用50个具体指标开展评价。此外，还有一些学者从其他视角对城市群协同发展进行评价分析，如曾刚、王丰龙分别从经济发展、科技创新、交流服务、生态保护四个维度共选取20项具体指标建立长三角区域城市一体化发展能力评价指标体系，对各个城市一体化发展能力进行评价。[2] 李砚忠、苗源源运用引力模型对长三角城市群、粤港澳大湾区城市群和京津冀城市群的经济流强度进行测度，进而分析城市群产业协

---

[1] 党兴华、赵璟、张迎旭：《城市群协调发展评价理论与方法研究》，《当代经济科学》2007年第6期。

[2] 曾刚、王丰龙：《长三角区域城市一体化发展能力评价及其提升策略》，《改革》2018年第12期。

同特征和空间协同特征。①

与国内其他城市群相比，粤港澳大湾区涉及三个关税区、三套差异较为明显的统计体系，导致很难照搬国内已有的评价指标体系进行分析。根据粤港澳大湾区协同发展概念内涵的界定以及中国推动城市群发展的实践内容，借鉴已有的相关研究，可以构建粤港澳大湾区协同发展的评价体系，即粤港澳大湾区协同发展的评价维度是相对发展均衡性、空间布局均衡性，评价的主要领域包括产业发展协同性、交通发展协同性、市场发展协同性、公共服务发展协同性和生态环境发展协同性五大方面。其中，对相对发展均衡性的评价逻辑是：首先，在产业、交通、市场、公共服务和生态环境五大领域各自选取能代表发展水平的统计指标，用于观察分析粤港澳大湾区整体发展水平的变化情况。如果整体发展水平不断提高，则可进一步分析城市间的相对变化情况；如果整体发展水平不断下降，即使城市间发展水平变小，也认为粤港澳大湾区协同发展水平下降。其次，分别测度评价各个城市相对发展水平的变化情况，如果各城市相对发展水平收敛，则认为粤港澳大湾区协同发展水平提高。最后，对于产业、交通、市场和公共服务等领域，可进一步根据其结构特征、分工特征进行深入分析，而这些分析往往难以直接通过统计数据进行量化分析，需要结合实际进行定量和定性相结合分析。对空间布局均衡性的评价逻辑是：空间布局均衡性蕴含着空间布局均衡化和空间分工合理化两层含义，可以通过分析体现产业、交通、市场、公共服务和生态环境元素的空间分布情况来呈现，如果这些元素分布更加均衡更加合理，则表明空间布局均衡化程度越高。在粤港澳大湾区协同发

---

① 李砚忠、苗源源：《基于引力模型的京津冀城市群协同发展比较研究》，《北京交通大学学报》（社会科学版）2022年第3期。

展评价体系当中，相对发展均衡性和空间布局均衡性越高，则认为粤港澳大湾区协同发展程度越高。

## 二 粤港澳大湾区相对发展均衡性评价指标

具体到"相对发展均衡性"指标，如果在一个观察时期内，从规模水平上看各个城市呈现相对同步发展特征，在结构状态上呈现出更加合理特征，则认为"相对发展均衡性"指标维度表现较好，进而协同发展程度较高。统筹考虑粤港澳三地统计数据的可得性，可以构建产业相对发展均衡性、市场相对发展均衡性、交通相对发展均衡性、公共服务相对发展均衡性、生态环境相对发展均衡性等5个一级指标，其中产业相对发展均衡性包括10个二级指标、市场相对发展均衡性包括4个二级指标、交通相对发展均衡性包括4个二级指标、公共服务相对发展均衡性包括9个二级指标、生态环境相对发展均衡性包括4个二级指标，累计共31个二级指标。当然，表1-1的指标主要涉及总量性指标，主要从规模总量的维度反映发展水平的均衡性。因此，在此基础上，还应根据区域产业、市场、交通、公共服务和生态环境各自的结构特征进行结构状态协同性分析。最终通过综合规模总量均衡性水平和结构状态均衡性水平两个维度，对整体相对发展均衡性进行评价。

表1-1　　　　粤港澳大湾区相对发展均衡性评价指标体系

| 一级指标 | 二级指标 | 指标说明 | 指标属性 |
| --- | --- | --- | --- |
| 产业相对发展均衡性 | 工业增加值 | 当年价（亿元） | 正向 |
|  | 建筑业增加值 | 当年价（亿元） | 正向 |
|  | 批发和零售业增加值 | 当年价（亿元） | 正向 |
|  | 交通运输仓储和邮政业增加值 | 当年价（亿元） | 正向 |
|  | 住宿和餐饮业增加值 | 当年价（亿元） | 正向 |

续表

| 一级指标 | 二级指标 | 指标说明 | 指标属性 |
| --- | --- | --- | --- |
| 产业相对发展均衡性 | 金融业增加值 | 当年价（亿元） | 正向 |
|  | 房地产增加值 | 当年价（亿元） | 正向 |
|  | 从业人员 | 产业人才要素（万人） | 正向 |
|  | 出口总值 | 反映产业外向型程度（亿元） | 正向 |
|  | 进出总值 | 反映产业外向型程度（亿元） | 正向 |
| 市场相对发展均衡性 | 社会消费品零售总额 | 反映市场总体规模（亿元）；香港（零售业总销货价值）；澳门（零售行业总额） | 正向 |
|  | 综合消费物价指数 CPI | 以 2015 年为 100 进行换算 | 负向 |
|  | 工业生产者出厂价格指数 PPI | 以 2015 年为 100 进行换算 | 负向 |
|  | 接待游客数量 | 反映城市旅游市场（万人） | 正向 |
| 交通相对发展均衡性 | 公路里程 | 城市交通线路总长度（千米）；澳门（道路行车线长度） | 正向 |
|  | 民用汽车拥有量 | 城市交通运输能力（万辆） | 正向 |
|  | 轨道交通路线长度 | 反映城市地铁、轻轨等轨道交通水平（千米） | 正向 |
|  | 人均道路密度 | 每平方千米道路长度（千米/万人） | 正向 |
| 公共服务相对发展均衡性 | 教育支出 | 公共财政一般预算支出中教育支出（亿元） | 正向 |
|  | 小学在校生人数 | 反映小学教育规模（万人） | 正向 |
|  | 普通中学在校生人数 | 反映中学教育规模（万人） | 正向 |
|  | 城镇登记失业率 | 反映城市失业程度（%） | 负向 |
|  | 卫生技术人员 | 反映医疗技术人员规模（人） | 正向 |
|  | 医疗机构数 | 反映医疗机构数量 | 正向 |
|  | 医疗机构床位数 | 医疗机构床位数（张） | 正向 |
|  | 人均博物馆数量 | 每千人博物馆数量（个/千人） | 正向 |
|  | 人均公共图书馆数量 | 每千人公共图书馆数量（个/千人） | 正向 |

续表

| 一级指标 | 二级指标 | 指标说明 | 指标属性 |
| --- | --- | --- | --- |
| 生态环境相对发展均衡性 | 单位 GDP 耗电量 | 衡量地区经济活动对能源利用效率的国际通用指标（千瓦时/万元） | 负向 |
| | PM2.5 年平均浓度 | 反映城市空气质量指数（μg/m³） | 负向 |
| | 单位 GDP 二氧化氮排放量 | 反映区域生态环境压力（μg/m³/百亿元） | 负向 |
| | 单位 GDP 二氧化硫排放量 | 反映区域生态环境压力（μg/m³/百亿元） | 负向 |

资料来源：笔者根据网络公开资料整理绘制。

### 三　粤港澳大湾区空间布局均衡性评价指标

空间布局均衡性主要是指在一个观察时期内，各项观察指标在空间上的分布实现更加均衡和更加匹配，则认为"空间发展均衡性"指标维度表现越好，进而协同发展程度越高。事实上，随着新一轮科技革命的加速到来，新一代信息技术、人工智能、交通技术的发展将对空间生产方式、交互方式产生深远影响，粤港澳大湾区空间结构将朝着均衡化、扁平化、网络化方向演变，并产生开放空间网络拓展效应、空间均衡发展推动效应、空间新增长极培育效应、区域空间发展溢出效应，持续推动粤港澳大湾区空间布局持续朝着更加均衡化的方向发展。

（一）开放空间网络拓展效应

相对于一般的城市群，大湾区拥有全球开放的交通网络、开放的产业网络、开放的社会文化网络等，对全球高端资源开放链接能力更强。经过多年的发展，粤港澳大湾区的国际与区域开放网络正在逐渐完善。在国际交通网络方面，粤港澳大湾区拥有世界一流的机场群和港口群，未来通过加强机场群和港口群的资源整合，建成区域多向通道网、海空航线网、快速公交网，实现区域内重大交通设施良性互动、分工合作、协同发展，并配之以世界一流的信息网络系统，粤港澳大湾区将成为世界一流的交通与信息枢纽，促进区域内各个城市的全球连通性大大提升。未来，粤港澳大湾区还将深度融入共建"一带一路"合作国家和地区，成为"一带一路"建设的重要枢纽和中国对外开放的门户地区。随着粤港澳大湾区链接世界开放网络体系的全面铺开，湾区内各个城市将有更多机会参与到国际交往、平台、网络和环境建设，在国际分工格局和国际市场网络发展中不断拓展城市的全球联系和影响空间，进而提升城市的全球性地位。

(二) 空间均衡发展推动效应

粤港澳大湾区网络型均衡开放格局将从多个方面推动湾区内各个城市空间均衡发展：推动形成更加均衡的城市功能空间布局，各个城市的发展平台和功能区将依托湾区网络实现与区域更好互动发展，带动城市产业和功能空间实现更加均衡发展。推动形成更加均衡的城市交通空间网络，湾区交通网络的建设将推动各个城市与城市之间、各个发展节点与发展节点之间的互联互通，解决单个城市外围区和行政边界地区交通连接不畅导致经济社会发展缓慢的问题。推动形成更加均衡的城市公共服务网络，湾区优质公共服务网络的建设有利于引导各个城市优质公共服务资源在更广泛的空间重新布局和集聚，同时一些处于某个城市外围地区的产业功能平台可望共享到其他城市的优质城市服务资源进而更好地实现产城融合。推动形成更加均衡的城乡空间网络，粤港澳大湾区的建设将全面提高城镇发展质量和水平，推进城市基础设施向农村延伸及优质公共服务资源向农村倾斜配置，促进城市基本公共服务均等化，为推进城乡一体化及实现城乡协调发展增添巨大动力。

## （三）空间新增长极培育效应

以功能区引领发展是粤港澳大湾区建设重要战略。在此背景下，湾区中一些"边缘空间"通过立足自身特色，明确重点突破方向，不断创新体制机制，吸引各类优质资源要素集聚，形成独具特色的功能定位，可望打造成为具有核心竞争力的区域经济增长极。目前，湾区内各个城市都已经基本建立符合自身发展要求的空间框架，通过重大战略平台的建设初步确立了城市的空间增长极体系。但是，一些城市由于老城区空间发展受限和外围区处在城市网络边缘地带，正面临深度城市化难以持续推进的瓶颈。然而，站在区域更大的视野来看，粤港澳大湾区的空间网络远远比单个城市的空间网络要更加复杂、更加发达。在此背景下，原本处于单个城市网络边缘的区域却有可能成为粤港澳大湾区空间网络的重要节点，可望在湾区发展中承担独特功能，进而成为湾区新增长极。

## （四）区域空间发展溢出效应

随着港珠澳大桥、深中通道、南沙大桥等区域重大交通设施建成并投入使用，粤港澳大湾区东西两岸的人流、物流、资金流等将实现更加高效便捷的流动，区域空间网络将会被重塑。从未来发展趋势来看，内湾地区将成为粤港澳大湾区经济社会最发达、最开放的地区，成为推动区域发展的辐射器和动力源。粤港澳大湾区"南向"出海链接全球的同时，"北向"辐射内陆、"东西"联动粤东和粤西的能力也将大大增强。在此背景下，各个城市都应主动在湾区发展中寻求成为前沿发展地的新机会。当然，每一座城市的形成、演化与发展都会受到多种因素的影响，对粤港澳大湾区发展的响应速度和响应能力也不相同，可以预见在空间发展具有更多弹性的城市将在粤港澳大湾区发展中获得先发优势。

显然，根据粤港澳大湾区空间演进趋势，空间布局均衡性越高,则认为空间协同性越好。在经济地理学和空间经济学当中,有多种对空间布局及空间效应的计量分析方法。为从更加微观角度展现和分析粤港澳大湾区各类要素空间布局的变化,将采用POI大数据分析粤港澳大湾区产业、交通、市场、公共服务和生态环境的空间布局及变化情况。[①] 通过第三方网络数据爬虫工具从高德地图开放平台获取POI数据,数据包括2017年和2021年。原始数据共包含汽车服务、汽车销售、汽车维修、摩托车服务、餐饮服务、购物服务、生活服务、体育休闲服务、医疗保健服务、住宿服务、风景名胜、商务住宅、政府机构及社会团体、科教文化服务、交通设施服务、金融保险服务、公司企业、道路附属设施、地名地址信息、公共设施、事件活动、室内设施、通行设施等23类,根据研究目标选取其中的20类POI数据展开研究分析。以粤港澳大湾区范围内的广州、深圳、香港、佛山、澳门、惠州、肇庆、江门、东莞、中山、珠海,这11个地区的POI数据为研究对象,POI数据总量超过638万条。

从表1-2中,2017年和2021年的各类型POI数量变化看,大部分类型的POI数量随着粤港澳大湾区发展明显增长,少部分则减少,如互联网经济繁荣发展下的金融保险类POI数量明显萎缩,地铁、城轨等轨道交通的快速发展使得普通道路附属设施POI数量也明显减少。通过POI数量及其变化以可视化方式定位到粤港澳大湾区地图当中,通过POI的分布密度则可以刻画出各类要素在空间上的布局情况,进而可以直观判断出粤港澳大湾区产业、市场、交通、公共服务和生态环境空间演进的均衡特征。

---

① 巫细波、赖长强:《基于POI大数据的城市群功能空间结构特征研究——以粤港澳大湾区为例》,《城市观察》2019年第3期。

表1-2　　　　　粤港澳大湾区各类POI数量及占比　　　单位：个，%

| 分类编码 | 名称 | 2017年 数量 | 2017年 占比 | 2021年 数量 | 2021年 占比 | 变化 |
| --- | --- | --- | --- | --- | --- | --- |
| 01 | 汽车服务 | 70784 | 1.43 | 125183 | 1.99 | 76.85 |
| 02 | 汽车销售 | 10626 | 0.21 | 21986 | 0.35 | 106.91 |
| 03 | 汽车维修 | 32223 | 0.65 | 38642 | 0.61 | 19.92 |
| 04 | 摩托车服务 | 14363 | 0.29 | 14735 | 0.23 | 2.59 |
| 05 | 餐饮服务 | 708243 | 14.28 | 978147 | 15.56 | 38.11 |
| 06 | 购物服务 | 1513155 | 30.50 | 1760473 | 28 | 16.34 |
| 07 | 生活服务 | 650082 | 13.10 | 857389 | 13.64 | 31.89 |
| 08 | 体育休闲服务 | 77096 | 1.55 | 106135 | 1.69 | 37.67 |
| 09 | 医疗保健服务 | 119400 | 2.41 | 178773 | 2.84 | 49.73 |
| 10 | 住宿服务 | 80495 | 1.62 | 133901 | 2.13 | 66.35 |
| 11 | 风景名胜 | 21029 | 0.42 | 38066 | 0.61 | 81.02 |
| 12 | 商务住宅 | 137967 | 2.78 | 215341 | 3.43 | 56.08 |
| 13 | 政府机构及社会团体 | 108232 | 2.18 | 154292 | 2.45 | 42.56 |
| 14 | 科教文化服务 | 122403 | 2.47 | 218423 | 3.47 | 78.45 |
| 15 | 交通设施服务 | 200989 | 4.05 | 257432 | 4.09 | 28.08 |
| 16 | 金融保险服务 | 72269 | 1.46 | 61441 | 0.98 | -14.98 |
| 17 | 公司企业 | 990034 | 19.95 | 1095545 | 17.43 | 10.66 |
| 18 | 道路附属设施 | 2959 | 0.06 | 2004 | 0.03 | -32.27 |
| 20 | 公共设施 | 29022 | 0.58 | 28951 | 0.46 | -0.24 |
| | 合计 | 4961371 | 100 | 6286859 | 100 | 26.72 |

资料来源：笔者通过第三方网络数据爬虫工具从高德地图开放平台获取。

## 第三节　粤港澳大湾区协同发展的评价方法

### 一　粤港澳大湾区相对发展均衡性评价方法

"相对发展均衡性"评价首先是要捕捉粤港澳大湾区11个

城市在交通、产业、市场、公共服务和生态环境领域发展水平的协同性。所使用的方法为熵权 TOPSIS 评价方法和 Dagum 基尼系数评价方法。其中，熵权 TOPSIS 方法用于评价粤港澳大湾区产业、市场、交通、公共服务、生态等五方面的发展水平，评价结果不是测度绝对发展水平，而是反映了某个城市在粤港澳大湾区的相对发展水平。尽管熵权 TOPSIS 方法能够有效评价区域相对发展水平变化情况，但难以保证城市之间相对发展水平变化的一致性。因此需要在熵权 TOPSIS 方法的基础上，引入 Dagum 基尼系数计算相对发展的差异性，再取差异的倒数可得到某个领域粤港澳大湾区相对发展水平的协同性。当然上述方法只能评价相对发展水平的协同性，相对发展结构的均衡性还需要具体领域的具体特征采用其他方法进行分析。最后综合考虑作出"相对发展均衡性"的总体评价与结论，相关计算方法如下。

**第一步：使用 TOPSIS 方法评价各城市在某一领域的相对发展水平**

TOPSIS (Technique for Order Preference by Similarity to Ideal Solution) 称为逼近于理想解的排序方法，一般称为优劣距离法。TOPSIS 法是一种常用的区域发展综合评价方法，能充分利用原始数据的信息精确反映各评价方案之间的差距。基本过程为基于归一化后的原始数据矩阵，找出有限方案中的最优方案和最劣方案，然后分别计算各评价对象与最优方案和最劣方案间的距离，获得各评价对象与最优方案的相对接近程度，以此作为评价优劣的依据。计算过程如下：

设有 $n$ 个城市 $m$ 个指标构成的原始数据矩阵 $X$：

$$X = \begin{bmatrix} x_{11} & x_{12} & \cdots & x_{1m} \\ x_{21} & x_{22} & \cdots & x_{2m} \\ \vdots & \vdots & \ddots & \vdots \\ x_{n1} & x_{n2} & \cdots & x_{nm} \end{bmatrix} \quad (1-1)$$

由于 TOPSIS 法使用距离尺度来度量样本差距,使用距离尺度就需要对指标属性进行同向化处理(若一个维度的数据越大越好,另一个维度的数据越小越好,会造成尺度混乱)。通常采用成本型指标向效益型指标转化(即数值越大评价越高,事实上几乎所有的评价方法都需要进行转化)。因此需要根据指标类型对 $x_{nm}$ 进行标准化处理,本书采用余弦距离方法,即将矩阵 $X$ 每一列元素都除以当前列向量的范数:

$$z_{ij} = \frac{x_{ij}}{\sqrt{\sum_{i=1} x_{ij}^2}} \quad (1-2)$$

得到归一化处理后的标准化矩阵 $Z$:

$$Z = \begin{bmatrix} z_{11} & z_{12} & \cdots & z_{1m} \\ z_{21} & z_{22} & \cdots & z_{2m} \\ \vdots & \vdots & \ddots & \vdots \\ z_{n1} & z_{n2} & \cdots & z_{nm} \end{bmatrix} \quad (1-3)$$

最优方案 $Z^+$ 由矩阵 $Z$ 中每列最大值构成:

$Z^+ = (\max\{z_{11}, z_{21}, \cdots, z_{n1}\}, \max\{z_{12}, z_{22}, \cdots, z_{n2}\}, \cdots, \max\{z_{1m}, z_{2m}, \cdots, z_{nm}\}) = (z_1^+, z_2^+, \cdots, z_m^+)$

最劣方案 $Z^-$ 由矩阵 $Z$ 中每列最小值构成:

$Z^- = (\min\{z_{11}, z_{21}, \cdots, z_{n1}\}, \min\{z_{12}, z_{22}, \cdots, z_{n2}\}, \cdots, \min\{z_{1m}, z_{2m}, \cdots, z_{nm}\}) = (z_1^-, z_2^-, \cdots, z_m^-)$

计算各城市与最优方案、最劣方案的距离:

$$D_i^+ = \sqrt{\sum_{j=1}^{m} \omega_j (z_j^+ - z_{ij})^2}, D_i^- = \sqrt{\sum_{j=1}^{m} \omega_j (z_j^- - z_{ij})^2}$$

(1-4)

$\omega_j$ 为第 $j$ 个指标的权重（即重要程度），指标权重可以采用专家主观评价方法或客观数据直接确定，本研究根据实际数据确定权重，即熵权法。最后得到与最优方案的贴近程度，即综合评价指数 $C_i$（$0 \leq C_i \leq 1$）：

$$C_i = \frac{D_i^-}{D_i^+ + D_i^-}$$

(1-5)

$C_i$ 的取值范围为 [0, 1]，越接近 1 表明城市 $i$ 的综合评价越高。而年度发展水平则计算如下，其中 $n$ 为城市数量：

$$C_t = \frac{1}{n} \sum_{i=1}^{n} C_i$$

(1-6)

在采用 TOPSIS 法过程中，使用熵值法对相关指标权重进行复制。基于信息论的熵值法是根据各指标所含信息有序程度的差异性来确定指标权重的客观赋权方法，与专家评价方法有明显差异，改方法仅依赖于数据本身的离散程度。

熵值用于度量不确定性，指标的离散程度越大（不确定性越大）则熵值越大，表明指标值提供的信息量越多，则该指标的权重也应越大。熵权系数计算步骤包括对原始数据矩阵按列进行归一化处理，原始数据 $x_{ij}$ 换算为 $p_{ij}$，然后计算各指标的熵值 $e_i$，最后得到各指标的熵权系数 $h_j$，具体计算公式如下：

$$p_{ij} = \frac{x_{ij}}{\sum_{i=1}^{n} x_{ij}}$$

$$e_j = -k \sum_{i=1}^{n} p_{ij} \ln p_{ij}$$

$$h_j = \frac{1 - e_j}{\sum_{k=1}^{m} (1 - e_k)}$$

(1-7)

其中 $k$ 与样本数量 $n$ 有关,常取 $k = 1/\ln n$,此外若 $p_{ij} = 0$,则令 $p_{ij}\ln p_{ij} = 0$。熵权系数 $h_j$ 越大,则该指标代表的信息量越大,表示其对综合评价的作用越大。

**第二步:使用 Dagum 基尼系数评价各城市在某一领域的相对发展水平的差异性**

Dagum 基尼系数计算公式如下[①],其中 $y_{ji}$ 是 $j$ 区域内 $i$ 城市的发展水平(即 TOPSIS 评价结果);$n$ 为区域数量;$\mu$ 为所有城市发展水平均值;$k$ 为区域分组数量;$n_j$ 是 $j$ 区域内城市个数。

$$G = \sum_{j=1}^{k}\sum_{h=1}^{k}\sum_{i=1}^{n_j}\sum_{r=1}^{n_k} |y_{ji} - y_{hr}|/2n^2\bar{y} = G_w + G_{nb} + G_t \quad (1-8)$$

$$G_{jj} = \frac{1}{2\bar{Y}_j}\sum_{i=1}^{n_j}\sum_{r=1}^{n_j} |y_{ji} - y_{jr}|/n_j^2 \quad (1-9)$$

$G_{jj}$ 为 $j$ 组内部差异。

$$G_w = \sum_{j=1}^{k} G_{jj}P_j S_j \quad (1-10)$$

$G_w$ 为组内差异贡献。

$$G_{jh} = \sum_{i=1}^{n_j}\sum_{r=1}^{n_h} |y_{ji} - y_{hr}|/n_j n_h(\bar{Y}_j + \bar{Y}_h) \quad (1-11)$$

$G_{jh}$ 为 $j$ 组与 $h$ 组之间的差距。

$$G_{nb} = \sum_{j=2}^{k}\sum_{h=1}^{j-1} G_{jh}(p_j s_h + p_h s_j) D_{jh} \quad (1-12)$$

$G_{nb}$ 为组间净差距的贡献,其中 $p_j = n_j/n$,$s_j = n_j\bar{Y}_j/n\bar{Y}$,$D_{jh}$ 为区域 $j$ 和区域 $h$ 之间发展水平的相对影响程度。

$$G_t = \sum_{j=2}^{k}\sum_{h=1}^{j-1} G_{jh}(p_j s_h + p_h s_j)(1 - D_{jh}) \quad (1-13)$$

$G_t$ 为组间超变密度贡献。

---

[①] 公式中各字母具体含义详见 Dagum C., "A New Approach to the Decomposition of the Gini-income Inequality Ratio", *Empirical Economics*, April 1997, pp. 515–531.

$$D_{jh} = \frac{d_{jh} - p_{jh}}{d_{jh} + p_{jh}} \qquad (1-14)$$

$D_{jh}$ 为区域 $j$ 和区域 $h$ 之间发展水平的相对影响程度，$d_{jh}$ 为 $j$ 地区和 $h$ 地区之间发展水平测度值的差值，表示 $j$ 地区和 $h$ 地区中所有 $y_{ji} - y_{hr} > 0$ 的样本值总和的加权平均；$p_{jh}$ 为超变一阶矩，表示 $j$ 地区和 $h$ 地区中所有 $y_{hr} - y_{ji} > 0$ 的样本值总和的加权平均。

**第三步：使用 Dagum 基尼系数的倒数评价各城市在某一领域相对发展水平的协同性**

所采用的计算方式是直接在式（1-7）的基础上得到某一领域的相对发展水平的协同性指标值 $C_t$：

$$C_t = 1/G = \frac{1}{\sum_{j=1}^{k}\sum_{h=1}^{k}\sum_{i=1}^{n_j}\sum_{r=1}^{n_k} |y_{ji} - y_{hr}|/2n^2 \bar{y}} \qquad (1-15)$$

**第四步：根据具体分析领域特征综合采用适宜方法分析城市间结构合理互补性**

根据粤港澳大湾区交通、产业、市场、公共服务和生态环境五大领域特征，运用其他定性与定量方法分析结构的合理性与互补性。在此基础上，综合相对发展水平的协同性和发展结构的合理互补性对特定领域粤港澳大湾区相对发展的均衡性和协同性进行评价。

## 二 粤港澳大湾区空间布局均衡性评价方法

首先，"空间发展均衡性"需要捕捉粤港澳大湾区 11 个城市在交通、产业、市场、公共服务和生态环境领域在空间上的分布及其变化情况。其次，一方面是侧重分析在空间上相关观察对象的规模变化轨迹与趋势；另一方面是在结合主体功能分区、国土空间规划、产业功能区划、人口规模分布、资源环境承载力等因素综合分析观察对象在空间上布局的合理性。最后，综合两方面分析，对粤港澳大湾区空间发展均衡性与协同性进行评价。评价所使用的方法主要有 POI 大数据分析、空间核密度分析和空间密度聚类方法三种。

（一）POI 大数据分析

POI（Point of Interest），能够代表真实地理实体的点状数据，一般包含点要素的名称、类别、经纬度（一般采用 WGS84 地心坐标系[①]，在实际使用过程中可转换为投影坐标系）、电话、所在省市以及地址等基本信息。POI 数据是人口、土地、经济、社会等城市主要要素相互作用的综合体现，集地理位置信息和功能分类信息于一体，与传统数据相比较还具有规模大、覆盖广、类别多、易获取、更新速度快等优点，越来越得到用户认可和青睐，也日益引起研究人员的重视。随着互联网地图与位置服务业务的快速发展，以 POI 为代表的空间地理数据得到不断丰富和完善，主要在地图搜索、路径导航、城市规划、商业选址等领域得到广泛应用，同时也为深入研究城市空间功能、结构和形态提及区域协同分析等领域提供了支撑。

借助 POI 数据之所以能够对区域协同开展研究关键在于每个 POI 都是城市物质空间中实际存在的一个点，大量 POI 集聚分布在空间上形成连片区域，能够反映城市某类型功能在数量及空间上的特点，同时 POI 数据还包括社会空间的各种属性信息，而城市空间结构研究根据研究目的和对象的不同可以分为城市物质空间和城市社会空间的研究，因而借助 POI 数据可以同时从物质空间和社会空间两个维度研究城市空间结构及区域

---

[①] 一种国际上采用的地心坐标系。坐标原点为地球质心，其地心空间直角坐标系的 Z 轴指向 BIH（国际时间服务机构）1984.0 定义的协议地球极（CTP）方向，X 轴指向 BIH 1984.0 的零子午面和 CTP 赤道的交点，Y 轴与 Z 轴、X 轴垂直构成右手坐标系，也称为 1984 年世界大地坐标系统。

差异的演化规律和各子系统的相互作用机制。一方面，基于 POI 的城市聚集形态分析可以体现出城市物质空间演化扩展的规律；另一方面，通过 POI 分时期、分类型、分区域研究可以分析出各行业合作竞争及空间结构变化特点。

（二）空间核密度分析

一种将离散数据进行空间平滑处理形成连续分布密度图的方法，能够有效地分析出离散数据的空间分布特征和趋势，其计算公式如下：

$$f(x) = \frac{1}{nh}\sum_{i=1}^{n}k(\frac{x-c_i}{h}) \qquad (1-16)$$

公式（1-16）中，$f(x)$ 为空间位置 $x$ 处的核密度计算函数；$h$ 为距离衰减阈值，可以是固定值，也可以根据样本进行计算或者是动态值，还可以根据点要素的属性值进行加权计算；$n$ 为与位置 $x$ 的距离小于或等于 $h$ 的要素点数（如果采用加权方法，此处 $n$ 则为要素属性值的总数）；$k$ 函数则表示空间权重函数，一般是距离衰减函数。核密度计算公式的几何意义为密度值在每个核心要素 $c_i$ 处最大，并且在远离 $c_i$ 过程中不断降低，直至与核心 $c_i$ 的距离达到阈值 $h$ 时核密度值降为 0。本研究采用 ArcGIS 软件进行核密度计算，不采用加权处理，$h$ 值会根据样本特征进行自动计算。核密度分析方法会产生栅格数据，为显示不同区域 POI 数据密度差异需要对栅格数据进行分组分级，本研究主要采用自然断裂法[1]进行分组统计并显示。

（三）空间密度聚类方法：DBSCAN 和 OPTICS

这两种分析方法都是基于密度的聚类方法，两种方法各有

---

[1] 由 Jenks 提出的一种地图分级算法，基于数据中固有的自然分组。将对分类间隔加以识别，可对相似值进行最恰当地分组并可使各个类之间的差异最大化。

优缺点，配合使用则更有助于开展POI大数据的空间聚类分析。其中，DBSCAN（Density-Based Spatial Clustering of Applications with Noise）是一个比较有代表性的基于密度的聚类算法，其主要特点是计算速度较快、对内存要求较小，但对初始参数较为敏感。与划分和层次聚类方法不同，将集群定义为密度相连的点的最大集合，能够把具有足够高密度的区域划分为簇，并可在噪声的空间数据库中发现任意形状的聚类。OPTICS（Ordering points to identify the clustering structure）聚类算法也是一种基于密度的空间聚类算法，其思想和DBSCAN类似，但OPTICS算法更容易获取合理的初始参数，也可以获得不同密度的聚类，能够将空间中的数据按照密度分布进行聚类，即经过OPTICS算法的处理可以获得任意密度的聚类。相对而言，DBSCAN算法计算速度和效率更高，但难以确定两个初始参数，而OPTICS算法则容易确定合理的初始参数，但计算效率较为一般，因此将两种方法结合使用能够使研究更加便捷和科学。

### 三　地图来源与使用

本书研究区域为中共中央、国务院印发的《粤港澳大湾区发展规划纲要》中所表述的粤港澳大湾区的范围，即香港特别行政区、澳门特别行政区和广东省广州市、深圳市、珠海市、佛山市、惠州市、东莞市、中山市、江门市、肇庆市（2区9市）。图1-2是基于自然资源部标准地图服务网站GS（2019）4343号的标准地图制作，底图边界无修改，本书后文交通网络、POI数据分析等专题地图为更清晰显示专题内容不再叠加标准地图。

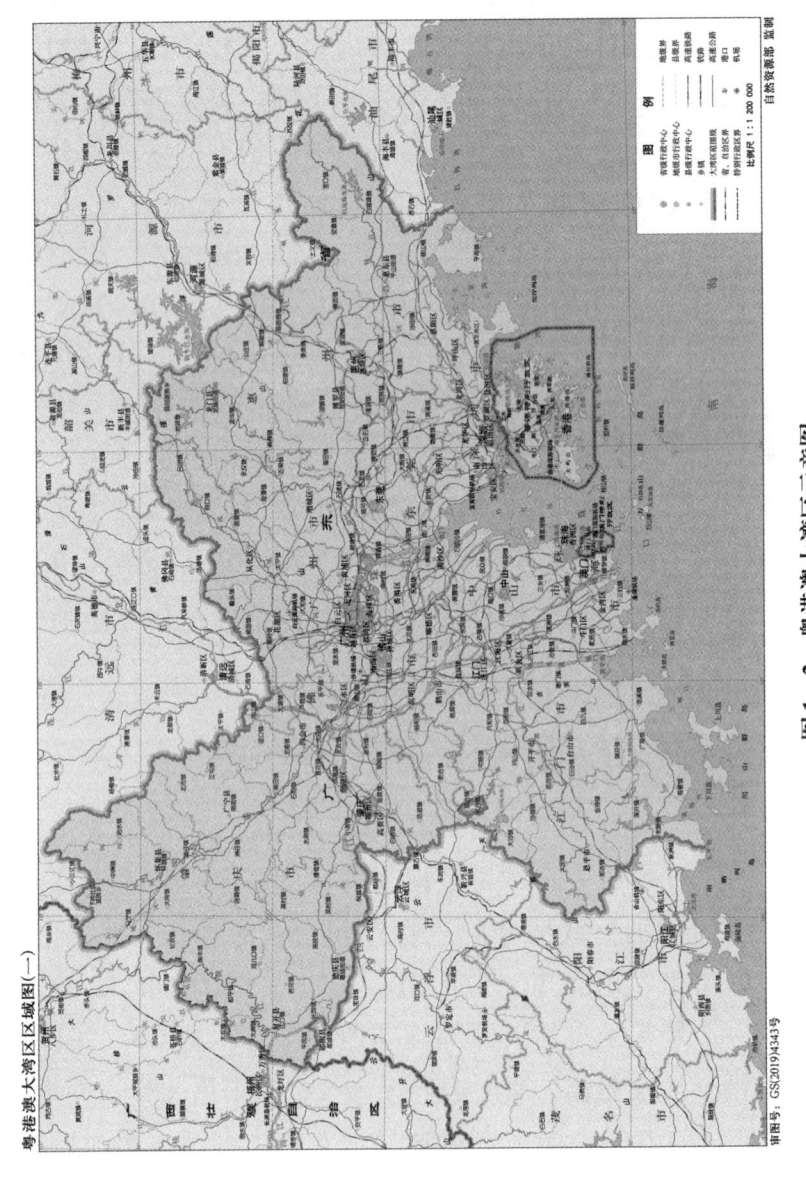

图 1-2 粤港澳大湾区示意图

资料来源：自然资源部地图技术审查中心（bzdt.ch.mnr.gov.cn）已提供高清原图。

# 第二章 粤港澳大湾区交通协同发展评价分析

交通是支撑区域各类要素流通的基础，也是区域协同发展的先行领域。《粤港澳大湾区发展规划纲要》明确提出要加强交通基础设施建设，构建现代化的综合交通运输体系，畅通对外联系通道，提升内部联通水平，为粤港澳大湾区经济社会发展提供有力支撑。本章从相对发展均衡性和空间布局均衡性两个视角对粤港澳大湾区交通协同发展进行系统分析。总体上看，粤港澳大湾区交通协同发展呈现不断提升之势，受人口经济集聚的影响，内湾地区的交通密度及通达便捷性仍然远远高于外湾地区，道路交通协同发展水平高于轨道交通协同发展水平，水路交通协同性与互动性有所加强。

## 第一节 粤港澳大湾区交通发展概况

粤港澳大湾区交通条件便利，拥有香港国际航运中心和吞吐量位居世界前列的广州、深圳等重要港口，以及香港、广州、深圳等具有国际影响力的航空枢纽。随着《粤港澳大湾区发展规划纲要》的落实推进，大湾区内的众多高速公路、四条高铁、五大机场、六座大桥将2区9市连接成一体，形成了现代化立体化综合交通网络。

## 一 粤港澳大湾区公路交通发展

近年来,粤港澳大湾区公路交通建设取得积极进展,主要体现在加强珠江口东西两岸连通、强化湾区内部连通及路网扩容等三个方面。在加强珠江口东西两岸连通方面,深中通道已完成20多个沉管安装,狮子洋通道先行工程已开工建设,莲花山通道的前期工作正在加快推进;进一步强化湾区内部连通方面,积极推进黄茅海通道、南中高速、中山西部外环高速等项目的建设,珠三角地区与香港、澳门间已分别建成3条和2条高速公路通道;路网扩容方面加快京港澳、沈海等国家高速公路繁忙路段的扩容升级。2015年以来,粤港澳大湾区等级道路通车里程由62456千米增长到2020年64792千米,累计增加2336千米,年均增速为0.8%。其中,江门、广州、肇庆、中山、东莞、佛山的等级道路通车里程增长较多,分别累计增长1561.73千米、825.34千米、325.23千米、164.73千米、144.38千米和112.46千米(见图2-1)。

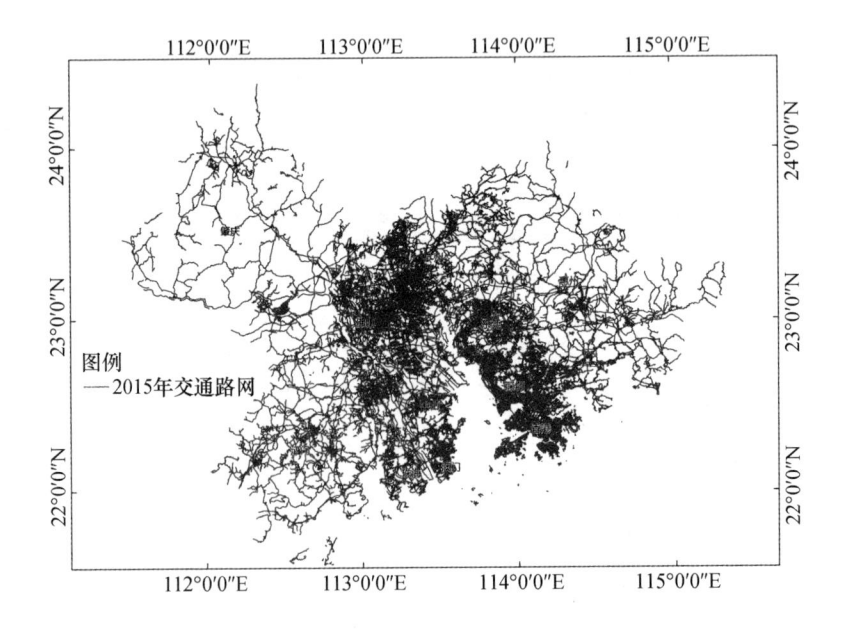

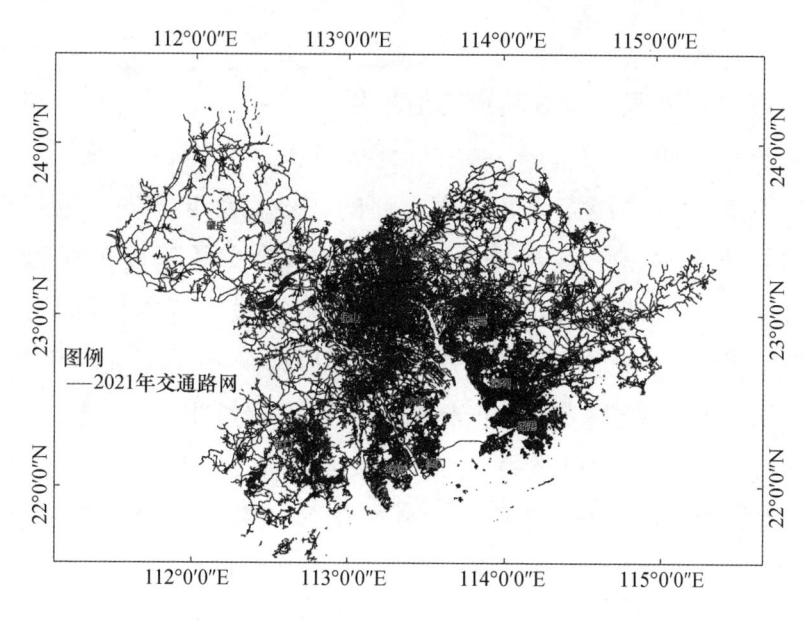

**图 2-1　2015 和 2021 年粤港澳大湾区交通路网**

资料来源：笔者绘制。

在高速公路方面，截至 2020 年年底，粤港澳大湾区高速公路通车里程已达 4894 千米，路网密度达到 8.9 千米/百平方千米，在国内外主要城市群中位居前列。随着港珠澳大桥、南沙大桥建成通车，深中通道、黄茅海跨海通道建设加快，以及南沙至东莞新通道规划建设，珠江东岸和西岸的交通通勤距离和通勤时间将大幅减少，推动两岸经济社会更加深度交流交往和协同发展。如港珠澳大桥正式通车不仅使大湾区公路网络成为真正意义上的闭环网络，从珠江西岸到珠江东岸的距离从原来 200 多千米缩小到 40 多千米、通行时间从三个多小时缩短至三四十分钟。总体上，粤港澳大湾区已经初步形成以广州、深圳为枢纽中心，连通珠三角和粤东西北、辐射华东中南西南地区的放射性路网格局，高速公路通车里程超过 4800 千米，粤港澳大湾区核心区高速公路密度媲美纽约、东京等世界主要湾区。

## 二 粤港澳大湾区轨道交通发展

轨道交通是现代城市群发展建设的关键支撑，"轨道上的大湾区"也是粤港澳大湾区轨道交通的建设目标和方向。近年来，随着穗莞深城际、深惠城际、深大城际等交通建设加快推进，广深港高铁、穗莞深城际新塘至深圳机场段、莞惠城际、广清城际广州北至清远段等建成通车，到2020年粤港澳大湾区铁路通车总里程已超过2200千米，高铁里程超过1200千米，城市轨道交通运营里程已超过1000千米（见图2-2）。值得一提的是，广深铁路已初步实现了"公交化"运营，广深港高铁已实现30分钟互达，"轨道上的大湾区"正加速形成。

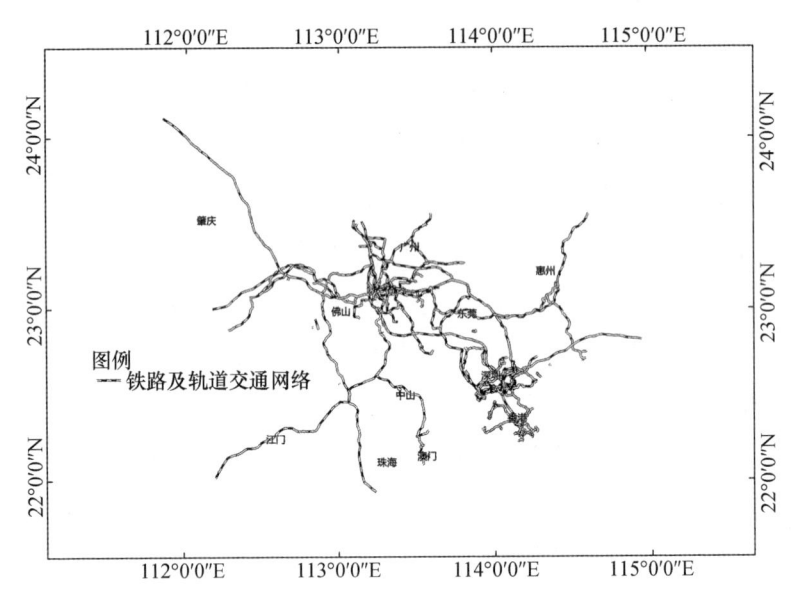

**图2-2 2021年粤港澳大湾区铁路及轨道交通路网**

资料来源：笔者绘制。

具体到各城市看，广州、深圳及香港的轨道交通路线长度均超过200千米，其中广州已经超过500千米，已建成开通16

条（段），里程居全国第三，实现了全市 11 个区互通地铁，全市轨道出行占公交出行比例达 60.1%。深圳已建成开通 6 条合计 108 千米地铁线路，运营站点增至 254 座，2020 年深圳轨道交通线网密度（城市在运营的轨道交通里程与城市行政面积的比值）为 0.21 千米/平方千米，位列全国首位。同期国内轨道线网密度排名前五的城市依次为：深圳（0.21 千米/平方千米）、上海（0.11 千米/平方千米）、广州（0.07 千米/平方千米）、北京（0.04 千米/平方千米）、成都（0.04 千米/平方千米）。东莞全面步入轨道时代，到 2020 年年底建设莞惠城际东莞段 66.5 千米并于 2017 年全线运营通车，建成穗深城际铁路东莞段 53.4 千米并于 2019 年全线正式运营通车，城市轨道 2 号线运营总里程 37.8 千米，城市轨道 1 号线于 2019 年开工建设。佛山城市轨道交通网络初步形成，广佛线实现全线通车运营，高明有轨电车建成通车，佛山市城市轨道交通 2 号线一期、3 号线、广州市城市轨道交通 7 号线西延线、南海新交通项目工程正稳步推进。惠州、江门、肇庆等城市的轨道交通建设还相对滞后。

### 三 粤港澳大湾区航空交通发展

发达的航空运输能力和临空经济是世界级湾区的核心增长极之一，拥有香港国际机场、广州白云机场、深圳宝安机场三大国际航空枢纽为引领的粤港澳大湾区世界级机场群正迅速崛起。截至 2020 年年底，在粤港澳大湾区共有 7 座运输机场（见图 2-3）、11 条跑道。其中，三座国际航空枢纽分别为香港赤鱲角国际机场、广州白云国际机场和深圳宝安国际机场；两座干线机场为澳门国际机场和珠海金湾机场；两座支线机场为佛山沙堤机场和惠州平潭机场。

到 2020 年，粤港澳大湾区机场群旅客吞吐能力超过 2 亿人

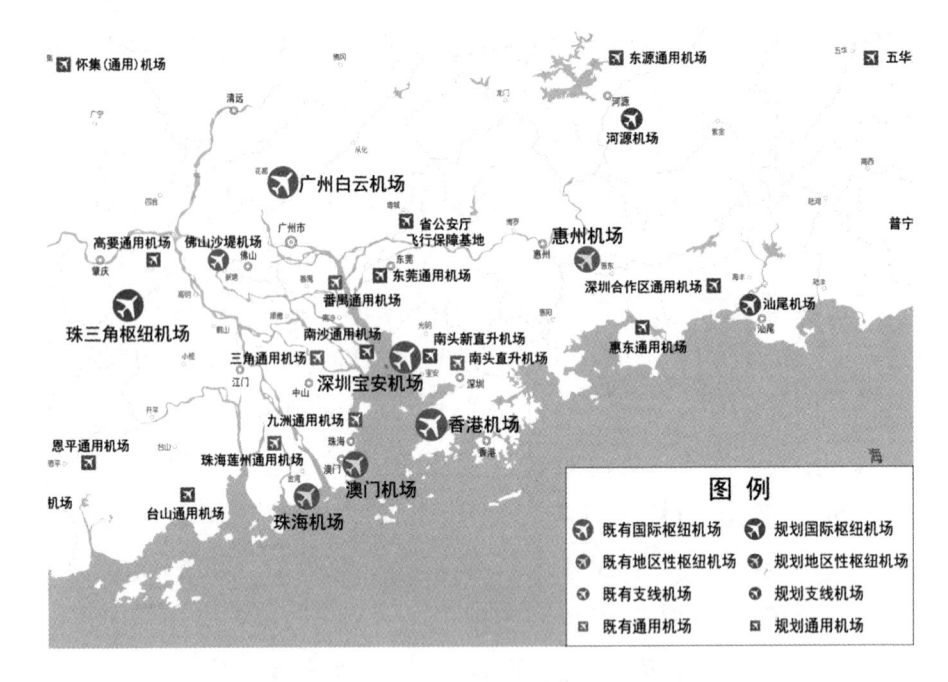

**28** 新发展阶段粤港澳大湾区协同发展评价与策略

**图 2-3　2021 年粤港澳大湾区机场分布**

资料来源：《广东省综合交通运输体系"十四五"发展规划》第 82 页"广东省民用机场'十四五'规划示意图"。

次、邮货吞吐量超 800 万吨。其中，广州白云机场旅客吞吐量、货邮吞吐量、飞机起降架次增速排名分别为全国第一名、第二名、第一名，2020 年广州白云机场旅客吞吐量达到 4376.8 万人次，跃居全球第一，累计保障航班起降 37.34 万架次，保障进出港旅客 4376.8 万人次，成为新冠疫情后复苏快、国内客流最大、起降航班架次最多的机场，完成货邮吞吐量 175.93 万吨；深圳机场实现旅客吞吐量 3791.6 万人次，排名升至国内机场第三，货邮吞吐总量达 139.9 万吨。

根据《广东省综合交通运输体系"十四五"发展规划》，预计到 2035 年粤港澳大湾区将拥有 7 座运输机场、17 条跑道，旅客吞吐量达 4.2 亿人次，货邮吞吐量超过 2000 万吨，建成引领全球、高质量发展的世界级机场群。其中，深圳机场三跑道及

T1、T2航站区等改扩建工程在2026年完工后,终端保障能力将达到年旅客吞吐能力8000万人次,货邮吞吐能力450万吨;香港机场三跑道系统项目2024年扩建完成后,终端容量达到年旅客吞吐能力1.2亿人次,货邮吞吐能力1000万吨;2025年,广州白云机场三期改扩建工程完成后,将新增两条跑道,终端容量将达到旅客吞吐能力1.4亿人次,货邮吞吐能力600万吨。

**四 粤港澳大湾区航运交通发展**

航运是湾区经济发展的"黄金水道",而港口是湾区外贸产业的"压舱基石"。粤港澳大湾区滨江临海,经济发达,是世界上通过能力最大、水深条件最好的区域性港口群之一,区域港口吞吐量位居世界各湾区之首。到2020年,粤港澳大湾区港口集装箱吞吐量超过8000万标箱、港口货物吞吐量超过18亿吨。在内河航运方面,大湾区已形成了"三纵三横三线"为骨架的江海直达、连通港澳的高等级航道网(见图2-4)。"大湾区组合港""湾区一港通"的运行线路已覆盖广州、深圳、佛山、惠州、东莞、中山、肇庆等粤港澳大湾区主要港口城市,越来越多货物通过该模式实现快速通关,实现了进出口货物在大湾区港口间的自由调拨。

特色化的"湾区一港通"和"大湾区组合港"模式逐渐成型。香港、广州、深圳、珠海、东莞、江门位于大湾区内的港口已迈入亿吨大港行列,广州港、深圳港、香港港等集装箱吞吐量跻身全球前列,航线覆盖世界各个国家的主要港口,以粤港澳大湾区为核心的世界级航运港口群正加速形成。到2020年,粤港澳大湾区港口货物吞吐量已经突破18亿吨,2015—2020年年均增长3.52%。其中,广州的港口货物吞吐量达到6.36亿吨,位居第一,年均增速高于大湾区平均增长水平,达到4.09%;其次为深圳2.65亿吨,年均增速4.08%。中山、香港、澳门等城市港口货物吞吐量有所下降（见表2－1）。

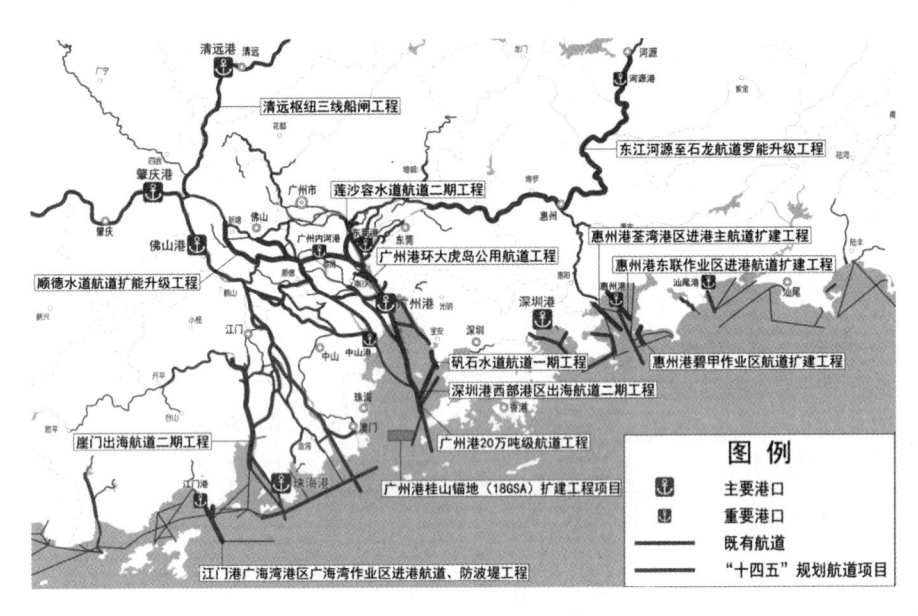

**图2－4　2021年粤港澳大湾区港口及航道分布**

资料来源：《广东省综合交通运输体系"十四五"发展规划》第83页"广东省港口和航道'十四五'规划示意图"。

**表2－1　2015—2020年粤港澳大湾区各城市港口货物吞吐量情况**　　单位：万吨

| 城市（区域）\年份 | 2015 | 2016 | 2017 | 2018 | 2019 | 2020 | 年均增速（%） |
|---|---|---|---|---|---|---|---|
| 广州 | 52095.67 | 54437.45 | 59012.00 | 61313.30 | 62687.31 | 63643.22 | 4.09 |
| 深圳 | 21706.38 | 21409.88 | 24136.00 | 25126.72 | 25785.32 | 26505.67 | 4.08 |
| 珠海 | 11208.78 | 11778.74 | 13586.00 | 13798.69 | 13837.77 | 13367.00 | 3.58 |
| 佛山 | 6146.75 | 6610.00 | 7967.00 | 8973.08 | 9636.27 | 9284.68 | 8.60 |
| 惠州 | 7013.47 | 7657.50 | 7214.00 | 8757.37 | 8955.96 | 9636.44 | 6.56 |
| 东莞 | 13148.61 | 14583.72 | 15714.00 | 16417.13 | 19807.96 | 19856.57 | 8.59 |
| 中山 | 7319.09 | 6788.96 | 8044.00 | 11965.39 | 1547.32 | 1311.55 | -29.10 |
| 江门 | 7524.62 | 7922.75 | 8267.00 | 9368.83 | 6832.03 | 10698.20 | 7.29 |
| 肇庆 | 2944.78 | 3260.55 | 3973.00 | 3921.31 | 4057.39 | 4789.14 | 10.22 |
| 香港 | 25660.00 | 25670.00 | 28150.00 | 25850.00 | 26330.00 | 24930.00 | -0.58 |

续表

| 年份<br>城市（区域） | 2015 | 2016 | 2017 | 2018 | 2019 | 2020 | 年均增速（%） |
|---|---|---|---|---|---|---|---|
| 澳门 | 25.22 | 17.96 | 16.04 | 17.10 | 14.63 | 12.13 | -13.62 |
| 大湾区 | 154793.37 | 160137.51 | 176079.04 | 185508.94 | 179491.96 | 184034.60 | 3.52 |

资料来源：笔者根据表中相应年份的《广东统计年鉴》《香港统计年刊》《澳门统计年鉴》整理绘制。

随着粤港澳大湾区建设的推进，以广州南沙港、深圳蛇口港作为枢纽港，以珠江沿江及内河港口为支线港组合的"湾区一港通"和"大湾区组合港"模式逐渐成型，为货物运输打造出综合运输通道。其中，香港是国际航运中心，拥有面向全球的海事集群，提供船舶融资、海事法律等服务，现代航运服务业发达；广州港是滚装汽车、集装箱、粮食枢纽港且具备冷链物流、船舶修造、国际邮轮、都市游船等优势，国际友好港达54个；深圳港借助产业及广阔的腹地优势，港口通过能力和综合影响快速崛起，并聚焦提升数字化港口建设。随着环珠江口100千米"黄金内湾"概念的提出，粤港澳大湾区航运交通将迎来新机遇。

### 五 粤港澳大湾区各城市交通建设进展

围绕大湾区交通互联互通发展目标，粤港澳2区9市在交通领域持续发力，粤港澳大湾区交通通达度和便捷度都得到了极大的提升。

#### （一）广州

"十三五"时期，广州公路交通辐射能力不断加强、多层级铁路网结构加快成型、地铁通车里程突破500千米并实现"区区通地铁"。其中，交通路网持续完善。2016年以来广州建成通车高速公路5条，新增通车里程约93千米，包括北三环二期、凤凰山隧道、南沙大桥、花莞高速金盆立交至太成立交段、机场第二高速王庄立交至高增立交段。截至2020年年底，广州市域内已建成高速公路共41条，总里程1052千米，进一步促进了粤港澳大湾区城市互联互通。公路交通辐射能力不断加强。开通南沙大桥等5条高速公路通道，新增里程192千米，高速公路总里程达到1126千米。市域进出口道路白天12小时断面交通量从2015年的121万标准车增长至2020年的169万标准车，同比增长约40%，对外辐射能力不断增强。多层级铁路网结构加快成型。新开通穗深城际等4条（段）城际线路，目前已接入京广、广深、广茂等9条干线铁路、5条城际铁路，总里程423千米。2019年，4个铁路枢纽旅客发送量14410万人次/年，较2015年增长51%。2019年广州南站日均旅客发送量26.3万人次，日均停靠动车组数量超800趟，均居全国第一。2020年受新冠疫情影响，四大铁路枢纽旅客发送总量下降至8618万人次。道路网结构进一步完善。全市道路里程11431千米，中心城区建成区道路网密度达到7.0千米/平方千米。地铁通车里程增长1倍，实现"区区通地铁"。地铁运营线路从2015年的9条、266千米增长至2020年的16条、531千米，站点从139座增加至238座，将轨道交通服务延伸至外围区，实现了广州外围区与中心城区的快速联系。国际综合交通枢纽功能全面增强，机场客货运输能力持续攀升。建成白云国际机场第二航站楼、商务航空服务基地，设计旅客吞吐量达到8000万人次/年。2019年旅客吞吐量7339万人次，较2015年增长33%，单一机场全球排名从第18位升至第11位，货邮吞吐量192万吨，较2015年增长25%。2020年在新冠疫情影响下，白云机场旅客吞吐量降至4377万人次，但在单一机场全球排名第一。

（二）深圳

"十三五"时期，深圳加快构建"十横十三纵"路网体系，新建成道路里程254千米，深圳高快速路总里程突破600千米，南坪快速三期、坂银通道、深华快速、东部过境莲塘口岸至梧桐隧道段等35个重大项目建成投入使用。梅观高速快速化改造、皇岗路快速化改造等47个项目开工建设，其中春风隧道是中国在建开挖直径最大盾构隧道，妈湾跨海通道是中国在建最大直径海底盾构隧道，沿江高速前海段与南坪快速衔接工程海底隧道首创水下互通立交。强力推进城市轨道交通建设，龙华现代有轨电车投入运营，12条地铁新线（段）开通，运营里程由178千米增至411千米，位居全国第五，地铁四期及四期调整线路全面开工，深圳进入地铁网络化运营新时代。《深圳铁路枢纽总图规划（2016—2030年）》于2019年5月份获得中国铁路总公司、广东省人民政府批复，推动深圳逐步形成"东西贯通、南北终到、互联互通"铁路格局，促使深圳逐渐成为国家铁路公路枢纽。推进港口水运、通用航空建设，强化湾区联系，深圳港开通60条大湾区驳船货运航线，设立7个内陆港，运营15条海铁联运班线，创新构建大湾区组合港体系，试点"盐田—惠州组合港""蛇口—顺德组合港"，全国首次实现喂给港和枢纽港间一次报关。深圳港开行23条大湾区水上客运观光航线，与大湾区城市实现1小时通达，2019年港澳旅客吞吐量达291万人次，是全国最大的旅客出入境海港口岸。建立国内首个通用航空发展协调机制，获中国001号粤港跨境飞行许可，深港跨境直升机成功试飞。

（三）东莞

"十三五"时期，东莞交通基础设施建设累计完成投资444.91亿元，新增道路456.87千米、轨道157.7千米。轨道网络加快形成：轨道交通2号线一、二期（东莞火车站—虎门火车站）、莞惠城际、穗深城际正式通车，建成高铁枢纽1座、普铁枢纽3座、城际枢纽多座，东莞交通枢纽地位显著增强，区域辐射力持续提升。道路网络一体互联：从莞高速、南沙大桥、莞番高速一期、深圳外环高速主线建成通车，进一步完善了东莞"五纵四横六连"[①]高快速路网结构。与周边城市路网对接加速，东莞内主干次支路网结构体系不断完善。东莞道路通车里程6399.581千米，从空间结构上强化城市内外联系，推动东莞深度融入大湾区一体化交通体系。交通加速内畅外联，赣深客专东莞段、深茂铁路东莞段、佛莞城际东莞段建设加快推进，狮子洋通道和莲花山通道加快筹建，穗深城际、莞惠城际开通运营，南沙大桥、莞番高速一期、花莞高速建成通车，"十三五"时期累计建成城际轨道120千米、高速公路约87.39千米，融入大湾区1小时生活圈的交通网络加快形成。城市交通跨入"地铁时代"，地铁2号线开通运营，1号线一期工程全线动工，规划建设6处通道连接广州、6处通道连接深圳。区域性枢纽大港功能显著提升：东莞港货物吞吐量达1.99亿吨，集装箱吞吐量达400万标箱，跃居全球集装箱港口前50名。

（四）佛山

"十三五"时期，佛山互联互通的综合交通基础设施体系基本成型。佛山"一环"高速化改造顺利完成，高恩高速佛山段、广中江高速佛山段等一批高速公路相继建成，佛山初步形成以广佛为核心的"双轴三环九射"、市域内"两环四纵五横"的高速公路网络。截至2020年年底，佛山高速公路通车里程约达560千米。快速路网加快完善，连续5年实施"断头路"连通工程，累计打通122条"断头路"。佛肇城际轨道、佛山西站开通运营，建成并开通（试）运营广佛线（一期、二期）、高明

---

① "五纵四横六连"高快速路网结构：五纵，即广深沿江高速、广深高速、莞深高速、从莞高速、博深高速；四横，即莞番高速、常虎高速、惠塘高速、深圳外环高速；六连，即清平高速、龙大高速、常虎高速延长线、虎门大桥、莲花山过江通道、新派高速。

现代有轨电车示范线。公交基础设施持续改善，全市新建公交场站101个，公交专用道69.6千米，公交充电站137个。佛山机场通航城市增加至8个，佛山新机场落户高明，佛山市空铁枢纽门户已见雏形。依照《佛山港总体规划（修订）》，佛山港口资源加快优化整合，内河航道条件优越，港口货物吞吐量不断攀升，2015—2020年年均增长率达12%。积极推动干线铁路、城际铁路、城市轨道交通、有轨电车"四网融合"，加快推进广湛高铁、南沙港铁路、广佛环线（佛山西站—广州南站段）建设，积极推进珠肇高铁、柳广铁路、广佛环线（佛山西站—广州北站段）、佛山经广州至东莞城际、广佛江珠城际（顺德北站—江门段）、肇顺南城际等项目规划建设，积极争取肇顺南提升为具有干线功能的城际项目。加快在建佛山城市轨道交通2号线一期、3号线，广州地铁7号线西延顺德段等项目建设，确保相关项目在"十四五"时期建成通车。积极推进佛山市城市轨道交通2号线二期、4号线一期、11号线等佛山市城市轨道交通第二期建设规划项目的规划建设，确保相关项目在"十四五"时期开工建设。

（五）惠州

"十三五"时期，惠州在铁路、公路、水路等多个领域加快发展建设，交通领域取得积极进展。骨架网络建设提速：赣深铁路惠州段、广汕铁路惠州段动工建设，潮惠高速惠州段、汕湛高速惠州至清远段、河惠莞高速惠州段、从莞高速惠州段、武深高速博罗至新丰段建成通车，纵横东西、贯通南北交通主骨架基本成型。干线网络加快提升：国省干线实施上等升级改造，完成国道G236惠东高潭公梅至汕尾交界段改扩建工程等项目，截至2020年年底，全市国道级以上公路比重达到95%。干线航道加快升级：惠州港马鞭洲主航道30万吨扩建工程等有序推进。基础公路网络不断完善。"四好农村路"建设成效显著，等级公路比例和路面铺装率均基本达100%，市区道路网继续密织，建成四环路南段、第三东江大桥、惠新大道等。

（六）肇庆

"十三五"时期，肇庆共完成交通基础设施投资499.4亿元，与大湾区的互联互通能力大幅度提升，整体交通发展水平迈上新台阶。铁路里程达到336.1千米，其中广佛肇城际轻轨于2016年建成通车。公路通车总里程达14436千米，其中高速公路总里程达694.8千米。高快速铁路建设稳步推进。截至2020年年底，肇庆境内共开通4条铁路，分别是广茂铁路、贵广高铁、南广高铁和广佛肇城际轨道，总里程达336.1千米，2016年3月开通的广佛肇城际轨道标志肇庆市迈入城轨时代。高速公路新增里程排全省第一，"十三五"时期高速公路通车总里程达694.8千米，新增建成广佛肇高速、汕昆高速龙川至怀集段、汕湛高速、怀阳高速，总体形成"四横三纵"的现状布局形态。港航水运体系实现新突破：加大航道整治力度，积极推动挖掘西江、北江航运潜力，2017年全面完成西江航道3000吨级扩能升级工程，肇庆段全境达到内河Ⅰ级标准，北江千吨级航道扩能升级工程实现全线贯通。港口资源进一步整合提升，现有5000吨级泊位2个，港口生产用码头泊位数达63个。普通干线公路提质增效："十三五"时期，肇庆全力推进与粤港澳大湾区核心区连接的主干线建设，重点推进东进大道（国道G321）、国道G324、G234、G355、G358，以及省道S260、S263等项目的升级改造等；过江通道不断加密，阅江大桥和肇庆大桥扩建工程的建成通车进一步推动中心城区深入融合发展；端州城区50条"瓶颈路"全面打通，连续三年成为全省交通最畅通城市之一。

（七）中山

"十三五"时期，中山现代化综合交通网络建设全面提速，深中通道加快建设，轨道交通接入国家高铁网，公路总里程超2670千米，为推动大湾区交通协同发展贡献了重要力量。广中江高速三期（除公铁合建段外）、黄圃快线、岭栏路、北二环（沙港公路）主线、沙港西路大修工程、沙石路、东二环一标高架桥、西二环（二环快速路港口至横栏段）四标、西二环（沙溪至横栏段）三标、鹤塘大道温泉段等10个项目建成通车。干线公路方面：坦神北路、古镇快线、大南路（南区段）等项目动工建设，东二环、西二环、G105南线、民众快线、南朗快线、坦洲快线等20个重点项目抓紧推进。轨道交通方面：深茂铁路先行段工程珠江口隧道启动建设；南沙港铁路西江特大斜拉桥顺利合龙，客运化前期工作正在开展；广东省铁投集团正在牵头开展广州至珠海（澳门）高铁（广珠澳高铁）项目预可研编制；南沙至珠海（中山）城际（广州地铁18号线南延线）已纳入粤港澳大湾区城际铁路建设规划。

（八）珠海

"十三五"时期，珠海在交通领域累计完成投资608.53亿元，交通发展水平显著提升。港珠澳大桥建成通车，珠海成为与港澳唯一陆桥相连的城市。洪鹤大桥、金琴快线等跨越东西、纵贯南北的交通骨干路网，以及加林山隧道、板障山新增隧道、新南屏大桥、白石桥等城市重点桥隧项目建成通车。另外，珠机城际一期正式开通运营；珠海港高栏港区15万吨级主航道工程、珠海港高栏港区集装箱码头二期工程等项目顺利通过竣工验收。"十三五"时期，珠海机场年旅客吞吐量突破1000万人次，跨入国内千万级大中型机场行列，通达航点由43个增加至85个。2020年，珠海新开通了广州南沙港直达桂山岛、外伶仃岛的首条水上高速客运航线，实现广州乘船90分钟直达海岛，增加了蛇口直航桂山航线，并推动桂山岛夜航和"万山—东澳—外伶仃"跳岛游航班固定运营，促进水路运输互联互通。

（九）江门

"十三五"时期，江门积极打造珠江西岸综合交通枢纽，交通基础设施累计完成投资908.5亿元。铁路里程达到205千米，高速公路总里程达593千米。区域门户枢纽建设成效突出。省内第四大轨道交通枢纽——珠西综合交通枢纽江门站（8站台20线）建成并开通运营，助力江门成为大湾区西部门户。骨架网加快构建：建成江湛铁路江门段，实现对外通高铁。深茂铁路深圳至江门段（江门段）动工。高速公路网络进一步扩容：高速公路新增208千米，跃升至粤港澳大湾区第四位。建成广中江高速江门段、江罗高速江门段、高恩高速江门段，江门北部纵横通道进一步通畅。沈海高速三堡至水口段、水口至白沙段（主线）完成改扩建，形成沈海高速江门至广州全程8车道的大通道。快速路网骨架基本形成：建成江门大道北段、江门大道中段、五邑路扩建（主线）等，台开快速路干线、开平环城公路已基本建成，东部三区一市和台开同城快速路主骨架已基本建成。干线网络加快升级：普通铁路规划建设顺利推进。广州南沙港铁路江门段完成投资95%，将与广珠铁路共同形成货运铁路骨架。成功争取南沙港铁路客运项目江门境内新建江门北站、滨江新区站。港航体系有新突破：新增高新区公共码头、天马港二期泊位、良发、亨源码头，亚太纸业项目配套码头等大型泊位码头投入运营。完成那扶河及镇海湾出海航道整治，新增44.5千米乘潮3千吨级航道。崖门出海航道二期启动建设，广海湾港区5万吨级码头工程、广海湾LNG接收站等项目前期工作稳步推进。

（十）澳门

截至2020年年底，澳门在交通领域实现诸多重大突破，包括澳门轻轨氹仔线和港珠澳大桥的建成通车，标志着澳门与珠三角交通网络的深度融合。澳门道路总长度为453.4千米，较2015年增加26.4千米。港珠澳大桥于2018年10月24日正式建成通车，实现了澳门、香港与珠三角西岸地区的对接，并且对接京珠高速、西部沿海高速等交通主干道，并向西延伸至内地西南地区，有助于推动内地与港澳交通基础设施的有效衔接。2019年12月10日，澳门轻轨氹仔线（海洋站至氹仔码头站区间）正式开通运营，使得澳门跨入轨道交通时代，运营里程为9.3千米，共设11座高架站车站。截至2021年3月，澳门轻轨在建线路3条，为澳门轻轨氹仔线（海洋站至妈阁站区间）、澳门轻轨石排湾线、澳门轻轨延伸横琴线。2021年3月18日，澳门轻轨延伸横琴线项目在澳门莲花口岸和珠海横琴两地同时举行开工仪式，标志着轻轨横琴线正式展开。

（十一）香港

截至2020年年底，香港公共道路里程达到2150千米，较2015年增加49千米。香港地铁网络日趋完善，据2020年5月香港铁路有限公司官网显示，港铁运营线路共11条，包括铁路线路及地铁线路10条、机场快线1条。港铁运营里程共230.9千米（包括市区线、机场快线和轻铁线路）。其中，市区线（不含机场快线）共设车站91座，运营里程共约187.4千米；机场快线共设车站5座（其中3座与港铁东涌线共用），运营里程共35.2千米；轻铁线路共设车站68座，运营里程共约36.2千米。"十三五"时期，观塘线延线（油麻地—何文田—黄埔）、南港岛线（金钟至海怡半岛段）、沙田至中环线、港铁屯马线一期（大围站—启德站）等线路通车。

## 第二节　粤港澳大湾区交通相对发展均衡性评价

### 一　粤港澳大湾区交通发展水平分析

（一）指标选取

交通协同发展的内涵可从广义和狭义两个维度进行阐释。从狭义维度看，交通协同发展是通过智能化信息系统对区域内各类交通基础设施的高效协同管理，实现区域交通无缝对接和运输能力提升，这种阐释侧重于区域交通系统自身效率和连通性的增强。从广义维度讲，交通协同发展则是指通过整合区域内交通运输资源以实现交通通行和运输效率优化提升，协同带动区域经济社会实现发展更高效的目标，侧重于交通系统与区域经济社会的协同发展。本书对粤港澳大湾区交通协同发展的研究侧重于交通系统本身，即从狭义维度对粤港澳大湾区区域内部交通协同发展进行分析。从协同发展的本质上讲：首先，粤港澳大湾区交通协同发展要求珠三角、香港和澳门三地要进行相对统一的规划建设，从省级甚至国家层面出发统筹设计确保同目标同方向；其次，基础设施建设方面也要求三地要相互协作，保证大湾区各项交通方式之间的有效互通；最后，也要求三地要进行交通信息实时共享，只有信息要素充分流动，三地才能实现协同发展。因此，不管是《粤港澳大湾区城际铁路建设规划（2020—2030年）》还是《广东省综合交通运输体系"十四五"发展规划》，均对粤港澳大湾区未来交通协同发展提出了较为明确的要求：建设大湾区"一小时城轨交通圈"、推广"一票式""一卡通""一单制"等促进交通协同发展狭义发展目标，当然也包括促进交通与关联领域融合发展的广义发展目标。

目前，国外学者关于交通一体化的研究成果较为丰富。从研究内容来看，主要涵盖了交通一体化发展的重要性、交通一体化发展的路径选择与策略研究等方面。关于交通一体化策略的研究，从客运、货运和体制机制等多个方面均提出了不同见解。其中，完善协作机制，推进沟通协调更加顺畅高效和多方给予支持，推进保障政策加快落地等作为重点措施被多次提及。从研究方法来看，多位学者采取比较分析法，通过比较国外城市交通一体化发展现状与分析其原因，来提出对自己所研究区域的交通一体化发展对策；较少的学者通过定量方法来研究交通基础设施的发展与区域经济一体化的关系。从研究层面来看，可分为微观、中观和宏观三个层面。微观层面，学者们主要是从某一交通系统对交通一体化发展的影响作用进行研究；中观层面，交通一体化的实现以城市群的整体发展为依托，从国家出台政策规划到规划落地的研究；宏观层面，交通一体化的实现包括人、物、制度等多种因素的相互作用，要想实现区域的协调发展以及区域交通一体化的发展，需要协调多方力量，整合区域优势资源，发挥整体的作用。根据第一章粤港澳大湾区协同发展评价方法，以粤港澳大湾区内部交通系统为研究对象，运用熵权 TOPSIS 综合评价与 Dagum 基尼系数方法对粤港澳大湾区交通协同发展水平进行评价，从而把握大湾区交通规模不断扩大过程中协同发展水平的变化情况，为新时期推动粤港澳交通一体化发展提供有针对性的对策建议。基于以上分析及数据的可获得性和可比较性，对粤港澳大湾区各城市交通相对发展均衡性测度所使用的指标包括公路里程、民用汽车拥有量、轨道交通路线长度和人均道路密度（见表 2-2）。

表2-2　粤港澳大湾区交通相对发展均衡性评价所使用的指标

| 选用指标 | 指标说明 | 指标属性 |
| --- | --- | --- |
| 公路里程 | 城市交通线路总长度（千米）；澳门（道路行车线长度） | 正向 |
| 民用汽车拥有量 | 城市交通运输能力（万辆） | 正向 |
| 轨道交通路线长度 | 反映城市地铁、轻轨等轨道交通水平（千米） | 正向 |
| 人均道路密度 | 每平方千米道路长度（千米/万人）； | 正向 |

资料来源：笔者根据表中相应年份的《广东统计年鉴》《香港统计年刊》《澳门统计年鉴》整理绘制。

从各指标的统计描述结果看，粤港澳大湾区交通相关指标的差异较为明显（见表2-3）：一方面，表明同期的城市之间有明显差异；另一方面，表明同一个城市不同时期的变化也较为明显。例如，部分城市的轨道交通路线长度为0千米，而广州则高达553.1千米。

表2-3　2015—2020年交通相对发展均衡性评价所使用指标的统计描述

| 指标 | 样本量 | 均值 | 标准差 | 最小值 | 最大值 |
| --- | --- | --- | --- | --- | --- |
| 公路里程 | 66 | 5947.39 | 4849.35 | 427.00 | 14530 |
| 人均道路密度 | 66 | 11.69 | 10.625 | 0.41 | 35.21 |
| 民用汽车拥有量 | 66 | 141.18 | 103.25 | 24.01 | 353.26 |
| 轨道交通路线长度 | 66 | 90.43 | 151.81 | 0 | 553.2 |

资料来源：笔者根据表中相应年份的《广东统计年鉴》《香港统计年刊》《澳门统计年鉴》整理绘制。

（二）粤港澳大湾区交通发展水平总体分析

综合TOPSIS评价和Dagum基尼系数方法得到粤港澳大湾区交通协同指数，研究结果显示：交通协同指数由2.6854增长到2.9913，增幅高达11.39%（见图2-5）。总体上看，2015—2020年间粤港澳大湾区交通领域协同水平呈现增长态势。相对于市场、公共服务等领域，交通领域相对容易突破体制机制障碍，加上国家及省市各级政府的重视和交通规划引领特征较为显著，各城市不管是公路网络还是轨道交通网络均日趋完善，城市在交通领域之间的差异在逐步缩小，促使大湾区交通领域协同水平增长较为明显。

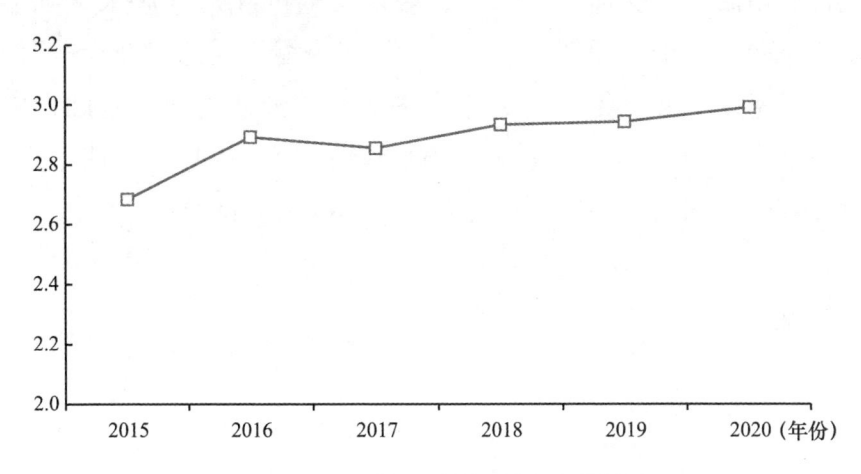

**图 2-5　粤港澳大湾区交通协同发展指数差异变化**

资料来源：笔者绘制。

(三) 粤港澳大湾区各城市交通发展水平分析

运用 TOPSIS 评价方法分析粤港澳各城市交通发展水平，结果显示：广州是粤港澳大湾区相对交通发展水平最高的城市，其 2015—2020 年的 TOPSIS 评价指数保持领先，均值达到 0.702，但与最优城市的评价值 1.0 还有一定差距，其主要原因是广州在人均道路密度指标上表现相对落后。深圳相对交通发展水平仅次于广州，其 2015—2020 年的 TOPSIS 评价指数均值为 0.530。

从粤港澳大湾区各城市 TOPSIS 评价指数变化情况来看，2015—2020 年，粤港澳大湾区的广州和香港的交通相对发展水平略有下降，其中香港的交通 TOPSIS 评价指数值从 2015 年的 0.5511 降至 2020 年的 0.3227 (见图 2-6)。究其原因，广州一直以来就是中国的三大综合交通枢纽之一，交通优势地位十分明显。但是，近年来，随着粤港澳大湾区的建设，深圳交通枢纽地位也快速提升，在一定程度上稀释了广州的交通优势。香港则因为面积较小，城市发展已经比较成熟，道路交通网络保持相对稳定。随着粤港澳大湾区其他城市加快推进新的交通基础设施不断提升交通发展水平，香港交通的相对发展水平则显示出下降的特征。深圳、肇庆、江门三个城市交通TOPSIS评价指数值呈现上升变化，表明这些城市在评价期内交通基础设施建设速度较快。其他城市交通TOPSIS评价指数基本保持不变，意味着交通相对发展水平在粤港澳大湾区中保持稳定。

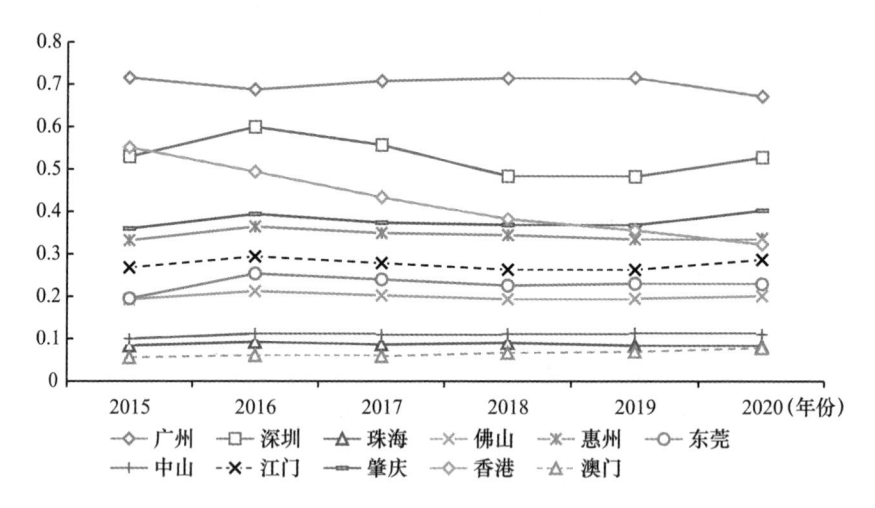

图2-6 粤港澳大湾区交通相对发展水平的TOPSIS评价指数

资料来源：笔者绘制。

## 二 粤港澳大湾区交通发展水平差异性分析

从粤港澳大湾区三大都市圈TOPSIS评价指数变化情况来看，广佛肇、珠江东岸、珠江西岸三大都市圈的TOPSIS评价指数的组间差异较大，是大湾区交通发展水平总体差异的主要来源，近6年来的差异贡献率均值达到62.7%；三大都市圈的组内差异对粤港澳大湾区总体差异贡献率均值为20.7%；三大都市圈的超变密度（意味着粤港澳大湾区三大都市圈没有交通发展水平绝对优势分组,三大分组之间的城市交通发展水平存在交叉重叠现象),差异贡献率均值为16.6%(见图2-7)。

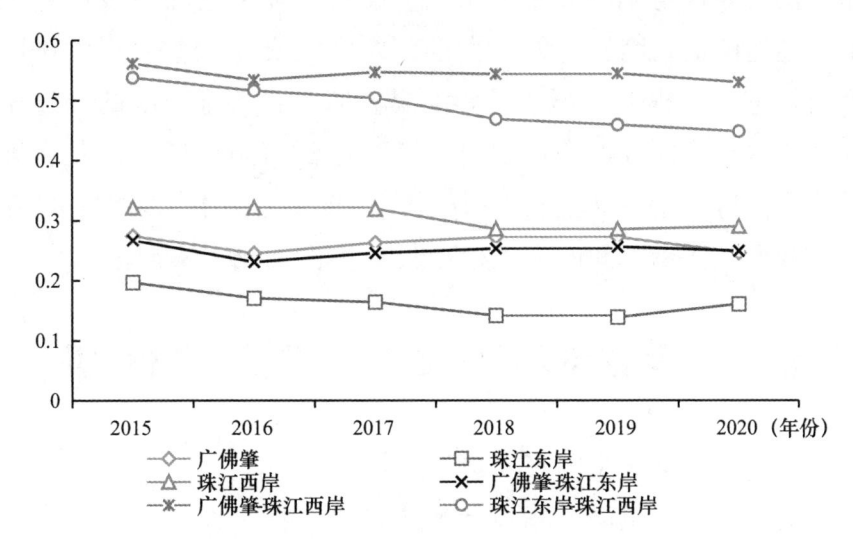

**图2-7 粤港澳大湾区交通协同发展指数差异变化**

资料来源:笔者绘制。

从粤港澳大湾区交通发展水平分组差异看,珠江西岸城市内部交通发展水平差异明显高于其他两组,近6年Dagum基尼系数均值为0.304,但总体呈现缓慢下降趋势;其次为广佛肇都市圈的0.262,呈现小幅度起伏下降趋势;最后为珠江东岸都市圈的0.162,总体呈现下降趋势,但近3年又呈现小幅增长态势。从组间差异看,广佛肇—珠江西岸组间差异最大,近6年Dagum基尼系数均值为0.543,总体呈现下降趋势;其次为珠江东岸—珠江西岸的0.488,总体下降趋势更为明显,下降幅度达到16.7%;广佛肇—珠江东岸组间差异明显较低,近6年均值为0.249。

综合上述分析,并对Dagum基尼系数取倒数可以大致得出粤港澳大湾区交通相对发展水平协同的评价结论:第一,粤港澳大湾区交通相对发展水平的协同性不断增强,指标值从2015

年的 2.685 提升到 2020 年的 2.991；第二，珠江东岸都市圈、珠江西岸都市圈和广佛肇都市圈三大都市圈之间交通相对发展水平的协同性是制约粤港澳大湾区提升整体交通相对发展水平的协同性的最大因素，即三大都市圈之间交通相对发展的协同性有待进一步提升；第三，粤港澳大湾区三大都市圈的交通相对发展水平协同性都有所提升，意味着都市圈交通一体化在粤港澳大湾区交通一体化发展中仍然发挥先行作用；第四，珠江东岸和珠江西岸之间的交通相对发展水平协同性不断提升。

## 第三节　粤港澳大湾区交通空间布局均衡性评价

### 一　公路交通空间布局均衡性分析

进一步采用空间核密度分析粤港澳大湾区路网空间密度分布和演变特征。采用自然断裂法将空间核密度分析结果分 9 级进行灰度渲染，结果见图 2-8。显然，粤港澳大湾区道路密度呈现明显的分级、连片化特征。从路网密度空间分布看，广州、深圳、香港是大湾区道路密度最高的三大中心，其次为佛山、江门、珠海等城市主城区为二级中心，惠州、中山、肇庆等城市主城区则为三级中心，大湾区外围路网密度相对较低（见图 2-8a）。从时间演变看，随着大湾区路网建设推进，三个等级的路网中心的密度持续提升，城市之间连片化的高密度路网逐渐增多，如广佛、深港、珠澳等区域出现高密度路网连片区域，到 2021 年广佛高密度路网进一步延伸至江门主城区，深港高密度路网则向北延伸至东莞，肇庆、惠州及江门中西部地区的次级密度路网逐渐与一级和二级中心连片融合（见图 2-8b）。总体来看，粤港澳大湾区路网密度整体上升且呈现更加均衡性特征，高密度路网主要分布于深港都市圈和广佛都市圈，深港都市圈和广佛都市圈两大都市圈的连接地带的路网密度正在上升，这与粤港澳大湾区当前经济和人口空间分布基本一致。

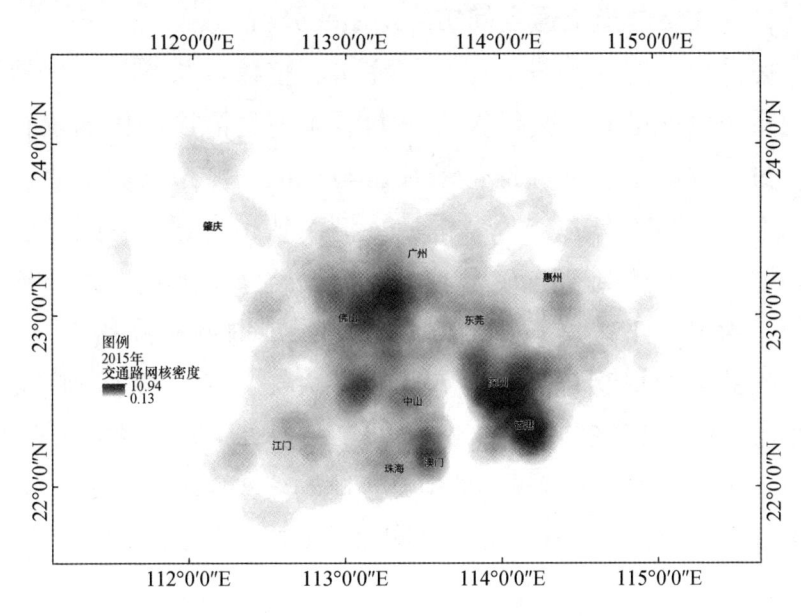

**图 2-8a　2015 年粤港澳大湾区路网核密度分析**

资料来源：笔者绘制。

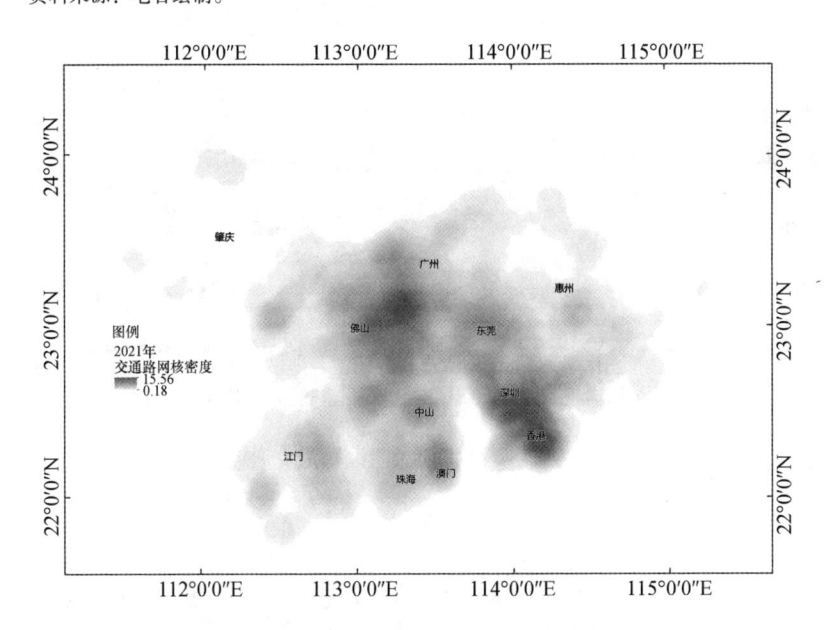

**图 2-8b　2021 年粤港澳大湾区路网核密度分析**

资料来源：笔者绘制。

## 二 城际轨道交通空间布局均衡性分析

粤港澳大湾区等级道路日趋完善、整体增长缓慢，但轨道交通系统发展迅速。城际铁路一方面能满足沿途居民的出行需要，另一方面也能更好地带动片区与片区、城市与城市之间的联动发展。2015年以来，粤港澳大湾区轨道交通运营线路长度年均增长速度达到13.4%。其中，深圳轨道交通运营线路增长最快，由177千米增长到422.6千米，年均增速高达19.0%，而广州的运营里程首先突破500千米大关，2020年达到553.2千米，2015年以来年均增速15.09%（见图2-9）。此外，东莞、佛山、珠海、澳门等城市的轨道交通顺利建成通车，到2020年运营里程分别达到37.8千米、8.8千米、6.5千米和9.3千米。

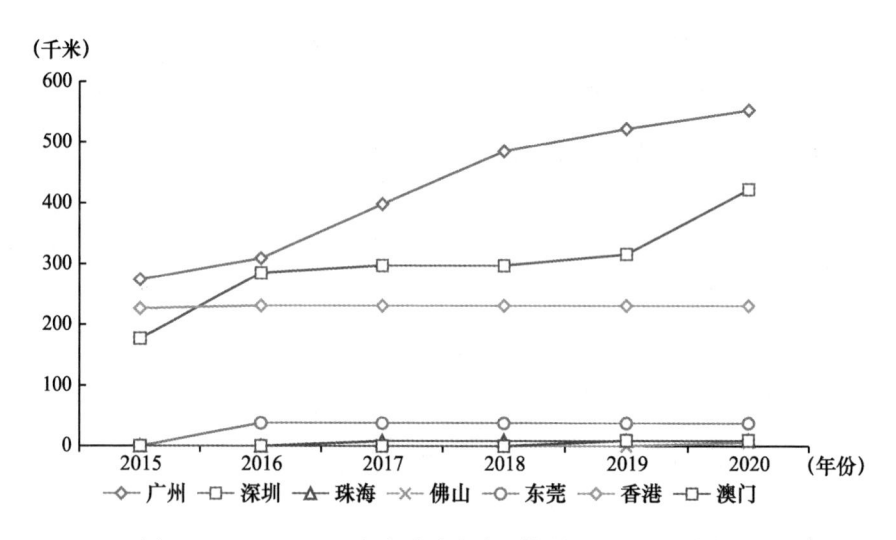

**图2-9 2015—2020年粤港澳大湾区轨道交通运营线路长度**

资料来源：笔者绘制。

从空间分布来看，相对于公路交通，粤港澳大湾区轨道交通呈现集聚化特征更为明显，即以广州和深圳为两大枢纽，向外辐射连通其他地区。2015—2021 年，粤港澳大湾区轨道交通路网密度有所增加，外湾区域的江门成功接入粤港澳大湾区轨道交通网络，但是轨道交通网络的空间分布结构并未有实质性改变，广州和深圳的枢纽地位得到进一步巩固，外湾地区的轨道交通网络依然比较稀疏。之所以如此，其原因是：相对于公路交通，轨道交通建设的人口和经济门槛更高，建设成本更高、周期更长，外湾广大区域因人口和经济集聚程度较低，一方面无法建设地铁，另一方面城际轨道交通和高铁交通线主要以过境线路为主。即便如此，从建设"轨道上粤港澳大湾区"目标要求来看，粤港澳大湾区轨道交通网络的总体密度还有待进一步提高，轨道交通网络的空间均衡性还有待进一步提升，以更好促进外湾地区更好更快地融入到内湾地区，从而推进粤港澳大湾区整体协同发展水平。

### 三 基于交通 POI 数据的交通空间布局均衡性分析

根据高德地图 POI 数据及交通领域的特点，本书交通类 POI 数据所包括的类型有：交通设施服务、加油站、加气站、充电桩、其他能源站等。其中，交通设施服务具体由机场及相关服务、火车站及相关服务、港口码头及相关服务、长途汽车站、地铁站、轻轨站、公交车站、班车站、停车场、过境口岸、出租车、轮渡站、索道站构成（见表 2-4）。

表 2-4　　　　　　　高德地图交通类 POI

| 大类 | 中类代码 | 小类代码 | 中类名称 | 小类名称 |
|---|---|---|---|---|
| 汽车服务 | 0101 | 10100 | 加油站 | 加油站 |
| | 0101 | 10101 | 加油站 | 中国石化 |
| | 0101 | 10102 | 加油站 | 中国石油 |
| | 0101 | 10103 | 加油站 | 壳牌 |

续表

| 大类 | 中类代码 | 小类代码 | 中类名称 | 小类名称 |
| --- | --- | --- | --- | --- |
| 汽车服务 | 0101 | 10104 | 加油站 | 美孚 |
| | 0101 | 10105 | 加油站 | 加德士 |
| | 0101 | 10107 | 加油站 | 东方 |
| | 0101 | 10108 | 加油站 | 中石油碧辟 |
| | 0101 | 10109 | 加油站 | 中石化碧辟 |
| | 0101 | 10110 | 加油站 | 道达尔 |
| | 0101 | 10111 | 加油站 | 埃索 |
| | 0101 | 10112 | 加油站 | 中化道达尔 |
| | 0102 | 10200 | 其他能源站 | 其他能源站 |
| | 0103 | 10300 | 加气站 | 加气站 |
| | 0111 | 11100 | 充电站 | 充电站 |
| 交通设施服务 | 1500 | 150000 | 交通服务相关 | 交通服务相关 |
| | 1501 | 150100 | 机场相关 | 机场相关 |
| | 1501 | 150101 | 机场相关 | 候机室 |
| | 1501 | 150102 | 机场相关 | 摆渡车站 |
| | 1501 | 150104 | 机场相关 | 飞机场 |
| | 1501 | 150105 | 机场相关 | 机场出发/到达 |
| | 1501 | 150106 | 机场相关 | 直升机场 |
| | 1501 | 150107 | 机场相关 | 机场货运处 |
| | 1502 | 150200 | 火车站 | 火车站 |
| | 1502 | 150201 | 火车站 | 候车室 |
| | 1502 | 150202 | 火车站 | 进站口/检票口 |
| | 1502 | 150203 | 火车站 | 出站口 |
| | 1502 | 150204 | 火车站 | 站台 |
| | 1502 | 150205 | 火车站 | 售票 |
| | 1502 | 150206 | 火车站 | 退票 |
| | 1502 | 150207 | 火车站 | 改签 |
| | 1502 | 150208 | 火车站 | 公安制证 |
| | 1502 | 150209 | 火车站 | 票务相关 |
| | 1502 | 150210 | 火车站 | 货运火车站 |
| | 1503 | 150300 | 港口码头 | 港口码头 |

续表

| 大类 | 中类代码 | 小类代码 | 中类名称 | 小类名称 |
|---|---|---|---|---|
| 交通设施服务 | 1503 | 150301 | 港口码头 | 客运港 |
| | 1503 | 150302 | 港口码头 | 车渡口 |
| | 1503 | 150303 | 港口码头 | 人渡口 |
| | 1503 | 150304 | 港口码头 | 货运港口码头 |
| | 1503 | 150305 | 港口码头 | 进港 |
| | 1503 | 150306 | 港口码头 | 出港 |
| | 1503 | 150307 | 港口码头 | 候船室 |
| | 1504 | 150400 | 长途汽车站 | 长途汽车站 |
| | 1504 | 150401 | 长途汽车站 | 进站 |
| | 1504 | 150402 | 长途汽车站 | 出站 |
| | 1504 | 150403 | 长途汽车站 | 候车室 |
| | 1505 | 150500 | 地铁站 | 地铁站 |
| | 1505 | 150501 | 地铁站 | 出入口 |
| | 1506 | 150600 | 轻轨站 | 轻轨站 |
| | 1507 | 150700 | 公交车站 | 公交车站相关 |
| | 1507 | 150701 | 公交车站 | 旅游专线车站 |
| | 1507 | 150702 | 公交车站 | 普通公交站 |
| | 1507 | 150703 | 公交车站 | 机场巴士 |
| | 1507 | 150704 | 公交车站 | 快速公交站 |
| | 1507 | 150705 | 公交车站 | 电车站 |
| | 1507 | 150706 | 公交车站 | 智轨车站 |
| | 1508 | 150800 | 班车站 | 班车站 |
| | 1509 | 150900 | 停车场 | 停车场相关 |
| | 1509 | 150903 | 停车场 | 换乘停车场 |
| | 1509 | 150904 | 停车场 | 公共停车场 |
| | 1509 | 150905 | 停车场 | 专用停车场 |
| | 1509 | 150906 | 停车场 | 路边停车场 |
| | 1509 | 150907 | 停车场 | 停车场入口 |
| | 1509 | 150908 | 停车场 | 停车场出口 |
| | 1509 | 150909 | 停车场 | 停车场出入口 |
| | 1510 | 151000 | 过境口岸 | 过境口岸 |

续表

| 大类 | 中类代码 | 小类代码 | 中类名称 | 小类名称 |
|---|---|---|---|---|
| 交通设施服务 | 1510 | 151001 | 过境口岸 | 旅检楼 |
| | 1510 | 151002 | 过境口岸 | 出境 |
| | 1510 | 151003 | 过境口岸 | 入境 |
| | 1511 | 151100 | 出租车 | 出租车 |
| | 1512 | 151200 | 轮渡站 | 轮渡站 |
| | 1513 | 151300 | 索道站 | 索道站 |
| | 1514 | 151400 | 上下客区 | 上下客区 |
| | 1514 | 151401 | 上下客区 | 自驾车 |
| | 1514 | 151402 | 上下客区 | 出租车 |
| | 1514 | 151403 | 上下客区 | 大巴车 |
| | 1514 | 151404 | 上下客区 | 网约车 |
| | 1514 | 151405 | 上下客区 | 摩托车 |

资料来源：高德地图 POI 分类编码，https://a.amap.com/lbs/static/amap_3dmap_lite/amap_poicode.zip。

从交通 POI 数量及增速看，粤港澳大湾区交通发展总体较快，经济欠发达城市 POI 数量占比相对较小但增速明显高于发达城市，呈现空间均衡和收敛特征。2015—2021 年，大湾区交通 POI 数量年均增速达到 9.38%，肇庆增速最快高达 22.64%，其次为珠海（12.34%）、惠州（12.13%）、江门（11.30%）等城市，明显高于大湾区平均增速，澳门增速最慢仅为 0.89%，香港、广州、深圳等发达城市增速分别为 4.24%、7.91%、8.61%，明显低于平均增速（见表 2-5）。

表 2-5　　　　2015 和 2021 年各城市交通 POI 占比及增速　　　单位：%

| 城市 | POI 数量占比 2015 年 | POI 数量占比 2021 年 | 数量增速 |
|---|---|---|---|
| 广州 | 26.51 | 24.45 | 7.91 |
| 深圳 | 23.07 | 22.12 | 8.61 |

续表

| 城市 | POI 数量占比 2015 年 | POI 数量占比 2021 年 | 数量增速 |
| --- | --- | --- | --- |
| 香港 | 8.04 | 6.02 | 4.24 |
| 江门 | 3.34 | 3.71 | 11.30 |
| 惠州 | 4.98 | 5.78 | 12.13 |
| 佛山 | 10.36 | 11.90 | 11.93 |
| 肇庆 | 1.55 | 3.09 | 22.64 |
| 珠海 | 2.73 | 3.21 | 12.34 |
| 东莞 | 14.35 | 14.37 | 9.40 |
| 澳门 | 0.99 | 0.61 | 0.89 |
| 中山市 | 4.06 | 4.74 | 12.23 |
| 大湾区 | 100 | 100 | 9.38 |

资料来源：基于高德 POI 数据计算获得。

从交通 POI 数量及密度看，广州、深圳是大湾区交通两大核心枢纽，2021 年，POI 数量占比虽然高达 24.45% 和 22.12%，但较 2015 年下降 2.06 和 0.95 个百分点。东莞、佛山两个城市的 POI 数量占比超过 10%，分别达到 14.37% 和 11.90%，较 2015 年均有小幅度上升。采用空间核密度分析 2015 年和 2021 年粤港澳大湾区交通 POI 数据的密度分布及变化特征。采用自然断裂法将空间核密度分析结果分 9 级进行灰度渲染（结果见图 2-10）。与道路网络核密度结果类似，粤港澳大湾区交通 POI 核密度呈现明显的等级化和连片化特征。

对比 2015 年和 2021 年大湾区交通 POI 核密度图，可以发现整个大湾区交通格局基本相似，交通与人口、经济活动保持较高空间均衡特征，形成了以广州和深圳主城区为两大一级交通核心，佛山禅城、广州花都、东莞莞城、惠州惠城区、香港九龙、珠海香洲区等区域形成大湾区的二级交通中心，广州从化街口、增城荔城、佛山三水及高明、江门开平、肇庆高要及四会、珠海斗门

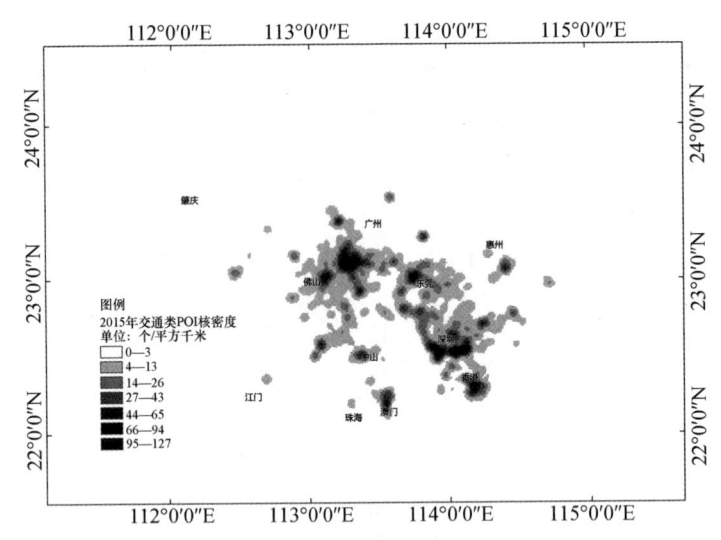

**图 2-10a　2015 年大湾区交通 POI 核密度结果**

资料来源：笔者绘制。

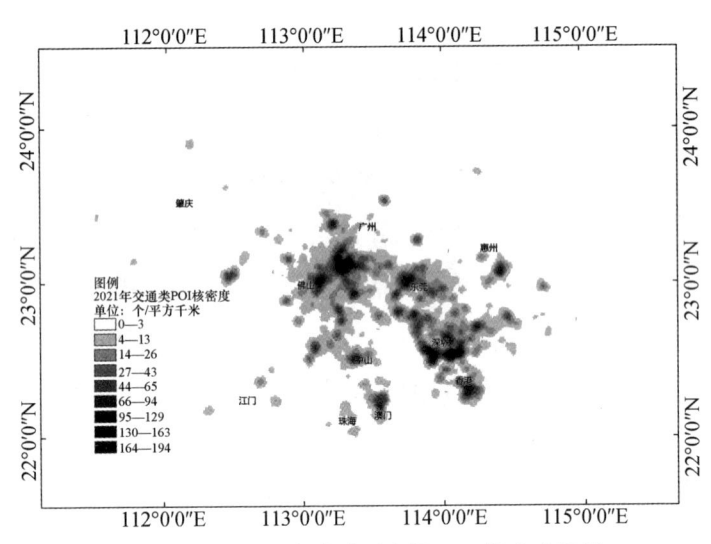

**图 2-10b　2021 年大湾区交通 POI 核密度结果**

资料来源：笔者绘制。

区、惠州惠阳、博罗及惠东等区域形成第三级交通中心。其中，2015 年一级交通核心的 POI 密度超过 96.2 个/平方千米，局部区域的密度高达 126.9 个/平方千米，2021 年两项指标进一步增长至163.6个/平方千米和193.9个/平方千米；二级交通中心的POI核密度则超过37.4个/平方千米，2021年增至65.5个/平方千米；三级交通中心的POI核密度则超过15个/平方千米，2021年增至25个/平方千米；其他区域的交通空间POI核密度则低于2.1个/平方千米，2021年这一指标增至3.1个/平方千米。

## 第四节　粤港澳大湾区交通协同发展面临的问题与挑战

综合对粤港澳大湾区交通相对发展均衡性、空间布局均衡性的分析，结合粤港澳大湾区人口与经济分布特征，可以对粤港澳大湾区交通协同发展做出如下评价：从整体上看，粤港澳大湾区交通协同发展呈现不断提升之势。从发展水平看，粤港澳大湾区交通发展水平不断提高，但是受人口经济集聚的影响，内湾地区的交通密度及通达便捷性仍然远远高于外湾地区。从空间上看，都市圈内部交通协同发展水平相对较高，都市圈之间交通协同发展水平有待提升；外湾地区与内湾地区交通发展协同性有所提升，但是内湾地区与外湾地区交通发展水平差距依然十分明显。从结构上看，道路交通协同发展水平高于轨道交通协同发展水平，水路交通协同性与互动性有所加强。

面向未来，粤港澳大湾区经济社会的快速发展，跨行政区域、跨行业主体、跨交通方式的多元化交通出行需求持续增长，对交通协同发展水平要求将越来越高。而要加快推动交通协同发展，粤港澳大湾区仍然面临体制机制障碍、区域经济差距、多种交通方式协同、新兴交通技术应用等多重制约和挑战。

### 一　城市之间的体制机制障碍短期内难以突破

港澳与珠三角地区在交通领域存在明显的制度和技术设计

差异，一方面制度差异导致珠三角地区车辆难以进入港澳交通网络，另一方面港澳与珠三角车辆行驶"靠左行"和"靠右开"的明显差异使得车流难以高效率通行。此外，粤港澳三地在交通信息系统建设方面也存在明显差异，且在短期内还难以全面实现互联互通，港澳与珠三角在交通体制机制方面在短期内还难以全面实现对接衔接。如港珠澳大桥建成通车标志着港澳与内地的交通联系更为紧密，但由于交通管理体制机制和通行规则差异的存在，导致港珠澳大桥使用率还不够高，内地车无法自由进入港珠澳大桥，加上港珠澳大桥未与珠江东岸深圳连通，导致其作为粤港澳大湾区公路交通网络关键一环还未能发挥最大效能。

## 二 三类轨道交通之间存在体制与管理差异

粤港澳大湾区的轨道交通建设总体呈现快速发展势头，但不同类型轨道交通系统存在较大差异，仍然有许多体制与管理方面的瓶颈与壁垒需要打破。一般而言，高铁是国铁系统，地铁是城市系统，城铁是省级系统，三者的运行体制机制、经营主体级别等方面都存在明显差异。如根据相关法律法规，铁路运营必须实名制购票乘车，而地铁则无须实名制购票，铁路客运组织模式与地铁的差异导致两者之间难以无缝对接。尽管广州地铁集团开始管理运营部分城铁，但城铁的实运营模式目前也和铁路一样，城铁与地铁的互联互通建设面临较多难题，短期内也是难以突破。此外，城际轨道交通分段建设和管理，缺乏省级层面的统筹协调，整体效率偏低。如穗莞深城际建成通车有力促进了珠江东岸的互联互通，但分属不同企业建设运营，缺乏省级层面的有效统筹协调，导致票价不合理、发车时间间隔过长等问题。

## 三 交通空间布局有待进一步优化

近年来，虽然随着各个城市交通建设加快推进以及城际间交通互联互通水平持续提升，粤港澳大湾区交通均衡水平有所提升，但是内湾地区与外湾地区、东岸地区与西岸地区、中心城市与节点城市之间、中心城区与外围城区、城市地区与乡村地区的交通发展水平差距仍然较大，大湾区机场、港口、铁路站等交通枢纽地区与区域内重大战略平台之间、重大战略平台与重大战略平台之间的快捷高效联系交通网络还不够完善，导致人流、物流、信息流往来还不够顺畅，对区域要素资源配置产生不利影响。局部地区或者局部组团交通空间不够合理，部分城际交界地区交通设施不够完善、交通秩序不够良好，部分重大交通枢纽如盐田港、南沙港等周边交通方式较为单一，货运通道与城市道路重合较多，导致交通效率不够高。

## 四 大通道大枢纽战略承载能力有待加强

随着发展定位的提升，粤港澳大湾区交通发展水平还难以承担国家提出的新目标新要求，大通道大枢纽战略承载能力还有待加强。2021年2月，中共中央、国务院印发《国家综合立体交通网规划纲要》，对粤港澳大湾区交通发展提出了新要求："实现高水平互联互通，打造西江黄金水道，巩固提升港口群、机场群的国际竞争力和辐射带动力，建成具有全球影响力的交通枢纽集群。"相对于国家提出的新要求，粤港澳大湾区显然还有不小差距。粤港澳大湾区北向通道能力趋于紧张，国家法定节假日向北出行的大范围交通拥堵现象仍然存在；连通西南地区快捷客运功能已有明显改善，但货运铁路通道有待打通；东西两端连通省内外的陆地运输通道还需加快建设。尽管广州、深圳的综合交通水平持续提升，但其面向全球的国际性综合交通枢纽的影响力还待进一步增强。粤港澳大湾区机场群国际运输网络通达程度还待提升，港口群现代航运服务发展相对滞后。

## 第五节 粤港澳大湾区交通协同发展的对策建议

### 一 强化各类交通专项规划对接协同

相对于产业、市场、公共服务、生态等领域，新时期粤港澳大湾区交通领域的建设有国家、省级、城市等多个层面的专项规划引导推进，需要国家和省级层面统筹协调加快落实推进。《广东省综合交通运输体系"十四五"发展规划》《粤港澳大湾区（城际）铁路建设规划》等专项规划对大湾区新时期交通建设提出了较为明确的目标：在继续实施并优化原珠江三角洲地区城际轨道交通网规划基础上，进一步加大城际铁路建设力度，做好与大湾区内高铁、普速铁路、市域（郊）铁路等轨道网络的融合衔接，形成"轴带支撑、极轴放射"的多层次铁路网络，构建粤港澳大湾区主要城市间1小时通达、主要城市至广东省内地级城市2小时通达、主要城市至相邻省会城市3小时通达的交通圈，打造"轨道上的大湾区"，完善现代综合交通运输体系。近期到2025年，粤港澳大湾区铁路网络运营及在建里程达到4700千米，全面覆盖粤港澳大湾区中心城市、节点城市和广州、深圳等重点都市圈；远期到2035年，大湾区铁路网络运营及在建里程达到5700千米，覆盖100%县级以上城市。除了国家和省级层面的交通专项规划，广州、惠州、江门等城市也已出台城市层面的交通专项规划，需要各个城市之间加强沟通联系并积极推进落实规划项目，合力共建粤港澳大湾区交通发展高水平协调发展新局面。

## 二 积极推动三类轨道交通融合发展

基于轨道交通、公路交通和水路交通建设门槛特征，未来内湾地区交通网络建设应以轨道交通互联互通为重点，内湾地区与外湾地区交通网络建设应以高快速路互联互通为重点。同时，利用粤港澳大湾区水网分布特点适时开辟新的水上交通线并强化各类港口码头之间合作共建，以路桥建设、隧道建设压缩粤港澳大湾区沿海沿江沿河两岸之间的通勤距离。加快推进广清城际广州白云至广州北段、穗莞深城际南延等16个城际铁路项目，珠海至肇庆、广州至珠海（澳门）高铁等6个区域干线高铁项目开工建设。积极响应国家层面的统筹协调，探索粤港澳大湾区轨道交通领域的"一票制"、城际铁路捷运化运营等模式，推进粤港澳大湾区干线铁路、城际铁路、市域（郊）铁路、城市轨道交通"四网融合"。推动实现内地高铁、城际铁路与澳门轻轨在珠海站、横琴站便捷衔接，粤澳新通道（青茂口岸）连接通道与广珠城际铁路在珠海站内连接，支持澳门融入国家铁路网络。完善粤港澳大湾区铁路枢纽布局，强化高速铁路、城际铁路、城市轨道交通高效衔接，推动城际铁路与城市轨道交通系统互联互通，全面推动轨道交通多网融合。

## 三 建设跨江环江通道完善珠江口交通网络

虽然粤港澳大湾区内湾地区交通密度已经较高，但是珠江东岸和珠江西岸的交通协同性还不足，港澳融入粤港澳大湾区交通网络的深度和广度还不够。因此，加快推进跨江和环江通道对推动粤港澳大湾区交通协同发展具有极其重要意义。一是要加快建设深中通道、黄茅海通道工程，推进狮子洋通道、莲花山通道等跨江通道前期工作，积极谋划深珠通道建设，加快建成能力充分、方式协调、集约利用的跨江跨海通道群，有效连通联动珠江东岸和西岸交通网络。二是依托党中央、国务院推进前海深港现代服务业合作区和横琴粤澳深度合作区建设以及香港规划建设北部都会区的契机，加快谋划港珠澳大桥的"双Y"建设方案，进一步理顺连接港澳交通线路的高效通关以及管理运营制度，促进香港和澳门城际轨道在更大范围接入粤港澳大湾区城际轨道网络当中。三是加快推进皇岗口岸重建以及罗湖、深圳湾、沙头角等口岸改造升级，完善口岸交通集散网络，实现内地与港澳更便捷连通。四是逐步推进机荷、深汕西、开阳、广深、江中等国家高速公路改扩建工程，提升珠江口交通网络与粤港澳大湾区外湾地区以及广大粤东西北地区交通网络的对接衔接。

### 四 积极探索交通协同管理体制改革

粤港澳三地固有体制机制难以短期突破，而智慧化交通系统建设有望改善这一现状并推动大湾区交通领域一体化体制机制改革。积极顺应新一轮科技革命和产业变革，以大数据、移动互联网、人工智能、5G和北斗导航系统等先进信息技术与交通基础设施深度融合为主线，推动大湾区公路、水路、铁路、民航向数字化转型、智能化升级，实现大湾区交通信息资源的深度整合。打造广州、深圳国际一流智慧港口，加快广州港南沙港区、深圳港盐田港区等集装箱枢纽港区自动化码头建设。加快新一代信息技术在粤港澳大湾区城际铁路、粤东城际铁路的应用。建设粤港澳大湾区一体化出行服务平台，以数据衔接出行需求与服务资源，提供行前智慧决策、行中全程引导、行后绿色激励等全流程、全方式、一站式的出行智能诱导以及城际出行全过程规划服务。以南沙、前海、横琴等自贸区和汕头华侨经济文化合作试验区为试点，研究建设多式联运一单制跨境区块链平台。以珠海机场重组、惠州机场扩建等为契机，以资本为纽带，探索构建珠三角地区统一的机场运营管理主体，带动大湾区机场资源整合。积极探索推动都市圈跨行政区交通一体化管理改革，建立都市圈城际铁路与城市轨道一体化运营管理体制。

# 第三章 粤港澳大湾区产业协同发展评价分析

## 第一节 粤港澳大湾区产业发展概况

### 一 产业经济规模持续提升

随着粤港澳大湾区建设的深入推进，粤港澳大湾区产业经济加快发展。从总量上看，粤港澳大湾区GDP总量从2000年的21462.7亿元增长到2021年的126265.8亿元。2021年粤港澳大湾区GDP总量约为全国GDP的11%。

表3-1　粤港澳大湾区各地区GDP（2015—2021年）　　　单位：亿元

| 年份<br>城市 | 2015 | 2016 | 2017 | 2018 | 2019 | 2020 | 2021 |
| --- | --- | --- | --- | --- | --- | --- | --- |
| 广州 | 18100.41 | 19547.44 | 21503.15 | 22859.35 | 23628.60 | 25019.11 | 28231.97 |
| 深圳 | 17502.86 | 19492.60 | 22490.06 | 24221.98 | 26927.09 | 27670.24 | 30664.85 |
| 珠海 | 2025.41 | 2226.37 | 2675.18 | 2914.74 | 3435.89 | 3481.94 | 3881.75 |
| 佛山 | 8003.92 | 8630.00 | 9398.52 | 9935.88 | 10751.02 | 10816.47 | 12156.54 |
| 惠州 | 3140.03 | 3412.17 | 3830.58 | 4103.05 | 4177.41 | 4221.79 | 4977.36 |
| 东莞 | 6275.07 | 6827.69 | 7582.09 | 8278.59 | 9482.50 | 9650.19 | 10855.35 |
| 中山 | 3010.03 | 3202.78 | 3430.31 | 3632.70 | 3101.10 | 3151.35 | 3566.17 |
| 江门 | 2240.02 | 2418.78 | 2690.25 | 2900.41 | 3146.64 | 3200.95 | 3601.28 |
| 肇庆 | 1970.01 | 2084.02 | 2110.01 | 2201.80 | 2248.80 | 2311.65 | 2649.99 |

续表

| 年份<br>城市 | 2015 | 2016 | 2017 | 2018 | 2019 | 2020 | 2021 |
|---|---|---|---|---|---|---|---|
| 香港 | 19267.78 | 21313.17 | 23040.90 | 23937.26 | 25232.49 | 24106.26 | 23751.45 |
| 澳门 | 2806.12 | 3010.78 | 3430.11 | 3658.93 | 3810.21 | 1679.21 | 1929.14 |

资料来源：笔者根据表中相应年份的《广东统计年鉴》《香港统计年刊》《澳门统计年鉴》整理绘制。

在粤港澳大湾区内部，深圳、广州和香港GDP都已经超过2万亿元，位于第一梯队；佛山和东莞经济总量超过1万亿元，位于第二梯队；惠州、珠海、江门、中山、肇庆和澳门GDP低于5000亿元，位于第三梯队。香港GDP总量相继被深圳和广州赶超，深圳GDP总量位于粤港澳大湾区第一位。2021年，深圳、广州和香港三个城市GDP总量占粤港澳大湾区GDP总量的65.5%，经济发展核心引擎作用明显。根据2021年11月，中国社会科学院发布的《中国城市竞争力报告No.19》，粤港澳大湾区主要城市经济竞争力彰显，其中，深圳综合经济竞争力排名第2位，香港排名第3位，广州排名第5位，佛山排名第14位，澳门排名第15位，东莞排名第17位，珠海排名第23位，中山排名38位，惠州排名第56位，江门排名第78位，肇庆排名第130位。根据赛迪发布的"2021年中国百强区榜单"，粤港澳大湾区南山区、天河区、福田区位居前3位，粤港澳大湾区共有8个区跻身前十强。

《粤港澳大湾区发展规划纲要》明确提出要构建极点带动、轴带支撑网络化空间格局。其中，三大极点分别为"香港—深圳"极点、"广州—佛山"极点和"澳门—珠海"极点。2015年，"香港—深圳"极点GDP总量占粤港澳大湾区GDP总量比重为43.6%；"广州—佛山"极点GDP总量所占比重为31%，

**64** 新发展阶段粤港澳大湾区协同发展评价与策略

"澳门—珠海"极点GDP总量所占比重为5.7%。2021年,"香港—深圳"极点GDP总量占粤港澳大湾区GDP总量比重为43.1%"广州—佛山"极点GDP总量所占比重为32%,"澳门—珠海"极点GDP总量所占比重为4.6%。可以看出,在三大极点当中,"香港—深圳"极点、"广州—佛山"极点的集聚带动能力非常显著。从产业结构来看,粤港澳大湾区的产业结构不断优化,第三产业所占比重已经超过60%,现代化产业体系加速构建(见图3-1)。

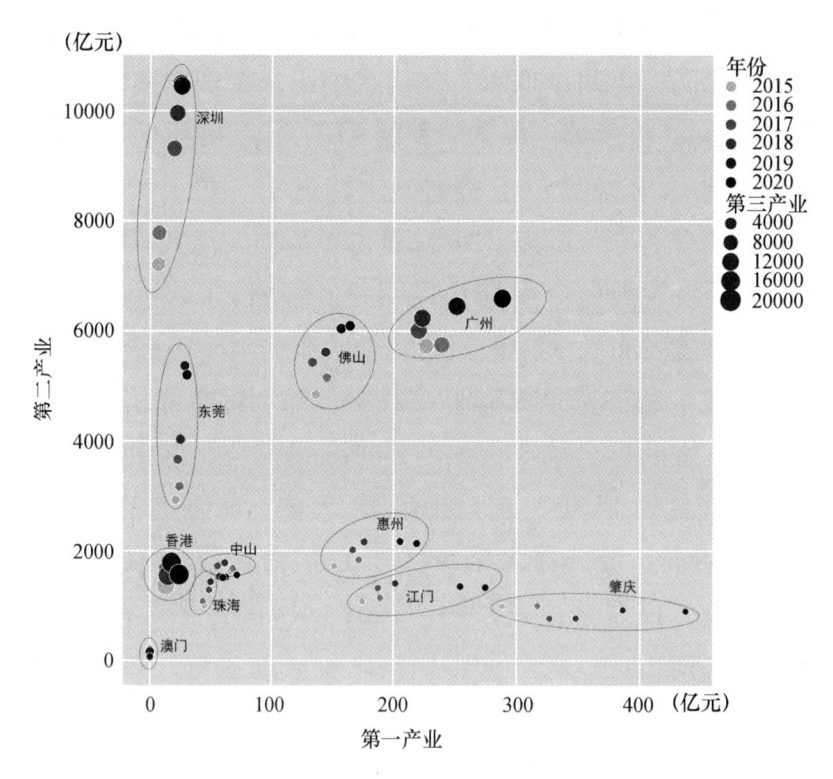

图3-1 2015—2020年粤港澳大湾区各城市三次产业散点图

资料来源:笔者根据表中相应年份的《广东统计年鉴》《香港统计年刊》《澳门统计年鉴》整理绘制。

人力资源是产业发展的基础和动力。从粤港澳大湾区从业人员看，2015—2020 年，粤港澳大湾区从业人员从 4784.5 万人增加至 5519.4 万人，年均增长 2.9%。由于 2020 年新冠疫情对经济的冲击，澳门、香港、肇庆、江门、中山、佛山等城市的从业人数较前一年有所下降（见表 3-2）。

表 3-2　2015—2020 年粤港澳大湾区从业人员数量变化　　单位：万人

| 年份<br>城市 | 2015 | 2016 | 2017 | 2018 | 2019 | 2020 |
| --- | --- | --- | --- | --- | --- | --- |
| 广州 | 927.91 | 980.04 | 1037.17 | 1102.36 | 1125.89 | 1248.48 |
| 深圳 | 1100.80 | 1165.73 | 1229.26 | 1291.31 | 1283.37 | 1324.61 |
| 珠海 | 135.87 | 143.80 | 153.53 | 164.61 | 161.17 | 178.89 |
| 佛山 | 494.46 | 506.15 | 517.29 | 530.55 | 531.43 | 510.16 |
| 惠州 | 299.28 | 306.76 | 314.17 | 320.80 | 318.29 | 336.33 |
| 东莞 | 680.09 | 684.93 | 695.70 | 705.03 | 711.11 | 765.63 |
| 中山 | 226.97 | 232.90 | 234.85 | 238.75 | 237.21 | 234.73 |
| 江门 | 262.27 | 269.57 | 274.54 | 280.33 | 272.27 | 262.75 |
| 肇庆 | 226.10 | 229.21 | 231.33 | 235.98 | 231.64 | 228.82 |
| 香港 | 390.30 | 392.00 | 394.70 | 397.90 | 396.60 | 388.80 |
| 澳门 | 40.40 | 39.70 | 38.70 | 39.20 | 39.50 | 40.54 |
| 大湾区 | 4784.45 | 4950.79 | 5121.24 | 5306.82 | 5308.48 | 5519.74 |

资料来源：笔者根据表中相应年份的《广东统计年鉴》《香港统计年刊》《澳门统计年鉴》整理绘制。

从城市来看，深圳和广州的就业人口总量居前两位，2020 年两个城市就业人口总量占粤港澳大湾区人口总量的比重达到 46.6%。其他城市就业人口总量从高到低排序依次为东莞、佛山、香港、惠州、江门、中山、肇庆、珠海和澳门（见图 3-2）。

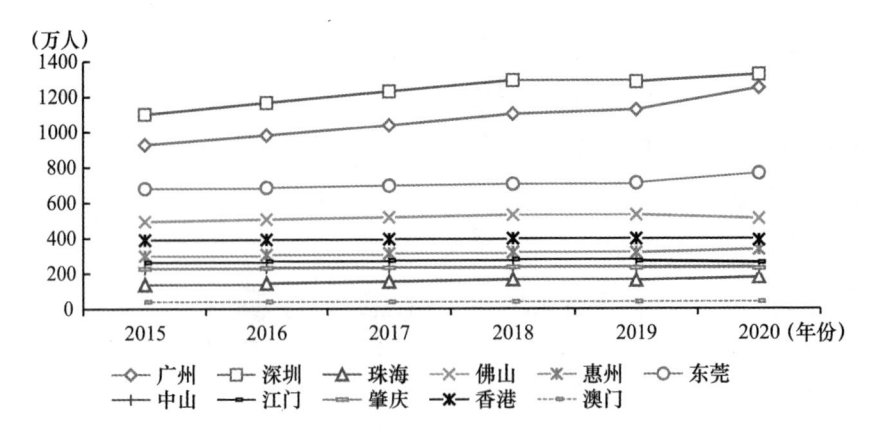

图 3-2　2015—2020 年粤港澳大湾区从业人员

资料来源：笔者绘制。

从劳动生产率①来看，粤港澳大湾区就业人员人均创造 GDP 总值从 2015 年的 17.6 万元/人增长到 2020 年的 20.9 万元/人，呈现递增之势。2020 年，香港人均 GDP 总值最高，达到 62 万元/人；其次为澳门，达到 41.4 万元/人；佛山、深圳、广州、珠海人均 GDP 总值处于第三梯队，约为 20 万元/人；其他城市则为第四梯队，人均创造 GDP 总值大致位于 10 万元/人到 15 万元/人的区间。

## 二　服务业经济高度发达

粤港澳大湾区已经进入服务业经济时代，2015—2020 年，粤港澳大湾区第三产业增加值从 5.39 万亿元增加至 7.63 万亿元，第三产业增加值占 GDP 比重已经超过了 66%。其中，香港和澳门服务业高度发达，服务业增加值占 GDP 比重超过 90%；广州服务业增加值占 GDP 比重超过 70%，深圳服务业增加值占 GDP 比重超过 60%（见表 3-3）。

---

① 用 GDP 除以从业人员数量表示劳动生产率。

表3-3　　　　2015—2020年粤港澳大湾区服务业增加值　　　　单位：亿元、%

| 年份<br>城市 | 2015 | 2016 | 2017 | 2018 | 2019 | 2020 |
| --- | --- | --- | --- | --- | --- | --- |
| 广州 | 12147.49 | 13556.57 | 15271.69 | 16401.84 | 16923.22 | 18140.64 |
| 深圳 | 10288.28 | 11704.97 | 13152.39 | 14237.94 | 16406.06 | 17190.44 |
| 珠海 | 973.00 | 1102.96 | 1339.17 | 1430.83 | 1849.79 | 1911.06 |
| 佛山 | 3028.00 | 3338.68 | 3840.22 | 4177.43 | 4549.48 | 4557.05 |
| 惠州 | 1262.35 | 1402.98 | 1646.81 | 1765.50 | 1802.79 | 1868.33 |
| 东莞 | 3332.00 | 3630.25 | 3896.01 | 4226.34 | 4092.52 | 4426.83 |
| 中山 | 1310.85 | 1457.26 | 1649.71 | 1790.88 | 1516.68 | 1523.25 |
| 江门 | 980.80 | 1079.05 | 1177.94 | 1290.57 | 1539.87 | 1593.24 |
| 肇庆 | 691.49 | 767.52 | 1011.86 | 1079.29 | 937.33 | 972.19 |
| 香港 | 17309.58 | 19082.29 | 20424.16 | 21233.81 | 22502.33 | 22515.24 |
| 澳门 | 2561.15 | 2785.55 | 3188.62 | 3448.93 | 3583.13 | 1607.00 |
| 汇总 | 53884.99 | 59908.06 | 66598.57 | 71083.35 | 75703.21 | 76305.29 |
| 占GDP比重 | 63.89 | 65.00 | 65.18 | 65.43 | 65.29 | 66.17 |

资料来源：笔者根据表中相应年份的《广东统计年鉴》《香港统计年刊》《澳门统计年鉴》整理绘制。

除了澳门2020年受新冠疫情影响较大导致服务业增加值尤其是博彩业收入大幅下降之外，其他城市服务业增加值都持续稳定增长。其中，香港服务业增加值规模最大，达到了22515.24亿元，占粤港澳大湾区服务业增加值总额的比重为29.5%。广州和深圳服务业发展水平在粤港澳大湾区中处于第二梯队，两个城市服务业增加值分别为18140.64亿元和17190.44亿元。香港、广州和深圳三个城市服务业增加值占粤港澳大湾区服务业增加值总额的比重达到了75.8%。可见，粤港澳大湾区服务业向中心城市集聚的态势十分明显（见图3-3）。

从服务业内部来看，广州批发和零售业，交通运输、仓储和邮政业，住宿和餐饮业，房地产业的增加值规模均位居粤港澳大湾区主要城市第一，凸显作为国家商贸中心和综合交通枢纽的优势地位，但在金融业增加值上与香港和深圳有较大差距。

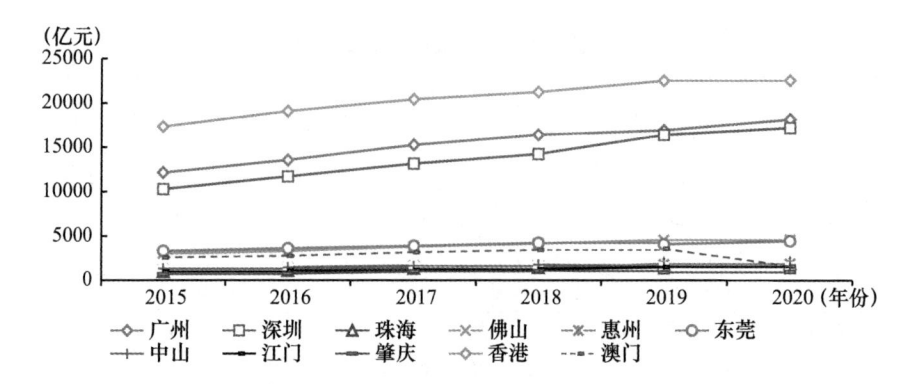

## 68　新发展阶段粤港澳大湾区协同发展评价与策略

图 3-3　2015—2020 年粤港澳大湾区各城市第三产业增加值变化

资料来源：笔者绘制。

香港金融业增加值位居粤港澳大湾区主要城市第一，交通运输、仓储和邮政业则仅次于广州位居第二。深圳金融业增加值仅次于香港，位居粤港澳大湾区主要城市第二，批发和零售业、房地产业则仅次于广州（见表 3-4）。

表 3-4　　2020 年粤港澳大湾区各城市部分服务业增加值　　单位：亿元

| 城市 | 批发和零售业 | 交通运输、仓储和邮政业 | 住宿和餐饮业 | 金融业 | 房地产业 |
| --- | --- | --- | --- | --- | --- |
| 广州 | 3346.89 | 1303.65 | 392.32 | 2234.06 | 2953.04 |
| 深圳 | 2311.71 | 713.84 | 378.52 | 4189.63 | 2573.95 |
| 珠海 | 300.62 | 60.63 | 40.51 | 402.67 | 265.53 |
| 佛山 | 763.48 | 171.67 | 119.72 | 555.74 | 815.89 |
| 惠州 | 286.68 | 76.91 | 64.01 | 262.34 | 525.01 |
| 东莞 | 751.59 | 209.49 | 164.39 | 645.50 | 908.28 |
| 中山 | 310.95 | 51.44 | 44.36 | 256.34 | 280.66 |
| 江门 | 175.57 | 90.62 | 53.81 | 243.66 | 272.98 |
| 肇庆 | 211.43 | 68.62 | 42.16 | 110.05 | 150.21 |
| 香港 | 558.25 | 1013.38 | 328.45 | 5331.70 | 959.52 |
| 澳门 | 118.10 | 51.94 | 46.52 | 230.89 | 301.29 |

资料来源：笔者根据表中相应年份的《广东统计年鉴》《香港统计年刊》《澳门统计年鉴》整理绘制。https://www.dsec.gov.mo/getAttachment/ecfdfaca-e069-4932-8cdc-fbd3cc69dd5c/C_SIED_PUB_2020_Y.aspx 以及香港特别行政区政府统计处，https://www.censtatd.gov.hk/sc/web_table.html?id=37。

在现代服务业体系当中,粤港澳大湾区以金融业为代表的高端生产性服务业影响力显著。根据2022年3月,英国智库Z/Yen集团与中国(深圳)综合开发研究院发布的第31期《全球金融中心指数报告》,香港、深圳和广州分别排在全球金融中心排行榜的第3位、第10位、第24位,可见粤港澳大湾区在全球金融版图中已经占有重要地位。具体来看,长期以来,香港的金融竞争力仅次于纽约、伦敦,是全球第三大金融中心。根据2021年,香港金融管理局发布的年报显示,香港银行体系资产总额达到26.4万亿港元,持牌银行160家,人民币存款(包括存款证余额)达到9447亿元,是全球最大离岸人民币资金池,香港在全球人民币SWIFT支付交易所占份额超过70%。香港还是亚洲国际债券发行额最大安排枢纽、亚洲国际绿色和可持续债券发行额最大安排枢纽。根据香港交易所发布的2021年市场统计数据,香港股票市场成交总额达41.1万亿港元,在港上市的内地企业数量为1368家,在香港上市企业超过2500家,其中内地企业1368家,占上市企业总数53%。深圳金融竞争力也已跻身全球主要城市前十位,在内地仅次于上海和北京。根据深圳市地方金融监督管理局的统计,2021年深圳金融业增加值达到4738.81亿元,占GDP的比重为15.4%;金融业贡献税收占全市总税收的比重为24%,居各行业第一。深圳证券交易所证券交易额达到69.1万亿元。银行业资产总额达到11.27万亿元,资产规模在内地仅次于北京和上海。27家法人保险公司总资产5.75万亿元,居全国第二。深圳共有22家证券公司、32家基金公司(注册地口径),均居国内大陆地区第二;14家期货公司,居内地第三。广州金融竞争力也快速提升,绿色金融、产业金融等领域优势逐步凸显。根据广州市地方金融监督管理局的统计,2021年广州金融业增加值为2467.9亿元,占GDP比重达到8.7%,银行业机构总资产达8.72万亿元,相继获批为数字人民币试点城市、金融科技创新监管试点城市、资本市场金融科技创新试点、国家区块链创新应用综合性试点城市等，广州期货交易所、粤港澳大湾区国际商业银行等新金融平台和机构加快建设。

### 三 制造业基础雄厚

粤港澳大湾区是全球著名的制造业基地。2015—2020年，粤港澳大湾区制造业增加值从2.87万亿元增加至3.74万亿元，增幅达到30.31%，在粤港澳大湾区GDP占比约为33%。其中，深圳的电子信息制造业相对于其他城市有明显优势，制造业增加值由2015年的6742.98亿元增长到2020年的9528.12亿元，增幅达到41.30%，是粤港澳大湾区制造业增加值唯一超过6000亿元的城市。2020年，处在第二梯队的广州（5722.52亿元）、佛山（5768.34亿元）、东莞（4974.609亿元）制造业增加值接近5000亿元或者超过5000亿元；其他城市制造业增加值均未超过2000亿元，依次为惠州（1931.55亿元）、中山（1456.83亿元）、珠海（1276.88亿元）、江门（1168.03亿元）、肇庆（779.70亿元）、香港（578.55亿元）、澳门（10.07亿元）（见图3-4）。

具体从各城市制造业细分行业看，粤港澳大湾区各城市均在制造业领域具有自己的比较优势行业，彼此之间已经形成一定的互补性。其中，深圳在计算机、通信和其他电子设备制造业领域具有绝对优势，2020年此行业产值高达23600.34亿元，具有明显优势。广州在汽车制造业领域有绝对优势，2020年工业产值达到5848.70亿元，占大湾区汽车制造业的比重达到66.8%。

此外，珠海则在化学纤维制造业（2020年产值45.54亿元）；佛山在有色和黑色金属冶炼和压延加工业（2020年两者产值合计1698.85亿元）、非金属矿物制品业（1438.96亿元）

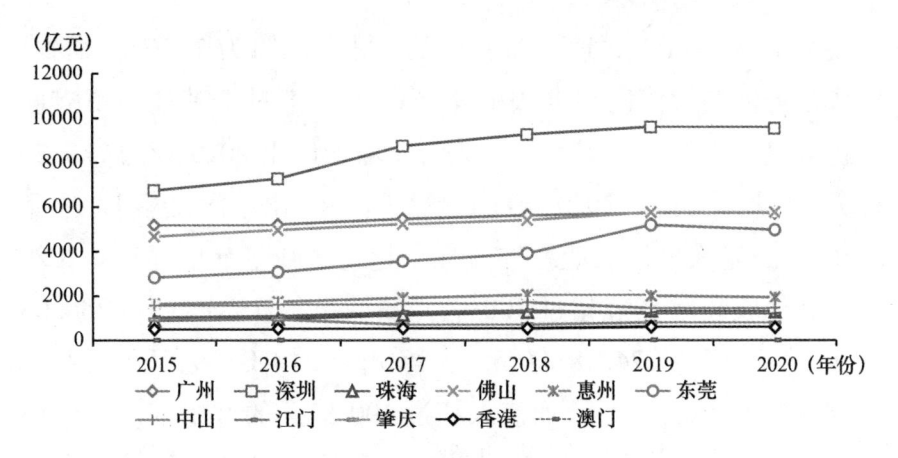

第三章 粤港澳大湾区产业协同发展评价分析 71

图 3-4 2015—2020 年粤港澳大湾区各城市制造业增加值变化

资料来源：笔者绘制。

等行业有明显优势；惠州在石油、煤炭及其他燃料加工业（642.23亿元）；东莞在造纸和纸制品业、皮革、毛皮、羽毛及其制品和制鞋业等行业有相对优势；中山的优势行业包括纺织服装、服饰业、医药制造业；江门的相对优势行业包括铁路、船舶、航空航天和其他运输设备制造业、化学纤维制造业、食品制造业；肇庆在木材加工等农业农产品深加工、非金属矿物制品业方面有明显优势。而香港和澳门的制造业规模相对较小，主要是维持城市运行的电力、热力、燃气的生产和供应行业以及污水处理、废弃物管理及污染防治行业。根据澳门统计暨普查局发布的《澳门经济适度多元发展统计指标体系2020》，2020年澳门制造业增加值仅为17.48亿澳门元，占粤港澳大湾区GDP的比重仅为0.88%。根据香港统计处发布的《香港统计年刊2021》，2019年香港制造业增加值为350.31亿港元，占粤港澳大湾区GDP的比重仅为1.1%。

**四 农业所占比重很小**

2020年，粤港澳大湾区农业增加值为1594.79亿元，在粤港澳大湾区 GDP 总量当中占比已经很小，约为 1.3%。其中，肇庆是粤港澳大湾区主要农业生产基地，相对于其他城市有明显优势且呈现较快发展势头，其农业增加值由 2015 年的 288.29 亿元快速增长到 2020 年的 437.27 亿元，增加幅度达到 51.68%，是大湾区农业增加值唯一超过 300 亿元的城市。2020 年，其他农业增加值超过 100 亿元的城市依次为广州（288.08 亿元）、江门（274.48 亿元）、惠州（219.09 亿元）、佛山（164.12 亿元）；农业增加值未超过 100 亿元的城市依次为中山（71.57 亿元）、珠海（60.02 亿元）、东莞（30.27 亿元）、深圳（25.79 亿元）、香港（24.11 亿元），澳门基本已无农业产业（见图 3-5）。可以看出，粤港澳大湾区城市间农业发展规模水平差异较大，深圳、香港和澳门农业所占比重很低，这意味着肇庆、江门、惠州乃至广州等城市可以发挥在现代农业领域的比较优势，为大湾区农产品消费需求提供供给保障。

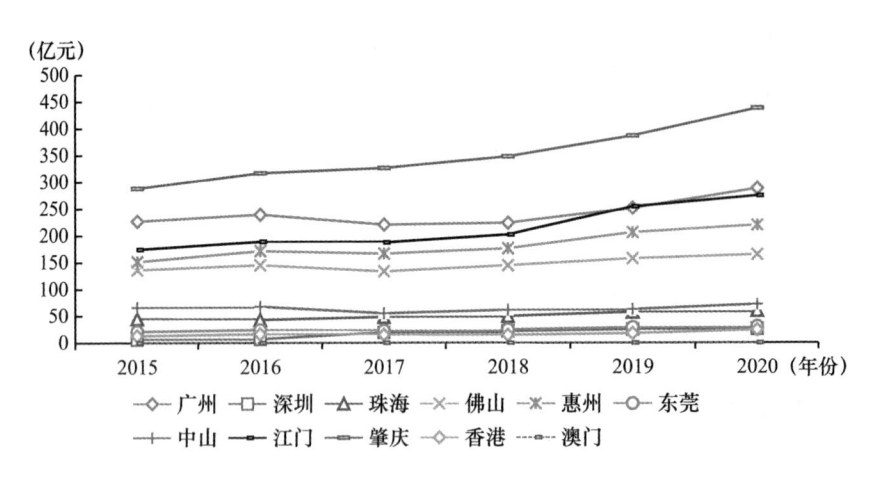

图 3-5  2015—2020 年粤港澳大湾区各城市农业增加值变化

资料来源：笔者绘制。

## 第二节 粤港澳大湾区产业相对发展均衡性评价

### 一 粤港澳大湾区产业发展水平分析

对粤港澳大湾区各城市产业相对发展水平测度所使用的指标包括工业增加值、建筑业增加值、批发和零售业增加值、交通运输仓储和邮政业增加值、住宿和餐饮业增加值、金融业增加值、房地产增加值、从业人员、出口总值和进口总值。具体指标构成如表3-5所示。

表3-5 粤港澳大湾区产业相对发展水平评价所使用的指标

| 选取指标 | 指标说明 | 指标属性 |
| --- | --- | --- |
| 工业增加值 | 当年价（亿元） | 正向 |
| 建筑业增加值 | 当年价（亿元） | 正向 |
| 批发和零售业增加值 | 当年价（亿元） | 正向 |
| 交通运输仓储和邮政业增加值 | 当年价（亿元） | 正向 |
| 住宿和餐饮业增加值 | 当年价（亿元） | 正向 |
| 金融业增加值 | 当年价（亿元） | 正向 |
| 房地产增加值 | 当年价（亿元） | 正向 |
| 从业人员 | 产业人才要素（万人） | 正向 |
| 出口总值 | 反映产业外向型程度（亿元） | 正向 |
| 进出总值 | 反映产业外向型程度（亿元） | 正向 |

运用产业TOPSIS指数对各个城市产业相对发展水平进行测度，结果显示：在粤港澳大湾区中，香港产业相对发展水平最高，2015—2020年TOPSIS指数值保持在0.7左右，但距离最优城市的数值1.0还有差距，其可能原因是香港虽然在金融业、进出口等方面发展具有较为明显的优势，但在工业等领域还有一定差距。深圳和广州处在第二梯队，东莞和佛山为第三梯队，

其他城市大致为第四梯队。2020年澳门受新冠疫情影响较为明显，TOPSIS指数下降较为明显，由2019年的0.0649降至2020年的0.0276（见图3-6）。

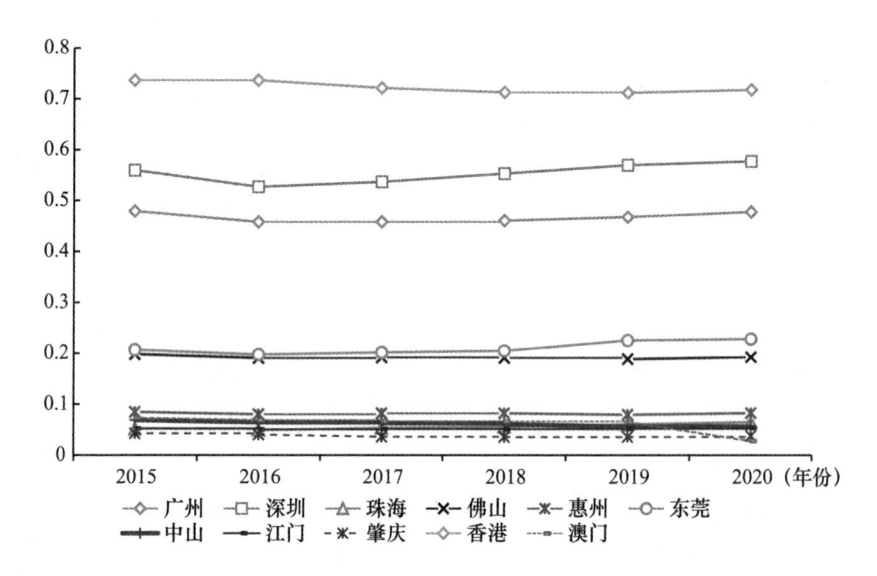

图3-6 2015—2020年粤港澳大湾区各城市产业发展水平TOPSIS指数变化

资料来源：笔者绘制。

从粤港澳大湾区产业发展水平TOPSIS评价指数区域差异看，广佛肇、珠江东岸、珠江西岸三大都市圈的组间差异是大湾区产业发展水平总体差异的主要来源；其次为三大都市圈的组内差异；最后为三大都市圈的超变密度，意味着粤港澳大湾区三大都市圈没有产业发展水平绝对优势分组，三大分组之间的产业发展水平存在交叉重叠现象，总体变化小，仅有微小下降，由2015年的0.061下降为2020年的0.059。

具体从三大都市圈组内产业相对发展水平差异性来看，珠江东岸组内产业发展水平差异明显高于其他两组（涉及见图3-7b），近6年组内基尼系数均值为0.41，呈现略有上升趋势，由0.404上升至0.414。珠江西岸产业发展水平差异在三大

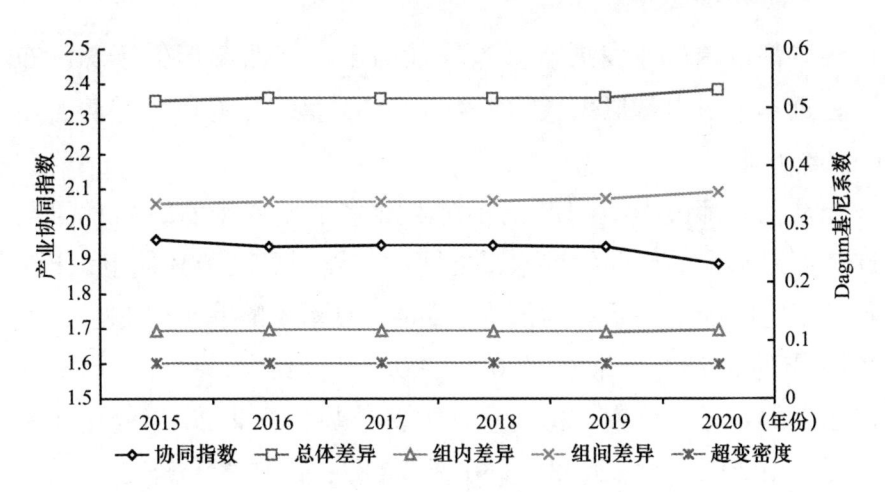

**图 3-7a  粤港澳大湾区产业协同发展指数及差异变化**

资料来源：笔者绘制。

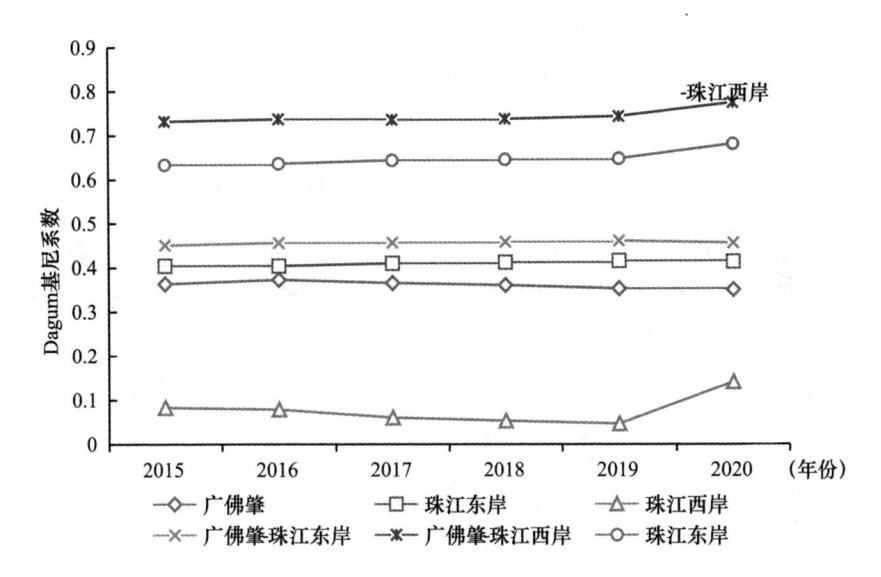

**图 3-7b  粤港澳大湾区产业协同发展指数组内及组间差异**

资料来源：笔者绘制。

都市圈当中最低。2020 年由于澳门受新冠疫情的影响，产业发展水平变化较大，导致组内产业相对发展水平差异也同时变大。

广佛肇都市圈产业发展水平差异性高于珠江西岸但低于珠江东岸，近6年组内基尼系数均值为0.361，呈现略有下降趋势，由0.363下降至0.351。

从三大都市圈组间产业相对发展水平差异来看，广佛肇与珠江西岸都市圈产业发展水平之间的差异明显高于其他组，近6年两组之间的基尼系数均值为0.744，且呈现略有上升趋势，由2015年的0.732上升至2020年的0.775。其次，珠江东岸和珠江西岸的差异变化模式也是呈现上升趋势，在2020年变化尤为明显，由2015年的0.634上升至0.682；广佛肇与珠江东岸的差异明显较小且变化不显著，近6年两组之间的基尼系数均值为0.457。

总体上看，2016—2019年粤港澳大湾区产业相对发展均衡性大致保持稳定。但是，在新冠疫情冲击下，2020年粤港澳大湾区各城市的建筑、房地产、住宿餐饮、交通运输等行业相对发展格局出现较为明显变化，导致城市之间的产业差异程度有所提高，进而2020年粤港澳大湾区产业相对发展均衡性有所下降。珠江东岸组内、广佛肇与珠江西岸组间、珠江东岸与珠江西岸在之间的产业相对发展水平差异性对粤港澳大湾区相对发展均衡性有较大负向影响。

## 二 粤港澳大湾区产业结构分工分析

(一) 粤港澳大湾区工业区位熵

产业分工以比较优势为基础，在区域经济学中，通常用区位熵来判断一个产业是否构成地区专业化部门。区位熵是测度一个地区特定部门的产值在该地区总产值中所占的比重与区域整体该部门产值在区域整体总产值中所占比重方面的比率指标，它反映了该地区或城市产业在区域整体产业发展中的地位，也显示区域内部各地区或城市产业在区域产业发展中的相对比较地位。若区位熵大于1，说明该产业在区域中具有一定的比较优势，大于1.5则可以认为该产业是地区的专业化部门，区位熵越大则专业化水平越高；若区位熵小于或等于1，则认为该产业是自给性部门。区位熵的计算公式如式（3-1）：

$$LQ_{ij} = \frac{L_{ij} \Big/ \sum_{j=1}^{n} L_j}{\sum_{i=1}^{m} L_{ij} \Big/ \sum_{j=1}^{n} \sum_{i=1}^{m} L_{ij}} \quad \text{式（3-1）}$$

其中：$n$ 表示城市数量，$m$ 表示行业数量，$i$ 代表第 $i$ 个城市；$j$ 代表第 $j$ 个行业；$L_{ij}$ 为第 $i$ 个城市第 $j$ 个行业的增加值；$LQ_{ij}$ 为 $i$ 地区 $j$ 行业的区位熵。

在粤港澳大湾区中，香港和澳门的工业所占比重很小。因此，对粤港澳大湾区工业专业化分工的分析，主要集中在珠三角各个城市。运用《广东统计年鉴（2021）》的数据，根据式（3-1）计算得出珠三角地区城市工业主要行业的区位熵（见表3-6），表明各城市均拥有比较优势的行业。

表3-6　　2020年珠三角9市主要工业行业区位熵

| 行业 | 广州 | 深圳 | 珠海 | 佛山 | 惠州 | 东莞 | 中山 | 江门 | 肇庆 |
|---|---|---|---|---|---|---|---|---|---|
| 农副食品加工业 | 1.2 | 0.3 | 0.9 | 1.5 | 0.6 | 1.6 | 0.6 | 2.2 | 1.1 |
| 食品制造业 | 2.3 | 0.1 | 1.2 | 1.1 | 0.1 | 0.4 | 1.0 | 6.1 | 1.3 |
| 酒、饮料和精制茶制造业 | 2.2 | 0.5 | 0.4 | 1.5 | 0.9 | 1.1 | 1.1 | 0.7 | 1.1 |
| 纺织业 | 0.8 | 0.3 | 0.3 | 2.6 | 0.3 | 1.0 | 1.2 | 1.7 | 1.7 |
| 纺织服装和服饰业 | 1.4 | 0.4 | 0.3 | 1.3 | 0.7 | 1.4 | 2.1 | 0.8 | 0.8 |
| 皮革、毛皮、羽毛及其制品和制鞋业 | 0.9 | 0.3 | 0.0 | 1.0 | 1.6 | 2.1 | 1.7 | 0.9 | 2.7 |
| 木材加工和木、竹、藤、棕、草制品业 | 1.2 | 0.1 | 0.5 | 1.3 | 1.5 | 1.4 | 1.1 | 1.6 | 5.7 |
| 家具制造业 | 1.0 | 0.2 | 0.3 | 1.6 | 1.4 | 1.8 | 0.8 | 3.0 |  |
| 造纸和纸制品业 | 0.4 | 0.2 | 0.6 | 1.0 | 0.3 | 3.1 | 1.1 | 2.8 | 1.1 |

续表

| 行业 | 广州 | 深圳 | 珠海 | 佛山 | 惠州 | 东莞 | 中山 | 江门 | 肇庆 |
|---|---|---|---|---|---|---|---|---|---|
| 印刷和记录媒介复制业 | 0.7 | 0.9 | 0.4 | 0.7 | 0.4 | 1.7 | 1.2 | 3.4 | 1.0 |
| 文教、工美、体育和娱乐用品制造业 | 0.7 | 0.9 | 0.2 | 1.0 | 0.9 | 1.7 | 1.8 | 0.4 | 1.2 |
| 石油、煤炭及其他燃料加工业 | 3.7 | 0.1 | 0.7 | 0.4 | 4.0 | 0.1 | 0.1 | 0.1 | 0.0 |
| 化学原料和化学制品制造业 | 1.8 | 0.2 | 1.5 | 1.1 | 2.7 | 0.6 | 1.7 | 1.2 | 1.3 |
| 医药制造业 | 1.9 | 0.9 | 3.4 | 0.7 | 0.3 | 0.3 | 1.3 | 0.5 | 0.5 |
| 化学纤维制造业 | 0.2 | 0.0 | 9.3 | 1.6 | 0.1 | 1.2 | 0.2 | 2.1 | 0.8 |
| 橡胶和塑料制品业 | 0.7 | 0.6 | 0.8 | 1.2 | 1.3 | 1.7 | 1.5 | 1.0 | 0.8 |
| 非金属矿物制品业 | 0.6 | 0.3 | 0.6 | 2.0 | 1.4 | 0.8 | 0.9 | 1.9 | 5.2 |
| 黑色金属冶炼和压延加工业 | 0.7 | 0.0 | 3.9 | 3.0 | 0.2 | 0.7 | 1.0 | 0.4 | 0.5 |
| 有色金属冶炼和压延加工业 | 0.5 | 0.2 | 0.3 | 2.9 | 0.3 | 1.1 | 0.4 | 0.3 | 4.7 |
| 金属制品业 | 0.3 | 0.4 | 0.5 | 2.0 | 0.6 | 1.4 | 1.4 | 2.2 | 3.0 |
| 通用设备制造业 | 1.0 | 0.9 | 0.9 | 1.2 | 0.4 | 1.1 | 1.9 | 1.1 | 0.6 |
| 专用设备制造业 | 0.7 | 1.3 | 1.0 | 0.9 | 0.4 | 1.3 | 0.6 | 0.4 | 0.5 |
| 汽车制造业 | 4.2 | 0.2 | 0.1 | 0.8 | 0.5 | 0.2 | 0.5 | 0.4 | 0.6 |
| 铁路、船舶、航空航天和其他运输设备制造业 | 1.6 | 0.8 | 1.3 | 0.5 | 0.6 | 0.5 | 0.2 | 6.3 | 0.1 |
| 电气机械和器材制造业 | 0.3 | 0.6 | 2.1 | 2.4 | 0.8 | 0.8 | 2.0 | 0.7 | 0.2 |
| 计算机、通信和其他电子设备制造业 | 0.3 | 2.0 | 0.6 | 0.1 | 1.3 | 1.2 | 0.3 | 0.3 | 0.3 |
| 仪器仪表制造业 | 0.8 | 1.4 | 1.8 | 0.4 | 0.5 | 1.2 | 1.4 | 0.1 | 0.4 |
| 其他制造业 | 0.3 | 1.4 | 0.0 | 0.2 | 0.4 | 1.9 | 2.9 | 0.8 | 0.5 |
| 废弃资源综合利用业 | 0.3 | 0.0 | 1.3 | 3.5 | 0.7 | 0.0 | 0.2 | 0.8 | 10.0 |
| 金属制品、机械和设备修理业 | 3.6 | 0.5 | 5.2 | 0.0 | 0.1 | 0.2 | 0.1 | 0.1 | 0.2 |
| 电力、热力生产和供应业 | 1.4 | 0.8 | 1.1 | 0.6 | 1.4 | 0.7 | 1.4 | 2.6 | 1.4 |
| 燃气生产和供应业 | 2.7 | 0.8 | 2.0 | 0.4 | 0.6 | 0.3 | 0.6 | 0.6 | 2.2 |
| 水的生产和供应业 | 1.3 | 1.0 | 0.9 | 1.2 | 0.9 | 0.6 | 0.9 | 1.0 | 0.5 |

资料来源：根据《广东统计年鉴（2021）》数据计算。

## （二）部分城市的工业专业化分析

### 1. 广州

从表3-6可以看出，广州在农副食品加工业，食品制造业，酒、饮料和精制茶制造业，纺织服装和服饰业，木材加工和木、竹、藤、棕、草制品业，家具制造业，石油、煤炭及其他燃料加工业，化学原料和化学制品制造业，医药制造业，通用设备制造业，汽车制造业，铁路、船舶、航空航天和其他运输设备制造业，金属制品、机械和设备修理业，电力、热力生产和供应业，燃气生产和供应业，水的生产和供应业等行业的区位熵大于或等于1.0，即在珠三角地区工业内部中具有一定的专业化分工优势。其中，汽车制造业，石油、煤炭及其他燃料加工业，金属制品、机械和设备修理业，燃气生产和供应业，食品制造业，酒、饮料和精制茶制造业，医药制造业，化学原料和化学制品制造业，铁路、船舶、航空航天和其他运输设备制造业等行业的区位熵大于或等于1.5，在珠三角地区工业内部中具有明显的专业化分工优势。2020年，广州汽车制造业为最具专业化优势的行业，其增加值达到1231.08亿元，占广州工业增加值总额的比重达到27.1%，占珠三角地区汽车制造业增加值的比重达到67.9%。

2. 深圳

深圳在计算机、通信和其他电子设备制造业，仪器仪表制造业，其他制造业，专用设备制造业，水的生产和供应业等行业的区位熵大于或等于1.0，即在珠三角地区工业内部中具有一定的专业化分工优势。其中计算机、通信和其他电子设备制造业的区位熵达到2.0，是最具有专业化分工优势的行业。事实上，2020年，深圳计算机、通信和其他电子设备制造业增加值达到5073.03亿元，占深圳工业增加值总额的比重达到59.2%，占珠三角地区计算机、通信和其他电子设备制造业增加值的比重达到61%。

3. 珠海

珠海在化学纤维制造业，金属制品、机械和设备修理业，黑色金属冶炼和压延加工业，医药制造业，电气机械和器材制造业，燃气生产和供应业，仪器仪表制造业，化学原料和化学制品制造业，铁路、船舶、航空航天和其他运输设备制造业，废弃资源综合利用业，食品制造业，电力、热力生产和供应业，专用设备制造业等行业的区位熵大于或等于1.0，即在珠三角地区工业内部中具有一定的专业化分工优势。其中，在化学纤维制造业，金属制品、机械和设备修理业，黑色金属冶炼和压延加工业，医药制造业，电气机械和器材制造业，燃气生产和供应业，仪器仪表制造业，化学原料和化学制品制造业等行业的区位熵大于或等于1.5，具有较为明显的专业化分工优势。即便如此，2020年珠海工业增加值为1190.66亿元，约占珠三角工业增加值的比重为4.3%，规模仍然较小。化学纤维制造业是珠海专业化优势最高的行业，但其增加值仅为16.25亿元。电气机械和器材制造业增加值最高，为303.79亿元，占珠海工业增加值比重为25.5%，占珠三角电气机械和器材制造业增加值的比重约为9%。

4. 佛山

佛山在废弃资源综合利用业，黑色金属冶炼和压延加工业，有色金属冶炼和压延加工业，纺织业，电气机械和器材制造业，金属制品业，非金属矿物制品业，化学纤维制造业，家具制造业，酒、饮料和精制茶制造业，农副食品加工业，纺织服装和服饰业，木材加工和木、竹、藤、棕、草制品业，橡胶和塑料制品业，通用设备制造业，水的生产和供应业，食品制造业，化学原料和化学制品制造业，皮革、毛皮、羽毛及其制品和制鞋业，造纸和纸制品业，文教、工美、体育和娱乐用品制造业等行业的区位熵大于或等于1.0，即在珠三角地区工业内部中具有一定的专业化分工优势。其中，废弃资源综合利用业，黑色金属冶炼和压延加工业，有色金属冶炼和压延加工业，纺织业，电气机械和器材制造业，金属制品业，非金属矿物制品业，化学纤维制造业，家具制造业，酒、饮料和精制茶制造业，农副食品加工业等行业区位熵大于或等于1.5，具有较为明显的专业化分工优势。2020年，虽然废弃资源综合利用业为佛山专业化分工优势最大的行业，但是其增加值仅为50.45亿元。电气机械和器材制造业增加值最高，为1335.34亿元，占佛山工业增加值的比重达到28.7%，占珠三角地区电气机械和器材制造业增加值的比重达到39.4%。

5. 惠州

惠州在石油、煤炭及其他燃料加工业，化学原料和化学制品制造业，皮革、毛皮、羽毛及其制品和制鞋业，家具制造业，木材加工和木、竹、藤、棕、草制品业，非金属矿物制品业，电力、热力生产和供应业，计算机、通信和其他电子设备制造业，橡胶和塑料制品业等行业的区位熵大于或等于1.0，即在珠三角地区工业内部中具有一定的专业化分工优势。其中，石油、煤炭及其他燃料加工业，化学原料和化学制品制造业，皮革、毛皮、羽毛及其制品和制鞋业，家具制造业，木材加工和木、竹、藤、棕、草制品业等行业区位熵大于或等于1.5，具有较为明显的专业化分工优势。2020年，虽然石油、煤炭及其他燃料加工业为惠州最具专业化优势的行业，但其增加值仅为74.25亿元。计算机、通信和其他电子设备制造业增加值最高，达到658.69亿元，占惠州工业增加值的比重约为39%，占珠三角地区计算机、通信和其他电子设备制造业增加值的比重约为7.9%。

6. 东莞

东莞在造纸和纸制品业，皮革、毛皮、羽毛及其制品和制鞋业，其他制造业，印刷和记录媒介复制业，文教、工美、体育和娱乐用品制造业，橡胶和塑料制品业，农副食品加工业，纺织服装和服饰业，木材加工和木、竹、藤、棕、草制品业，家具制造业，金属制品业，专用设备制造业，计算机、通信和其他电子设备制造业，仪器仪表制造业，化学纤维制造业，有色金属冶炼和压延加工业，通用设备制造业，纺织业等行业的区位熵大于或等于1.0，即在珠三角地区工业内部中具有一定的专业化分工优势。其中，在造纸和纸制品业，皮革、毛皮、羽毛及其制品和制鞋业，其他制造业，印刷和记录媒介复制业，文教、工美、体育和娱乐用品制造业，橡胶和塑料制品业，农副食品加工业等行业大于或等于1.5，具有较为明显的专业化分工优势。2020年，虽然造纸和纸制品业为东莞最具专业化优势的行业，其增加值为203.6亿元，占珠三角地区造纸和纸制品业增加值的比重达到49.1%，但是占东莞工业增加值的比重仅为4.5%。计算机、通信和其他电子设备制造业增加值最高，达到1537.69亿元，占东莞工业增加值的比重约为34.3%，占珠三角地区计算机、通信和其他电子设备制造业增加值的比重约为18.5%。

7. 中山

中山在其他制造业，纺织服装和服饰业，皮革、毛皮、羽毛及其制品和制鞋业，电气机械和器材制造业，通用设备制造业，家具制造业，文教、工美、体育和娱乐用品制造业，化学原料和化学制品制造业，橡胶和塑料制品业，金属制品业，仪器仪表制造业，电力、热力生产和供应业，医药制造业，纺织业，印刷和记录媒介复制业，造纸和纸制品业，酒、饮料和精制茶制造业，木材加工和木、竹、藤、棕、草制品业，食品制造业，黑色金属冶炼和压延加工业等行业的区位熵大于或等于1.0，即在珠三角地区工业内部中具有一定的专业化分工优势。其中，其他制造业，纺织服装和服饰业，皮革、毛皮、羽毛及其制品和制鞋业，电气机械和器材制造业，通用设备制造业，家具制造业，文教、工美、体育和娱乐用品制造业，化学原料和化学制品制造业，橡胶和塑料制品业等行业区位熵大于或等于1.5，具有较为明显的专业化分工优势。2020年，虽然其他制造业是中山最具专业化优势的行业，但其增加值仅为10.77亿元。电气机械和器材制造业增加值最高，达到285.5亿元，占中山工业增加值的比重约为 24.3%，占珠三角地区电气机械和器材制造业增加值的比重约为 8.4%。

8. 江门

江门在铁路、船舶、航空航天和其他运输设备制造业，食品制造业，印刷和记录媒介复制业，造纸和纸制品业，电力、热力生产和供应业，农副食品加工业，金属制品业，化学纤维制造业，非金属矿物制品业，纺织业，木材加工和木、竹、藤、棕、草制品业，化学原料和化学制品制造业，通用设备制造业，橡胶和塑料制品业，有色金属冶炼和压延加工业，水的生产和供应业等行业的区位熵大于或等于 1.0，即在珠三角地区工业内部中具有一定的专业化分工优势。其中，铁路、船舶、航空航天和其他运输设备制造业，食品制造业，印刷和记录媒介复制业，造纸和纸制品业，电力、热力生产和供应业，农副食品加工业，金属制品业，化学纤维制造业，非金属矿物制品业，纺织业，木材加工和木、竹、藤、棕、草制品业等行业区位熵大于或等于 1.5，具有较为明显的专业化分工优势。2020 年，虽然铁路、船舶、航空航天和其他运输设备制造业是江门最具专业化优势的行业，但其增加值仅为 47.01 亿元。食品制造业增加值最高，达到 127.32 亿元，占江门工业增加值的比重约为 12.4%，占珠三角地区食品制造业增加值的比重约为 22.4%。

9. 肇庆

肇庆在废弃资源综合利用业，木材加工和木、竹、藤、棕、草制品业，非金属矿物制品业，有色金属冶炼和压延加工业，家具制造业，金属制品业，皮革、毛皮、羽毛及其制品和制鞋业，燃气生产和供应业，纺织业，电力、热力生产和供应业，食品制造业，化学原料和化学制品制造业，文教、工美、体育和娱乐用品制造业，农副食品加工业，酒、饮料和精制茶制造业，造纸和纸制品业，印刷和记录媒介复制业等行业的区位熵大于或等于1.0，即在珠三角地区工业内部中具有一定的专业化分工优势。其中废弃资源综合利用业，木材加工和木、竹、藤、棕、草制品业、非金属矿物制品业，有色金属冶炼和压延加工业，家具制造业，金属制品业，皮革、毛皮、羽毛及其制品和制鞋业，燃气生产和供应业，纺织业区位熵大于或等于1.5，具有较为明显的专业化分工优势。2020年，废弃资源综合利用业是肇庆最具有专业化优势的行业，但其增加值仅为20.56亿元。非金属矿物制品业增加值最高，为112.77亿元，占肇庆工业增加值的比重约为17.2%，占珠三角地区非金属矿物制品业增加值的比重约为12.3%。

总体上看，在粤港澳大湾区中，珠三角是制造业主要集聚地。而在珠三角当中，广州的汽车制造业无论在增加值规模还是在专业化分工优势上占比都十分明显。深圳的计算机、通信和其他电子设备制造业无论在增加值规模还是在专业化分工优势上占比都十分明显。除此之外，位于珠江东岸的东莞和惠州的计算机、通信和其他电子设备制造业也十分发达，其增加值分别位居珠三角城市第二和第三。珠江东岸深圳、东莞和惠州计算机、通信和其他电子设备制造业增加值占珠三角计算机、通信和其他电子设备制造业增加值比重达到80.5%，占珠三角工业增加值比重达到26%。而珠江西岸电气机械和器材制造业则相对发达，佛山、珠海、中山电气机械和器材制造业增加值均占其全市工业增加值的比重最高，其中佛山电气机械和器材制造业增加值在珠三角各城市中最高，佛山、珠海、中山和江门四座城市电气机械和器材制造业增加值占珠三角电气机械和器材制造业增加值比重达到59.3%，但占珠三角工业增加值还比较低，为7.2%。另外，除了广州和深圳之外，其他城市最具专业化优势的行业虽然各有不同，但多为传统行业且规模产值较小，这也意味着珠三角地区工业转型升级还任重而道远。

## 三 粤港澳大湾区服务业专业化分工

相比工业，在粤港澳大湾区各城市服务业专业化分工优势较小。这主要是源于生产生活的需要，各个城市都需要发展相应的生产性服务业和生活性服务业。如批发和零售业、房地产业、住宿和餐饮业这些为生产生活配套的基础服务业，每个城市都需要发展，且其规模往往与城市人口存在密切关系。交通运输、仓储和邮政业和金融业则相对集聚性较强。如广州是粤港澳大湾区综合交通枢纽，现代物流业发达，因此交通运输、仓储和邮政业区位熵最高。肇庆的交通运输、仓储和邮政业区位熵虽然也较高，但主要源于其服务业规模本身比较小所致。在金融行业，深圳和香港专业化分工优势比较明显，珠海金融业增加值在其服务业增加值中所占的比重也相对较高，但规模还比较小（见表3-7）。

表3-7　2020年粤港澳大湾区部分服务业区位熵

| 城市 | 批发和零售业 | 交通运输、仓储和邮政业 | 住宿和餐饮业 | 金融业 | 房地产业 |
| --- | --- | --- | --- | --- | --- |
| 广州 | 1.54 | 1.44 | 0.99 | 0.65 | 1.24 |
| 深圳 | 1.12 | 0.83 | 1.00 | 1.29 | 1.14 |
| 珠海 | 1.31 | 0.64 | 0.97 | 1.11 | 1.06 |
| 佛山 | 1.40 | 0.75 | 1.19 | 0.64 | 1.37 |
| 惠州 | 1.28 | 0.82 | 1.56 | 0.74 | 2.14 |
| 东莞 | 1.42 | 0.95 | 1.69 | 0.77 | 1.56 |
| 中山 | 1.71 | 0.68 | 1.33 | 0.89 | 1.41 |
| 江门 | 0.92 | 1.14 | 1.54 | 0.81 | 1.31 |
| 肇庆 | 1.82 | 1.41 | 1.98 | 0.60 | 1.18 |
| 香港 | 0.21 | 0.90 | 0.66 | 1.25 | 0.32 |
| 澳门 | 0.61 | 0.65 | 1.32 | 0.76 | 1.43 |

资料来源：根据《广东统计年鉴（2021）》《澳门经济适度多元发展统计指标体系分析报告》以及香港特别行政区政府统计处数据计算。

## 四 粤港澳大湾区产业链分工分析

区域产业分工主要有三种：一是部门间或产业间分工，是指不同区域的不同产业部门进行专业化生产，并开展分工贸易。二是部门内或产业内分工，是指不同区域虽然都发展同样的产业部门，但是专业化生产不同的产品种类，并以此开展分工贸易。三是产业链分工，是指不同区域虽然都生产同一种产品，但是不同区域专业化于不同的产业链生产环节或者工序；各区域一起组成产品的完整生产链条。部门间或产业间分工和部门内或产业内分工也称为水平型产业分工，产业链分工也称为垂直型产业分工。从国内外发展经验来看，三种区域产业分工是依次递进的关系，即产业链分工是区域产业分工的高级形式（见表3-8）。

表3-8　　　　　　　区域产业分工的三种形式

| 分工类型 | 产业间分工 | 产业内分工 | 产业链分工 |
| --- | --- | --- | --- |
| 分工特点 | 在不同产业之间进行 | 在同一产业不同产品之间进行 | 按产业链的不同环节、工序、模块进行 |
| 产业模式 | 清晰 | 较清晰 | 弱化 |
| 分工模式 | 以垂直分工为主 | 以水平分工为主 | 混合分工 |
| 空间分析 | 不同产业在空间上的分离 | 同一产业不同产品在空间上的分离 | 价值链的不同环节、工序、模块在空间上的分析 |
| 形成机理 | 地区比较优势或资源禀赋差异 | 产品差别、消费者偏好差别、需求的重叠、规模经济 | 资源禀赋和技术水平差异、规模经济、产业关联经济 |

资料来源：魏后凯：《大都市区新型产业分工与冲突管理》，《中国工业经济》2007年第2期，第28—34页。

从产业领域来看，虽然粤港澳大湾区三次产业结构、服务业结构和制造业结构呈现出趋同性特征，但不能仅凭此来判断粤港澳大湾区产业结构的合理性。在构建现代化产业体系目标的引领下，各个城市都积极抢抓机遇大力发展现代服务业和先进制造业，必然会在三次产业结构、大类行业发展上表现出一定的趋同性。事实上，近年来，粤港澳大湾区各个城市正呈现出产业大类趋同、产业细分领域各有特色、产业链协作逐步加深，主要表现为以下三个方面。

（一）产业链协同发展持续活跃

企业跨城投资形成的联系网络推动产业链协同发展的重要路径。近年来，粤港澳大湾区企业跨城投资保持活跃态势。以澳门为例，2020 年，香港在澳门直接投资的企业数量达到 1721 家，累计直接投资总额达到 840.59 亿澳门元，广州、深圳、珠海企业对澳门的直接投资也超过 10 亿澳门元（见表 3-9）。如广药集团在澳门成立广药集团（澳门）国际发展产业有限公司，并以此为国际总部打造国际化业务的对外窗口，广州金域医学检验集团和南粤集团在澳门成立南粤金域医学实验室等。

表 3-9　部分粤港澳大湾区城市在澳门直接投资情况

单位：亿澳门元，家

| 年份 | 广州 |  | 深圳 |  | 珠海 |  | 香港 |  |
|---|---|---|---|---|---|---|---|---|
|  | 累计总额 | 企业数 | 累计总额 | 企业数 | 累计总额 | 企业数 | 累计总额 | 企业数 |
| 2015 | 6.47 | 63 | 4.75 | 38 | 0.87 | 280 | 596.55 | 1544 |
| 2016 | 6.78 | 66 | 11.15 | 41 | 1.87 | 307 | 688.57 | 1681 |
| 2017 | 9.57 | 88 | 26.66 | 50 | 11.41 | 333 | 876.67 | 1814 |
| 2018 | 7.72 | 109 | 24.57 | 65 | 11.56 | 434 | 819.52 | 1759 |
| 2019 | 11.82 | 120 | 14.05 | 72 | 14.53 | 480 | 867.69 | 1685 |
| 2020 | 10.92 | 113 | 11.21 | 80 | 16.19 | 532 | 840.59 | 1721 |

资料来源：澳门统计暨普查局。

与此同时,澳门企业也纷纷到粤港澳大湾区其他城市投资兴业。2020年,澳门企业到珠海直接投资累计总额达到349.49亿澳门元,参与直接投资的企业数量达到594家。此外,也有诸多澳门企业到香港、广州、深圳进行投资(见表3-10)。

表3-10　澳门企业在部分粤港澳大湾区城市直接投资情况

单位：亿澳门元,家

| 年份 | 广州 | | 深圳 | | 珠海 | | 香港 | |
| --- | --- | --- | --- | --- | --- | --- | --- | --- |
| | 累计总额 | 企业数 | 累计总额 | 企业数 | 累计总额 | 企业数 | 累计总额 | 企业数 |
| 2017 | 15.03 | 4 | — | 2 | 81.12 | 41 | 135.85 | 18 |
| 2018 | 28.21 | 35 | -1.71 | 16 | 213.39 | 418 | 109.84 | 24 |
| 2019 | 32.06 | 33 | 0.91 | 19 | 236.66 | 445 | 119.63 | 33 |
| 2020 | 53.94 | 42 | 1.27 | 24 | 349.49 | 594 | 100.78 | 36 |

资料来源：澳门统计暨普查局。

### (二) 产业链协同基础不断夯实

在产业平台方面,前海合作区、横琴合作区、南沙粤港澳全面合作示范区、东莞滨海湾新区、佛山粤港澳合作高端服务示范区、江门大广海湾经济区、中山翠亨新区、惠州潼湖生态智慧区、肇庆新区等以粤港澳大湾区深度合作为主体的平台加快建设,香港积极推进北部都会区建设,为粤港澳大湾区产业链协同发展提供良好的空间载体和体制机制支撑。一批粤港澳联合实验室、粤港澳青创基地、港澳青年之家、粤港澳青年创新工场加快建设,为粤港澳大湾区创新要素流动、青年创业就业、科技交流与创新合作提供了多元化的平台支撑。围绕优势产业领域形成的跨城产业集群加快发展,如根据国家工业和信息化部于2021年发布的全国25个先进制造业集群决赛优胜者名单显示,粤港澳大湾区分别有广深佛莞智能装备集群、广佛惠超高清视频和智能家电集群、深广高端医疗器械集群三个产业集群入选。广州和佛山共建的新一代信息技术、汽车、先进装备制造、生物医药与健康产业集群其产值规模均已超过万亿元,其中先进装备制造和汽车产业集群产值规模已超过2万亿元。

(三)产业链协同机制持续完善

在粤港澳大湾区建设领导小组领导框架下,粤港、粤澳每年都共同召开合作联席会议,明确年度合作重点工作。广州和佛山形成"党政四人小组—市长联席会议—分管副市长工作协调会议—专责小组"多层次同城化协调机制,并建立广佛同城全球联合招商机制,"广州服务+佛山制造"的产业链协同发展模式成效显著。广州与澳门在科技、医药、会展、金融等领域签订了一系列合作备忘录或框架协议,对应政府部门和大学科研机构也纷纷建立紧密合作机制,如广州市统计局与澳门特别行政区政府统计暨普查局、广州大学与澳门大学、广州中医药大学与澳门科技大学等。广州与深圳签署深化战略合作框架协议,并在科技创新、智能装备、智能网联汽车、生物医药、营商环境、基础设施、自贸区建设具体领域签订合作协议。得益于国家、省级、市级、区级、街道级到行政单位及社会组织等多层次多领域的推动,粤港澳大湾区产业链协同机制不断完善优化,为深化城市间产业链合作提供强大的保障。

## 第三节 粤港澳大湾区产业空间布局均衡性评价

### 一 粤港澳大湾区产业总体空间布局均衡性分析

产业经济发展最终要落到空间上。从整体上看,2015年以来,粤港澳大湾区经济密度不断上升,2021年平均每平方千米土地创造GDP2.26亿元。其中,澳门、香港和深圳单位土地面积创造的GDP位居前三,远远高于粤港澳大湾区其他城市。肇庆、江门和惠州单位土地面积创造的 GDP 相对较低（见表 3-11）。

表 3-11　　　　　粤港澳大湾区经济密度　　　　单位：亿元/平方千米

| 年份<br>地域 | 2015 | 2016 | 2017 | 2018 | 2019 | 2020 | 2021 |
|---|---|---|---|---|---|---|---|
| 广州 | 2.50 | 2.70 | 2.97 | 3.15 | 3.26 | 3.45 | 3.89 |
| 深圳 | 8.76 | 9.76 | 11.26 | 12.13 | 13.48 | 13.85 | 15.35 |
| 珠海 | 1.17 | 1.28 | 1.54 | 1.68 | 1.98 | 2.01 | 2.24 |
| 佛山 | 2.11 | 2.27 | 2.47 | 2.62 | 2.83 | 2.85 | 3.20 |
| 惠州 | 0.28 | 0.30 | 0.34 | 0.36 | 0.37 | 0.37 | 0.44 |
| 东莞 | 2.55 | 2.78 | 3.08 | 3.37 | 3.85 | 3.92 | 4.41 |
| 中山 | 1.69 | 1.80 | 1.92 | 2.04 | 1.74 | 1.77 | 2.00 |
| 江门 | 0.24 | 0.25 | 0.28 | 0.31 | 0.33 | 0.34 | 0.38 |
| 肇庆 | 0.13 | 0.14 | 0.14 | 0.15 | 0.15 | 0.16 | 0.18 |
| 香港 | 17.36 | 19.20 | 20.75 | 21.56 | 22.73 | 21.71 | 21.39 |
| 澳门 | 85.29 | 91.51 | 104.26 | 111.21 | 115.81 | 51.04 | 58.64 |
| 大湾区 | 1.51 | 1.65 | 1.83 | 1.94 | 2.07 | 2.06 | 2.26 |

注：经济密度为 GDP 除以土地面积的值。
资料来源：笔者根据表中相应年份的《广东统计年鉴》《香港统计年刊》《澳门统计年鉴》整理绘制。

取粤港澳大湾区 11 个城市经济密度的标准差，结果显示，2015—2019 年，粤港澳大湾区各个城市经济密度标准差不断上升，这意味着城市间经济密度差异变大，经济的集聚度可能有的增强（见图 3-8）。但是 2020 年由于受到新冠疫情的影响，澳门经济密度大幅下降，各个城市间经济密度的标准差也大幅下降。事实上，如果不考虑澳门大幅波动的影响，取粤港澳大湾区其他 10 个城市经济密度的标准差，2015—2021 年，10 个城市的经济密度标准差从 5.14 上升到 6.79，这也表明城市间经济密度差异变大，经济集聚度可能有所上升。

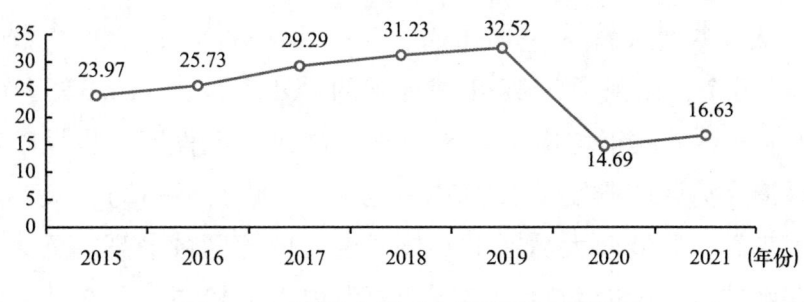

**图 3-8 粤港澳大湾区城市经济密度标准差**

资料来源：笔者绘制。

根据 POI 大数据提供的数据分类，为了尽可能捕捉到各类市场主体经营网点及产业载体的空间分布情况，提取的数据包括：产业园区、公司企业、金融保险、科研机构，其中公司企业由公司企业、知名企业、工厂、农林牧渔基地等构成，金融保险由银行、保险、证券、财务等公司构成。结果如表 3-12 所示。

表 3-12　2015 年和 2021 年各城市产业 POI 数量占比及增速　　单位：%

| 城市 | POI 数量占比 2015 年 | POI 数量占比 2021 年 | 数量增速 |
| --- | --- | --- | --- |
| 江门 | 3.29 | 3.81 | 7.72 |
| 惠州 | 4.08 | 5.46 | 10.36 |
| 佛山 | 12.68 | 12.71 | 5.18 |
| 广州 | 21.5 | 18.39 | 2.43 |
| 肇庆 | 1.32 | 1.86 | 11.42 |
| 珠海 | 2.02 | 2.06 | 5.53 |
| 深圳 | 25.87 | 20.72 | 1.31 |
| 东莞 | 17.23 | 18.36 | 6.25 |
| 香港 | 5.79 | 9.54 | 14.25 |
| 澳门 | 0.19 | 0.3 | 13.36 |
| 中山 | 6.03 | 6.79 | 7.24 |
| 大湾区 | 100 | 100 | 5.13 |

资料来源：根据高德地图 POI 计算。

从粤港澳大湾区整体来看，2015 年捕捉到的 POI 个数为 86.17 万个，而到了 2021 年捕捉到的 POI 个数为 116.37 万个，5 年来 POI 个数年均增长为 5.13%，这在一定程度上也反映出粤港澳大湾区产业发展水平在持续提升（见表 3-12）。具体从空间来看，粤港澳大湾区 POI 核密度在内湾区域最高，意味着这些区域企业分布数量较多、产业发展水平较高，而在外湾区域的分布则相对稀疏、产业发展水平相对较低（见图 3-9）。比较 2015 年和 2021 年，可以发现粤港澳大湾区整体企业分布区位并未有实质性改变。但是，在内湾区域，企业在空间上分布的连片化特征更加明显，意味着企业空间分布均衡性有所提升。事实上，从各个城市 POI 数量的增长情况来看，近年来原来 POI 数量占比较低的城市其增长速度相对较高，从而有效促进了企业空间分布的均衡性。2015 年粤港澳大湾区各个城市 POI 数量占比的标准差为 8.44，而 2021 年则下降到了 7.05。

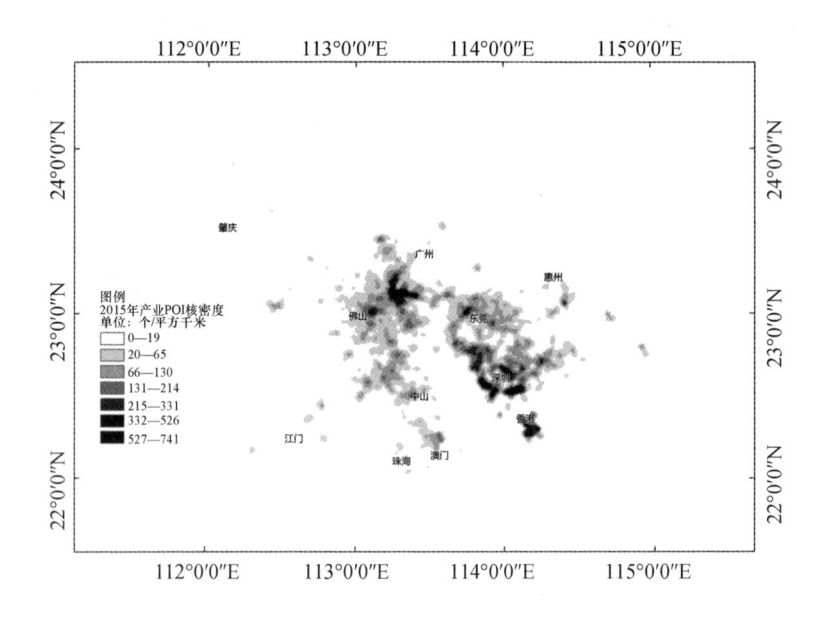

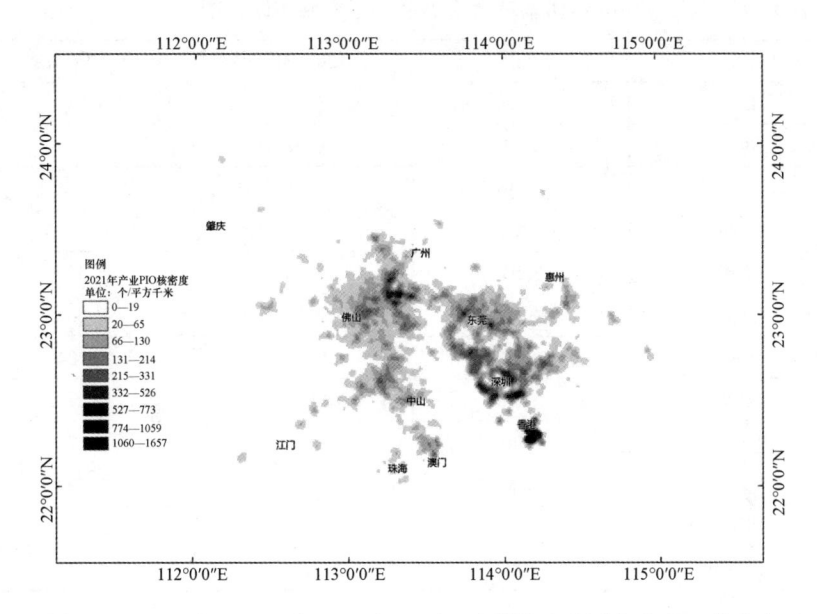

图 3-9　2015 年（上）和 2021 年（下）粤港澳大湾区产业 POI 核密度

资料来源：笔者绘制。

## 二　服务业代表金融业空间布局均衡性分析

为进一步分析粤港澳大湾区服务业空间布局及其演变情况，选取服务业代表性行业金融业进行分析。在进行 POI 分析时，金融业具体由银行、保险、证券、财务等公司构成。从整体上看，粤港澳大湾区金融 POI 个数呈现较为缓慢的增长态势，年均增长速度仅为 1.83%（见表 3-13）。其主要原因是近年来随着新技术、新应用的加速涌现，互联网金融、数字金融和科技金融飞速发展一方面对传统金融业造成了冲击，另一方面传统金融机构也在加快数字化转型，金融业的实体经营网点面临重新整合和收缩。

表3-13　2015年和2021年金融业POI数量占比及增速　　　　单位:%

| 城市 | 2015年 | 2021年 | 年均增速 |
| --- | --- | --- | --- |
| 江门 | 4.69 | 5.51 | 4.58 |
| 惠州 | 5.21 | 6.18 | 4.77 |
| 佛山 | 11.16 | 11.27 | 2 |
| 广州 | 21.35 | 20.16 | 0.86 |
| 肇庆 | 3.03 | 3.74 | 5.43 |
| 珠海 | 4.49 | 4.05 | 0.06 |
| 深圳 | 25.51 | 19.97 | -2.24 |
| 东莞 | 10.88 | 12.54 | 4.27 |
| 香港 | 8.46 | 10.21 | 5.07 |
| 澳门 | 0.6 | 0.67 | 3.82 |
| 中山 | 4.62 | 5.7 | 5.45 |
| 大湾区 | 100 | 100 | 1.83 |

资料来源:根据高德地图POI计算。

具体到各个城市来看,广州和深圳的实体金融机构经营网点数量最多,其次为东莞、佛山和香港,中山、江门、惠州、珠海大致处于同一水平,澳门金融机构经营网点数量最少。分别对粤港澳大湾区2015年和2021年的POI数量占比取标准差,分别为7.46、6.15,说明各个城市金融POI占比之间的差距减小,意味着实体金融机构经营网点在空间上的分布更加均衡。

事实上,从金融业POI核密度也可以看出,粤港澳大湾区金融业主要分布在内湾地区,且高度集聚在香港、深圳、广州乃至澳门等中心城市。但是,相比2015年,2021年粤港澳大湾区实体金融机构经营网点在空间上分布呈现更加广泛均衡的特征(见图3-10)。

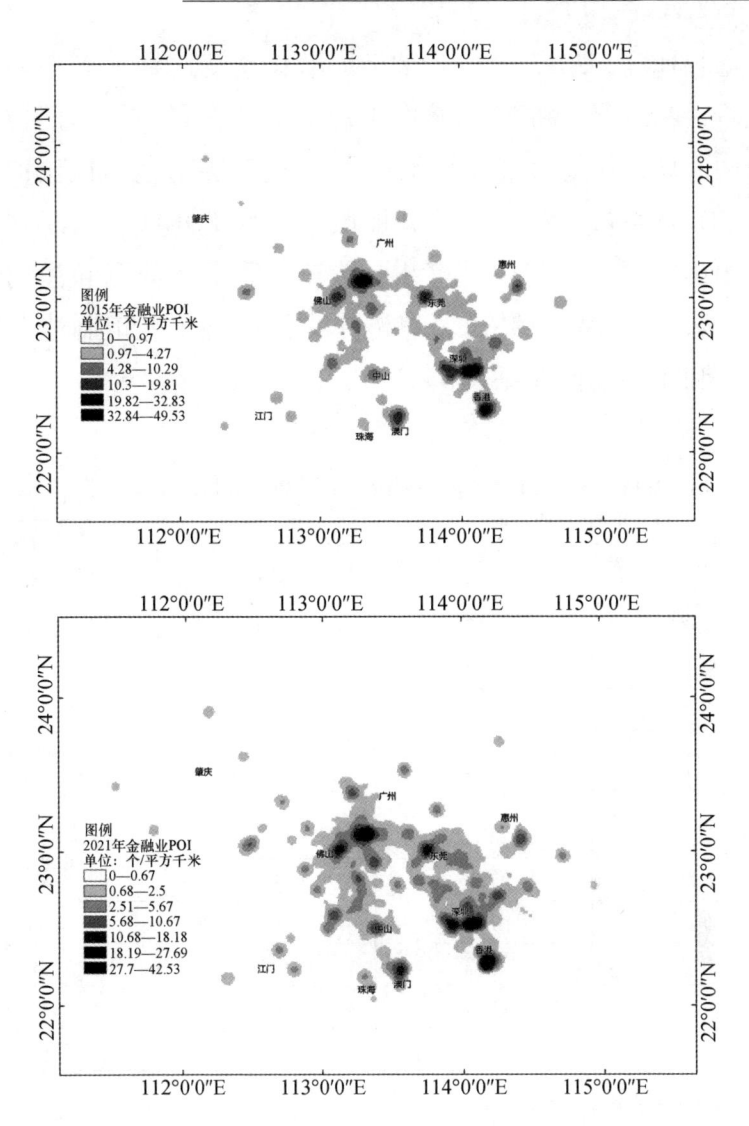

第三章　粤港澳大湾区产业协同发展评价分析　95

**图3-10　2015年（上）和2021年（下）粤港澳大湾区金融业POI核密度**
资料来源：笔者绘制。

### 三　制造业代表工厂空间布局均衡性分析

制造是制造业的最核心特征，而制造则需要以工厂作为载体。因此，工厂的空间分布在一定程度上代表了制造业的空间分布。从整体上看，近年来粤港澳大湾区工厂POI数量呈现较快的增长速度，2015—2021年年均增长速度达到7.93%。从城市来看，2021年，东莞和佛山工厂的POI数量位居前两位，显示出两大城市作为粤港澳大湾区制造业重要基地的地位；广州工厂POI数量位居第三位；其他城市工厂POI数量从高到低依次为中山、深圳、江门、惠州、肇庆、香港、珠海和澳门。工厂POI数量也大致反映出了粤港澳大湾区各个城市制造业的发展水平和相对位置（见表3-14）。

表3-14　2015年和2021年粤港澳大湾区工厂POI数量占比及增速　　单位：%

| 城市 | 2015年 | 2021年 | 年均增速 |
| --- | --- | --- | --- |
| 江门 | 6.43 | 6.37 | 7.75 |
| 惠州 | 4.52 | 6.03 | 13.22 |
| 佛山 | 20.28 | 20.04 | 7.72 |
| 广州 | 23.24 | 16.87 | 2.32 |
| 肇庆 | 2.38 | 2.66 | 9.94 |
| 珠海 | 0.86 | 0.76 | 5.74 |
| 深圳 | 6.55 | 9.27 | 14.36 |
| 东莞 | 23.46 | 24.15 | 8.45 |
| 香港 | 0.9 | 1.2 | 13.14 |
| 澳门 | 0.17 | 0.17 | 7.48 |
| 中山 | 11.22 | 12.51 | 9.9 |
| 大湾区 | 100 | 100 | 7.93 |

资料来源：根据高德地图POI计算。

从工厂POI核密度来看，粤港澳大湾区工厂分布在空间上呈现出较为明显的组团特点，三大组团分别为深圳—东莞、广州—佛山和中山—江门组团。相比2015年，2021年粤港澳大湾区工厂在空间上分布呈现出从三大组团向外扩散的趋势。事实上，分别对粤港澳大湾区2015年和2021年各城市工厂POI数量占比取标准差，分别为8.69、7.91，说明各个城市工厂POI

占比之间的差距减小，意味着工厂进而制造业在空间上分布的均衡性有所提升（见图3-11）。

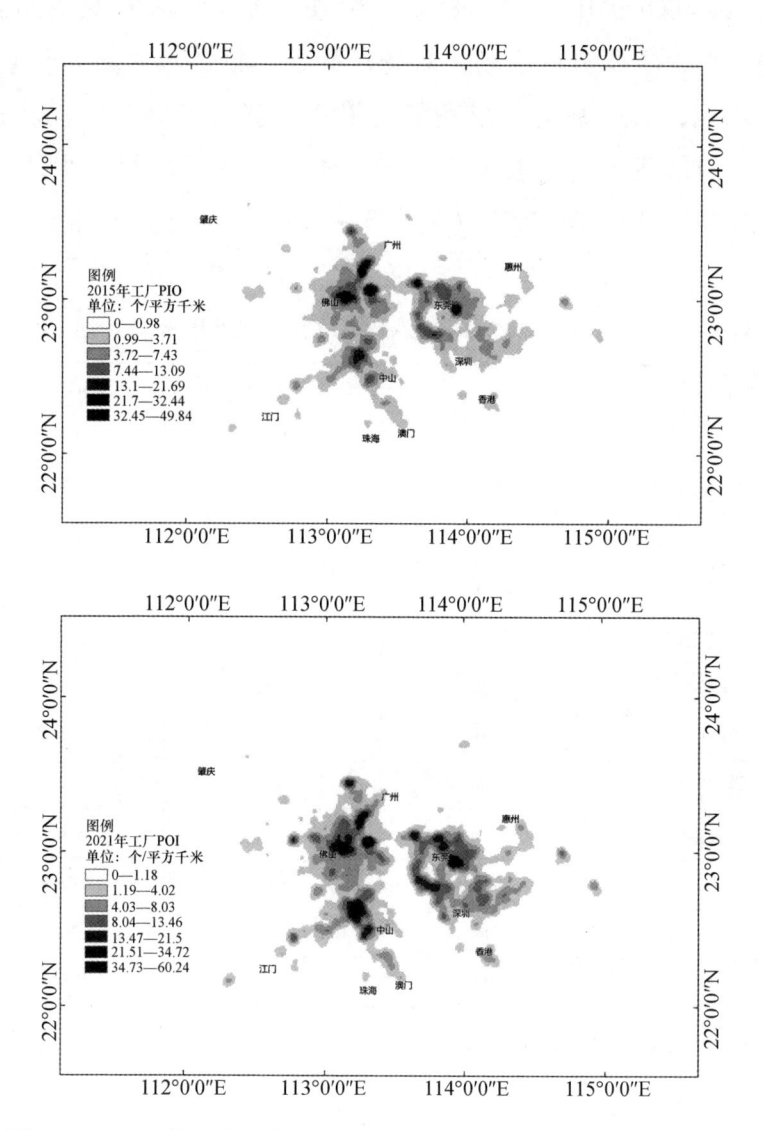

**图3-11 2015年（上）和2021年（下）粤港澳大湾区工厂POI核密度**

资料来源：笔者绘制。

## 四 农业空间布局均衡性分析

根据 POI 提供的数据分类,对粤港澳大湾区农业空间均衡性的分析,主要分析渔场、农场、林场、牧场、家禽养殖基地、蔬菜基地、水果基地、花卉苗圃基地的空间布局特征。从整体上看,粤港澳大湾区农业 POI 数量增长迅速,2015—2021 年年均增长速度达到 18.25%(见表 3-15)。

表 3-15　　2015 年和 2021 年农业 POI 数量占比及增速　　单位:%

| 城市(区域) | 2015 年 | 2021 年 | 年均增速 |
| --- | --- | --- | --- |
| 江门市 | 12.99 | 11.73 | 16.25 |
| 惠州市 | 12.73 | 12.42 | 17.75 |
| 佛山市 | 13.02 | 15.49 | 21.73 |
| 广州市 | 27.81 | 19.65 | 11.6 |
| 肇庆市 | 7.81 | 7.44 | 17.28 |
| 珠海市 | 3.56 | 2.88 | 14.16 |
| 深圳市 | 5.89 | 4.36 | 12.47 |
| 东莞市 | 7.96 | 7.87 | 18.04 |
| 香港 | 1.28 | 2.08 | 28.13 |
| 澳门 | 0.1 | 0.03 | -4.68 |
| 中山市 | 6.84 | 16.06 | 36.32 |
| 大湾区 | 100 | 100 | 18.25 |

资料来源:根据高德地图 POI 计算。

从城市维度来看,2021 年,广州的农业 POI 数量占比最高,其次为中山和佛山,江门和惠州大致处于第三梯队,肇庆和东莞大致处于第四梯队,珠海、香港和澳门大致处于第五梯队。农业 POI 主要体现出农业经营场所的分布,而农业经营场所在一定程度上代表了农业的产业化和现代化水平。从这一角度来看，在粤港澳大湾区当中，虽然肇庆等外湾地区的城市是相对农业大市，但是相对广州、中山和佛山等内湾地区城市而言，其农业产业化、经营化水平还相对落后。

从粤港澳大湾区农业 POI 核密度分布来看，农业均衡化程度和速度都远高于其他产业。2015 年，粤港澳大湾区农业经营机构主要集中在粤港澳大湾区的中部地区，其中广佛地区是农业经营网点的最密集区；但是到了 2021 年，广佛地区和中山地区成为农业经营网点最密集的两个区域，与此同时农业经营机构几乎布满了整个粤港澳大湾区（见图 3-12）。分别对粤港澳大湾区 2015 年和 2021 年各城市农业 POI 数量占比取标准差，分别为 7.29、6.25，说明各个城市农业 POI 占比之间的差距减小，意味着农业在空间上分布的均衡性有所提升，但更为重要的意义是表明外湾地区的农业产出大市其农业现代化、产业化和经营化水平不断提升（见图 3-12）。

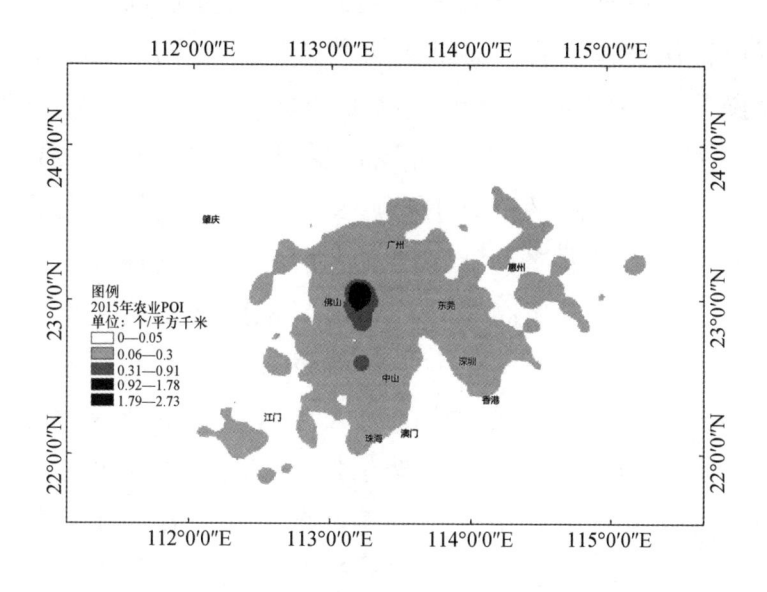

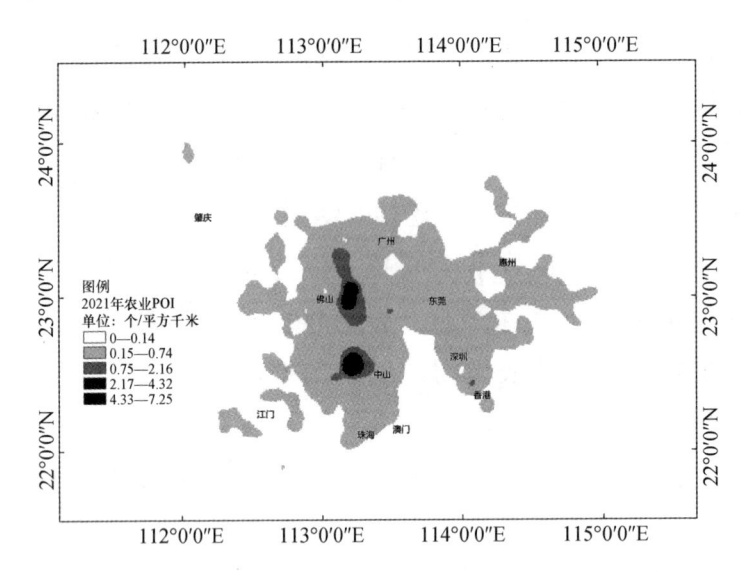

**图 3-12　2015 年（上）和 2021 年（下）粤港澳大湾区农业 POI 核密度**

资料来源：笔者绘制。

综合对粤港澳大湾区产业相对发展均衡性、空间布局均衡性和产业结构合理互补性的分析，结合粤港澳大湾区人口与经济分布特征，可以对粤港澳大湾区产业协同发展做出如下评价：从整体上看，粤港澳大湾区产业协同发展水平呈现不断提升之势，但是受到新冠疫情的冲击影响，各城市在 2019 年产业相对发展水平协同性受到一定影响，导致 2020 年产业协同发展水平稍有下降。具体而言，从相对发展均衡性维度来看，粤港澳大湾区产业发展水平不断提高，但内湾的产业发展水平普遍高于外湾地区。从产业结构来看，粤港澳大湾区三次产业结构和大类产业发展存在趋同现象，但产业链协作分工有所增强，粤港澳大湾区各城市制造业比较优势不断凸显，但生产性服务业专业化程度相对较低。从空间布局来看，虽然城市间经济密度差异未有明显缩小趋势，但是在更小空间单元上，对企业和产业发展载体的数量分析发现均衡性有所提升。

## 第四节 粤港澳大湾区产业协同发展面临的问题与挑战

### 一 经济增长波动导致产业协同不稳定

2020年以来，新冠疫情在全球范围内大暴发与大蔓延，经济全球化面临逆风和回头浪挑战，世界各国和地区普遍进入经济发展低迷期。受此影响，粤港澳大湾区各个城市发展都受到不同程度的冲击，导致产业发展呈现出波动态势，不利于城市间经济相对发展均衡性的提升。以澳门为例，澳门因经济体量较小、产业结构较为单一、经济依赖性较高，受到疫情反复冲击导致来澳旅客大幅波动。根据澳门统计暨普查局的统计，2022年7月粤港澳大湾区各城市到澳门的旅客仅为4666人次，远远低于2019年7月的1616855人次。来澳旅客人次的减少和波动对澳门经济产生了极大的影响，2020年澳门经济增长一直处于下滑和波动中（见图3-13）。

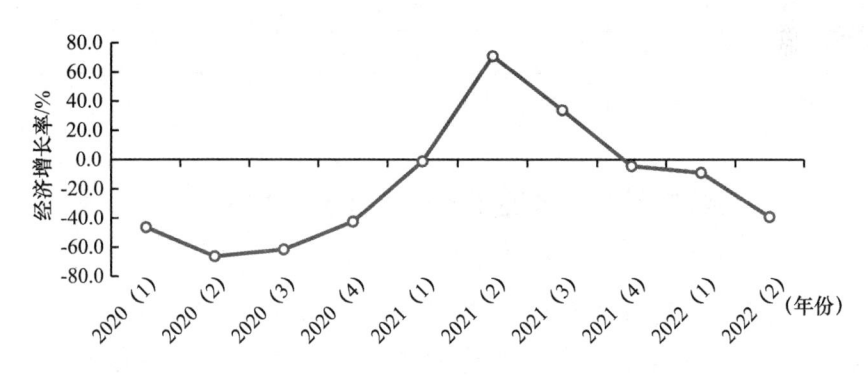

**图3-13 澳门经济增长季度增长率**

资料来源：澳门统计暨普查局，其中2020（1）表示2020年第一季度，以此类推。

疫情和外部因素叠加冲击导致各个城市经济不同程度波动

的同时（见表3-16），经济增长整体放慢也对粤港澳大湾区产业协同发展提出了新挑战。2022年上半年，粤港澳大湾区各个城市经济增长普遍较低。经济增长率下降，一方面将导致各城市地方财政收入下降，政府推动城市之间产业协同发展的能力减弱，另一方面也将导致各城市间招商引资竞争加剧，对产业合作造成不利影响。

表3-16　　　　粤港澳大湾区各城市2022年上半年GDP　　　单位：亿元，%

| 城市 | GDP | 增长率 |
| --- | --- | --- |
| 广州 | 13433.8 | 1.0 |
| 深圳 | 15016.91 | 3.0 |
| 珠海 | 1906.78 | 2.0 |
| 佛山 | 5747.79 | 2.8 |
| 惠州 | 2407.19 | 3.6 |
| 东莞 | 5178.20 | 1.6 |
| 中山 | 1697.99 | 1.0 |
| 江门 | 1737.52 | 3.1 |
| 肇庆 | 1168.15 | 2.6 |
| 香港 | 11263.00 | -2.6 |
| 澳门 | 733.00 | -24.5 |

资料来源：笔者根据各城市公布数据整理。

## 二　经济空间布局差距不利于产业空间均衡

与其他世界级湾区相似，粤港澳大湾区经济空间布局也呈现出较为明显的集聚特征。无论是人口、经济还是建设用地，都主要集聚在内湾地区，外湾地区人口密度、经济密度和建设用地都比较稀疏。虽然POI大数据显示企业数量的空间分布呈现更加均衡发展态势，但是在短期内内湾地区和外湾地区经济规模的差距还在扩大。2015年，GDP排名第一的香港是排名最后的肇庆9.8倍；GDP排名第二的广州是排名倒数第二的珠海

8.9倍。到2020年，GDP排名第一的深圳是排名最后的澳门15.9倍，GDP排名第二的广州是排名倒数第二的肇庆10.7倍。以珠江口为中心，香港、深圳、东莞和惠州作为珠江东岸，澳门、珠海、江门、中山作为珠江西岸，广州、佛山、肇庆作为珠江北岸。2015年珠江北岸地区约占粤港澳大湾区GDP的33%，珠江东岸地区约占粤港澳大湾区GDP的55%，珠江西岸约占粤港澳大湾区GDP的12%。到2021年，珠江北岸地区约占粤港澳大湾区GDP的34.1%，珠江东岸地区约占粤港澳大湾区GDP的55.6%，珠江西岸约占粤港澳大湾区GDP的10.3%（见图3-14）。可以发现，在粤港澳大湾区中，珠江东西两岸经济发展明显不均衡。

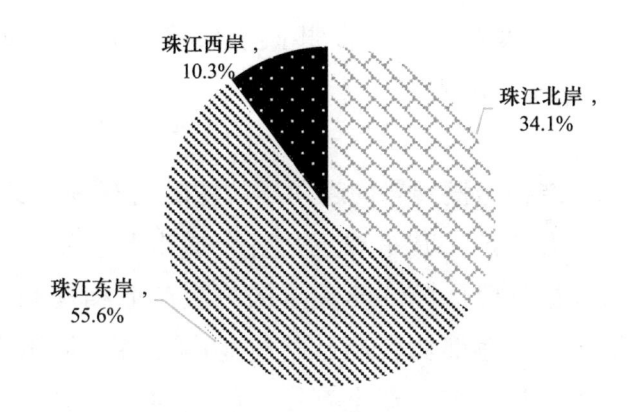

图3-14 2021年粤港澳大湾区珠江东岸—西岸—北岸GDP占比情况

资料来源：笔者绘制。

### 三 体制机制差异不利于产业高水平协同

与世界其他湾区和城市群不同，粤港澳大湾区是在一个国家、两种制度、三个关税区、三种货币的条件下建设，其面临的问题和挑战必然会更加复杂。一是粤港澳大湾区法律体系不同，不仅香港、澳门和广东省三者之间在立法权限、立法程序、司法审判等方面存在诸多差距，就是在珠三角城市内部各个城市之间的立法权和行政权也存在差异，这些不同会导致粤港澳大湾区制定相对统一的产业协同发展法规条例和政策措施面临困难，也不利于企业和要素的跨城流动。二是粤港澳大湾区营商环境规则不同，港澳是全球最自由的经济体，实行高度自由的贸易和投资政策，珠三角地区也是中国改革开放的前沿阵地，但是珠三角地区与港澳地区在投资、贸易规则等方面还有一定差异，对人才、资金、信息、技术等生产要素实行的准入标准、监管标准要求不同，可能对要素跨境流动的便利性产生影响，也对企业跨境投资贸易和产业链布局产生一定的不利影响。三是港澳和珠三角城市行政运作方式存在较大不同，对产业经济发展推动和促进方式也不尽相同，因此政府层面共同制定产业协同发展规划和政策可能会面临一定困难。

### 四 产业结构与发展导向趋同导致城际间竞争大于合作

对粤港澳大湾区尤其是珠三角各个城市产业发展结构和产业区位熵的分析发现，粤港澳大湾区三次产业结构和生产性服务业产业结构相似性都比较高，制造业内部各个城市发展的相对优势产业尤其是传统产业也有较大的趋同。事实上，20世纪60年代以来，香港、澳门制造业开始向珠三角地区的迁移，形成了当前粤港澳大湾区的制造业体系的基础。然而，随着经济的发展，一些传统产业还未能实现转型升级，导致传统产业结构之间的趋同。另一方面，面向未来，各城市都在致力于抢先发展新一代信息技术、生物医药、新能源、新材料、节能环保、人工智能与数字经济等战略性新兴产业，导致相互之间在招商引资等方面存在较大竞争。在生产性服务业领域，批发和零售业，交通运输、仓储和邮政业，住宿和餐饮业，金融业等服务业也是各城市发展的重点，相互之间亦有较大的趋同性。既有优势产业趋同，未来选择发展产业趋同，尤其在全球经济不景气等各种因素冲击导致各地都面临较大的经济增长、就业增长和财政支出增长压力背景下，可能会导致粤港澳大湾区城际之间产业竞争大于产业合作。

### 五 城市之间社会结构以及福利水平存在差异

粤港澳大湾区各个城市之间经济发展水平有较大差异，就业人口结构、工资收入水平、社会保障水平之间都有较大的差异，导致城市之间要素市场一体化程度还有待提高，进而不利于产业协同发展。以澳门为例，得益于雄厚的财富基础，澳门长期实行高福利社会政策，就业、医疗、教育等社会保障制度与内地城市存在较大差别。如在就业方面，澳门实行本地优先的就业政策，并设置外雇退场机制。外雇人员主要从事技术能力要求较低的行业，其就业的稳定性、获得的工资待遇和享受的社会福利也与澳门籍的就业人员有较大差距，而从非永久居民成为永久居民，一般需要经过 7 年甚至更长的时间且难度较大。在这种体制下，澳门要与粤港澳大湾区其他城市更好地实现产业协同发展，其实并不容易。

### 六 城市之间地理和心理仍然有一定距离

近年来，粤港澳大湾区交通建设取得了显著成效，城市之间人员货物往来越来越便捷高效。但是，城市之间的经济联系强度仍然非常不平衡，内湾地区和外湾地区交通联系还不够便捷，内湾地区珠江口东西两岸公交化交通体系还有待完善，不利于外湾地区融入粤港澳大湾区建设进程和分享粤港澳大湾区发展红利，珠江东岸和珠江西岸、港澳与珠三角大部分城市要素资源和产业联系也还不够紧密。此外，澳门与香港、珠三角城市的社会文化价值认同和生活习惯方式仍然有较大不同，这也成为除了"物理关卡"之外，粤港澳大湾区经济社会交流交往的"心理关卡"。

## 第五节 粤港澳大湾区产业协同发展的对策建议

### 一 构建多层次产业协同分工体系

粤港澳大湾区中既有产业经济发展处于相似阶段的城市，也有产业经济发展处于不同阶段的城市。这一特征要求粤港澳大湾区必须选择多种形式相结合的新型产业协同分工模式。

鉴于不同城市所处发展阶段不同而形成产业梯度状态以及不同城市资源禀赋和比较优势的不同，粤港澳大湾区仍然需要大力推进产业间分工，促使各个城市形成特色鲜明、优势突出的主导产业，共同促进粤港澳大湾区现代主导产业群的形成。尤其是对具有专业化分工优势较多的城市，更要注意区分各个产业的发展空间和潜力大小，采取明晰化和浓缩化策略，加快推进传统产业转型升级，不断放大真正能成为主导产业的行业规模和优势，打造形成3—4个区域专业化水平明显较高的产业，实现与其他城市错位发展的目标。粤港澳大湾区中一些城市处于相似的发展阶段或者发展水平，且其产业结构也具有一定的相似性。对此应着眼未来从"细小之处"着手，重点是要在同一行业内寻求"差异化产品分工"优势，在产品外观设计、内在质量、品种规格、商标专利、市场价格等方面形成独树一帜，进而促进城市群产业内分工的发展。

随着区域经济的发展，一方面各种产品产业链不断延长，空间可分离性也越来越强；另一方面单个城市受制于空间拥挤、要素承载力不足以及经营成本的提高，全球将某一类产业乃至产品的研发、生产和销售等全部产业链环节集于一身已经超越了范围经济和城市经济的边界。鉴于此,在条件成熟时产业链各个环节必然要进行空间再选择和布局,某个城市将有可能依托比较优势承接发展产业链环节中的某个或者若干个环节,获得该环节的规模经济。这一过程反复进行,最终整个区域必然会形成合理的产业链空间分工形态。粤港澳大湾区经济发展整体已经达到较发达阶段的水平,产业链分工也已经具有一定的基础和潜力,未来必须彻底破除地方行政分割所产生的弊端,依靠市场力量推动企业和要素自由流动,促进产业链分工模式的发展,在区域中实现更高层次和更精细化的现代产业分工体系。

## 二 推动产业创新平台联动与共建

充分发挥重大功能平台的战略引领能力。以前海合作区、横琴合作区和南沙粤港澳全面合作示范区为重点,推进制度改革创新和高水平对外开放,打造成为粤港澳合作的先行区和示范区,带动粤港澳产业深度融合。以粤港澳大湾区内的广东自贸区联动发展区为重点,加快复制推广自贸试验区改革创新经验,开展联动创新探索系统性集成性改革创新,加强与各自贸试验区片区合作促进产业协同发展,共同推动重点产业的全产业链创新。以中新广州知识城、松山湖科学城、光明科学城、广州科学城、南沙科学城等为重点,共建粤港澳大湾区综合性国家科学中心和广深港澳科技创新走廊,强化科技创新和创新产业对接合作,共同推动区域产业高质量发展。以广州南站高铁经济示范区、广州临空经济区、深圳临空经济区等为重点,加强与国内外其他交通枢纽地区的合作,协同发展枢纽经济、门户经济、流量经济,打造国内外经贸交融前沿地区。以河套深港科技创新合作区、广佛合作区试验区、广清经济特别合作区、粤港澳大湾区北部生态文化旅游合作区为重点,合力推动城市交界地区开发建设，拓展区域城市网络，引领都市圈、城市群建设（见表3-17）。

表3-17　　　　　　　　　广东自贸区联动发展区

| 城市 | 自贸区联动发展区 | 重点联动区域与领域 |
| --- | --- | --- |
| 广州 | 人工智能与数字经济片区，中新广州知识城片区，空港片区，南沙片区 | 对接南沙片区现代物流领域；与前海蛇口片区开展科技创新互动；与横琴片区共同推进粤澳合作 |
| 深圳 | 前海片区，盐田片区，坪山片区 | 与南沙片区实现现代物流等领域深度合作；与前海蛇口片区实现要素及供应链深层次融合；与横琴片区实现粤澳合作新优势 |
| 珠海 | 南湾洪保十片区，金湾片区，万山片区 | 与南沙片区在智能制造、航运物流、海洋经济领域开展合作；与前海蛇口片区联动发展现代服务业；与横琴片区加强联动发展，承载其配套产业 |
| 佛山 | 三龙湾核心片区，顺德粤港澳协同发展合作区顺德港片区，顺德粤港澳协同发展合作区临港经济片区 | 联动南沙片区打造广佛高质量发展融合试验区；联动前海蛇口片区拓宽金融服务实体经济通道；对接横琴片区开展中医药及文旅商贸合作 |
| 惠州 | 潼湖生态智慧区片区，广东（仲恺）人工智能产业园片区，创新核心区片区 | 联动南沙片区开展高端制造与科技创新合作；联动前海蛇口片区开展金融服务与现代服务业合作；联动横琴片区深化粤澳合作 |
| 东莞 | 滨海湾新区片区，虎门港综合保税区及东莞港沙田港区片区 | 加快与南沙片区在现代物流等领域联动创新；探索与前海建设深莞深度融合发展先导区；积极与横琴片区开展在海洋经济等特色领域的合作 |
| 中山 | 翠亨新区片区，火炬开发区片区 | 联动前海蛇口片区打造现代服务业发展高地；联动南沙片区推动先进制造业发展；联动横琴片区布局生物医药产业 |

续表

| 城市 | 自贸区联动发展区 | 重点联动区域与领域 |
|---|---|---|
| 汕头 | 华侨试验区片区，濠江临港核心片区，南澳岛片区 | 与南沙片区开展高端制造、生物医药、现代物流等领域合作；与前海蛇口片区开展数字贸易与跨境金融等领域合作；与横琴片区开展海洋旅游领域合作 |
| 韶关 | 韶关高新区核心片区，翁源片区，新丰片区 | 与南沙片区在大数据和高端装备制造业等领域开展合作；加强与前海蛇口片区在金融领域联动发展；对接横琴片区高端医疗健康和旅游等产业 |
| 汕尾 | 汕尾高新区片区，海丰片区，红海湾片区 | 与南沙片区在先进制造业领域联动发展；对接前海蛇口片区推动服务业和制造业融合发展 |
| 阳江 | 海陵湾片区，阳东片区，江城片区 | 与南沙片区联动发展先进装备制造业和现代物流业；与前海蛇口片区在现代服务业和科技创新领域加强对接联动；与横琴片区联动发展滨海旅游业和医药产业 |
| 湛江 | 湛江湾片区，徐闻片区，雷州片区 | 与南沙片区在现代物流领域协同发展；联动前海蛇口片区打造海洋金融服务体系；推进与横琴片区在海洋休闲旅游领域合作 |
| 茂名 | 茂名滨海片区，茂名高新片区，茂名临空片区 | 联动南沙片区推动现代物流和先进制造业高质量发展；联动前海蛇口片区打造新型金融体系；积极与横琴片区开展在中医药和滨海休闲旅游等特色领域的合作 |

资料来源：中国（广东）自由贸易试验区官网（http://ftz.gd.gov.cn/rdgz215/content/post_3960535.html#zhuyao）。

充分发挥"飞地经济"平台的辐射联动能力。"飞地经济"是指一个城市或者地区在行政边界范围之外的区域规划建设并管理运营的特定区域，并以此为载体集聚要素、引进产业，进而带动区域经济发展的模式。2017年国家发改委等八部门联合印发了《关于支持"飞地经济"发展的指导意见》。近年来，浙江、辽宁等地在探索建设"飞地经济"方面也取得了显著成效。"飞地经济"是推动区域产业合作共建的重要平台。在粤港澳大湾区当中，应鼓励中心城市面向外湾地区，探索政府引导、企业参与、优势互补、园区共建、利益共享的"飞地经济"合作共建机制，打造高效一流的营商环境、先进的经营管理理念和服务品牌，积极建设若干具有特色的"飞地经济"发展示范区，带动所在区域经济社会发展。

充分发挥粤港澳大湾区商贸平台、金融平台、创新平台优势，提升产业发展联动能力。在商贸领域，通过线上线下创新融合推动广交会打造成为中国全方位对外开放、促进国际贸易高质量发展、联通国内国际双循环的重要平台，强化为粤港澳实体经济发展服务能力。在金融平台领域，依托深圳证券交易所、香港证券交易所、广州期货交易所等金融平台，全面增强大湾区金融辐射能力和要素资源配置能力，协同推动区域实体经济发展。在创新平台领域，发挥广深港澳科技创新走廊的串联作用，重点依托国家实验室、国家技术创新中心、国家产业创新中心、重大科技基础设施、高水平创新研究院、高校科研院所的创新优势建立对接互联的精准协作机制，带动粤港澳大湾区建设区域创新协作共同体，提升创新对产业的支撑服务能力。

## 三　建设具有全球影响力和竞争力的先进制造业集群

改革开放以来，珠三角地区迅速崛起大量的专业镇及产业集群，涵盖产业从陶瓷、纺织、家具、家用电器等轻纺工业到汽车配件、石化生产、钢铁制造等重化工业。在珠江东岸，以深圳、东莞、惠州为主体并延伸到广州，已形成了全国著名的电子信息产业走廊；在珠江西岸，以佛山、中山、珠海为主体并延伸到广州，形成了优势明显的电器机械产业集群。根据国家工业和信息化部2021年发布的先进"制造业集群决赛优胜者"名单，粤港澳大湾区共有6个产业集群入选，分别为深圳市新一代信息通信集群、深圳市先进电池材料集群、东莞市智能移动终端集群、广佛深莞智能装备集群、广佛惠超高清视频和智能家电集群、深广高端医疗器械集群。面向未来，进一步做优做强粤港澳大湾区先进制造业集群、推动产业协同发展，关键是要在优化产业集群空间布局、推动产业集群转型升级和培育重点产业集群上下足功夫。

着力优化先进制造业产业集群空间布局。根据粤港澳大湾区产业空间布局特征，以环湾发展带作为重点空间载体，加快建设先进制造业发展平台，积极承接内湾地区先进制造业生产环节外溢，与内湾地区高新技术产业、高端生产性服务业形成链网分工，携手打造粤港澳大湾区先进制造业产业集群。以广州都市圈为重点，加快推动广佛高质量发展融合试验区、广清特别合作区建设，强化广州主要先进制造业集聚区与佛山高新区、肇庆高新区、佛北大型产业集聚区等平台之间先进制造业深度对接。以深圳都市圈为重点，沿深圳—东莞、深圳—惠州边界、东莞—惠州边界地区，加快推动深圳会展海洋城—东莞滨海湾新区、坪山—惠阳—大亚湾、塘厦—平湖北/坂雪岗—大运新城、潼湖—常平智慧产业新城等产业走廊建设，推动先进制造业产业链协同分工。以珠西都市圈为重点，加快建设珠海—江门、中山省级大型产业集聚区，充分利用珠江东西两岸交通网络不断完善的机遇，积极承接珠江东岸先进制造业转移，强化与珠江东岸先进制造业的深度对接合作。

推动先进制造业集群转型升级。尊重政府和市场在产业集群形成与发展中的不同功能作用，发挥市场主体创建产业集群的决定性作用，发挥政府在规划、服务、扶持和维护产业集群发展的重要作用。持续完善产业集群网络，通过建立健全区域公共科技创新服务平台，提高产业集群内生创新能力。加快培育产业链"链主"企业，增强龙头企业对上下游中小企业的辐射带动作用，完善产业链生态环境，以此为主线建立产业集群内部的共生机制。积极推动数字技术应用渗透、数字平台赋能支撑和数据要素注入加持，全方位推动产业链创新链供应链数字化发展，实现产业集群数字化、绿色化转型。大力发展工业设计服务、定制化服务、供应链管理、共享制造、检验检测认证服务、总集成总承包、全生命周期管理等服务型制造新业态新模式，提升先进制造业整体发展效率，持续增强粤港澳大湾区先进制造业产业集群在全球产业分工和价值链的优势地位。

培育重点先进制造业集群。发挥传统先进制造业基础优势，重点推动新一代信息技术、智能家电、高端装备制造、纺织服装、绿色石化、汽车、生物医药与健康以及现代都市工业等传统优势制造业转型升级，推动各城市间共建公共服务平台、公共创新平台，促进产业链分工合作，共同建设具有国际影响力的现代化产业集群。适应新一轮科技革命和产业变革趋势，充分发挥粤港澳大湾区科技创新优势，加快培育半导体与集成电路、人工智能、区块链、新能源、新材料、数字创意、生物医药、激光与增材制造、精密仪器设备、安全应急与环保、海洋产业等战略性新兴产业集群，引领全球产业科技发展未来方向。

## 四 建设具有世界影响力的现代服务业集群

着力打造世界级现代物流产业集群。粤港澳大湾区拥有世界一流的机场群和港口群，香港、澳门、广州、深圳和珠海五大机场的运输规模已经超过纽约、伦敦、东京等世界级机场群，位居全球湾区机场群之首。广州、深圳、香港、东莞、珠海等5

个港口货物吞吐量均超过亿吨，中山、惠州、佛山等港口货物吞吐量均突破 8000 吨。根据 2021 新华·波罗的海国际航运中心发展指数，香港、广州、深圳在全球航运中心中分别居于第 4 位、第 13 位、第 17 位，且在全球范围内亚太地区国际航运中心的综合实力持续保持强劲上升势头。面向未来，粤港澳大湾区可通过加强机场群和港口群的资源整合，推进区域内重大交通设施良性互动、分工合作、协同发展，共同建设区域多向通道网、海空航线网、物流配送网，优化绿色化数字化国际化物流园区建设，培育壮大一批具有国际竞争力和影响力的现代物流龙头企业，大力发展跨境物流、冷链物流、智慧物流、航运物流、航空物流、铁路物流，提升供应链管理水平，共同打造现代化物流产业集群。

着力打造世界级文化和旅游产业集群。粤港澳大湾区文化资源丰富，是岭南传统文化、商贸文化、海洋文化、现代文化等多元多样文化的集聚中心，也是古代海上丝绸之路发祥地，拥有大量的历史文化遗迹和独具魅力的城市文化。在当前，粤港澳大湾区中西文化交融而形成多元包容、自由宽松的社会文化氛围非常有利于作为世界不同文化之间的碰撞、交流和试探场所。与此同时，这一区域文化创意产业发达，发展速度十分迅猛，2020 年深圳文化及相关产业增加值超过 2200 亿元，广州文化产业增加值达到 1536.39 亿元，香港文化及创意产业增加值亦超过 1000 亿元。面向未来，粤港澳大湾区可发挥历史文化底蕴深厚、现代文化产业发达、旅游资源丰富的优势，加快建设一批国际一流文化基础设施和旅游设施，培育一批具有影响力的文化企业和旅游企业，共建一批富有特色的文化产业园、文化街区、文化平台、文化品牌、文化活动，推动形成"文化+科技""文化+旅游""文化+金融""文化+创意"等"文化+"产业新业态，协同开发商务旅游、生态旅游、文化旅游、乡村旅游线路，全面带动文化旅游投资市场和消费市场发展，共同打造具有影响力的文化和旅游产业集群。

着力打造世界级商贸和会展产业集群。在粤港澳大湾区中，香港和澳门在国际经贸联系和人文交流方面具有独特优势，但与国内大市场和产业链的联系还有进一步提升空间；珠三角城市与国内大市场人流、物流、资金流联系十分频繁紧密，但与国际大市场和产业链的联系则需要进一步加强。面向未来，粤港澳大湾区可充分发挥"港澳全球最自由经济体＋珠三角全国改革开放前沿地""国际市场联系＋国内市场联系""国际门户＋国内门户""综合交通枢纽＋中西文化交融地"等多重优势叠加，以科技、数字、文化赋能商贸业发展，大力发展夜间经济、平台经济、电商经济、直播经济、会展经济、服务贸易、流量经济等新兴业态，协同建设国际服务中心、高端产品供给中心、国际消费中心、国际会展中心，打造世界级商贸会展产业集群。

## 五　建设全球领先的现代金融服务产业集群

共同推动粤港澳大湾区金融产业集群建设，应立足于各个城市的金融能级和金融功能特征，以协同打造国际金融枢纽为目标，即形成以香港为龙头、以深圳和广州为两翼、多维节点金融城市为依托而构成的金融空间网络体系，推动各个金融城市之间互补分工、错位发展。具体来看，香港发挥国际开放联系优势，打造粤港澳大湾区国际金融的引领者；深圳发挥科技创新优势，打造粤港澳大湾区创新金融的引领者；广州发挥实体经济门类齐全的优势，打造粤港澳大湾区产业金融的引领者，三大金融中心城市的建设任务是全面增强对区域和全球金融资源的配置能力。粤港澳大湾区其他城市结合本地经济社会发展需要，积极发展面向中小企业、居民生活消费等普惠金融，结合城市发展定位寻找机会走金融专业化、特色化发展之路，以提升金融资源集聚能力。围绕这一思路，重点共建的领域包括以下四个方面。

第一，共同建设具有强整合能力的金融机构。金融机构是金融资源配置的主体。在市场经济体制下，金融机构通过业务布局和联系可以加快区域金融资源流动，提高金融资源的空间配置效率和行业配置效率。随着粤港澳大湾区的建设，跨境和跨城金融需求规模越来越大、需求结构越来越多元化，对粤港澳大湾区的金融机构提出了新的要求。但是，无论从港澳金融机构还是内地金融机构来看，其经营文化理念、经营业务模式、金融产品设置都各有侧重，很多金融机构对跨境拓展业务和经营还不能即刻做出变化调整，因此难以满足新的区域金融市场需求。在此背景下，应鼓励和支持粤港澳三地力量发挥各自优势共同建设适应新形势新需求具有强大资源整合能力的金融机构，面向粤港澳大湾区金融发展新需求探索开展金融工具和金融产品创新，带动粤港澳大湾区金融市场发展，逐步弥补大湾区金融有效供给不足的问题。

第二，共同建设具有世界影响力的金融交易平台。大型金融交易平台是集聚金融资源重要载体。目前，粤港澳大湾区存在香港证券交易所、深圳证券交易所、各类股权交易所等，但是这些交易所之间的合作还不够紧密。未来，随着澳门证券交易所、广州期货交易所的建设，粤港澳大湾区金融交易平台将逐渐增多。在此背景下，未来应加快推动各大金融交易平台之间的战略合作和优势互补，从多个维度、多个领域共同为大湾区集聚更多金融资源。与此同时，粤港澳大湾区还要积极争取国家支持，探索合作共建黄金交易所、钻石交易所、保险交易所、金融资产交易所、票据交易所等新类型的交易所，以更好提升粤港澳大湾区对全球金融资源集聚能力。

第三，共同建设具有创新活力的金融创新试验区。内地金融对外开放需要一个逐步渐进、逐步探索、逐步适应的过程，港澳及国际金融机构进入粤港澳大湾区也需要一个相同的过程，为此，可以发挥自贸试验区等特殊功能区的改革开放优势，率先探索共建粤港澳大湾区金融创新试验区，试点沙盒监管模式，探索推动金融制度开放创新，为粤港澳大湾区金融创新提供可复制经验。除此之外，还可选择在佛山、珠海、东莞等其他金融节点城市探索共建大湾区特色金融合作试验区或特色金融小镇，结合产业结构转型升级需要，在"航运+金融""贸易+金融""租赁+金融""文化+金融""科技+金融"等领域形成优势，更好支撑实体经济发展。

第四，共同建设国际一流的金融资源配置环境。加快落实2019年10月国务院修订的《中华人民共和国外资保险公司管理条例》和《中华人民共和国外资银行管理条例》，抓紧制定相配套的政策体系和实施方案，进一步降低外资银行和外资保险公司进入粤港澳大湾区的门槛。积极回应和关切金融机构在经营活动中面临的问题，创造条件为金融机构提供公开透明的服务。着眼于湾区不断增大的跨境融资、跨境结算、跨境转让、跨境理财、跨境投资、跨境消费等需求，联合出台鼓励金融机构开展相关业务的政策，不断优化金融市场活动的营商环境。加快建设覆盖大湾区的征信系统，着力加强信用服务市场的培育和监管，努力打造"信用湾区"，营造有利于金融市场活动的良好信用环境。探索建立粤港澳大湾区金融联合监管委员会，推动粤港澳三地金融监管规则对接，防范区域金融风险。

## 六 建设具有国际影响力的数字产业集群

聚焦数字化产业发展，引导各城市探索共建高端产业引领、高端要素集聚、高端价值体现的数字经济产业园，鼓励大湾区内数字经济龙头企业跨城设立研发基地、试验基地和生产基地，吸引产业链上下游中小企业集聚发展，形成紧密联系的要素流动网络和产业协作网络，培育若干具有世界影响力的国家级数字产业集群。聚焦产业数字化发展，发挥广州、深圳等中心城市在消费互联网、产业互联网和信息通信网络中的枢纽性优势，加快建设国际一流水准的工业互联网平台、行业数字公共服务平台、数字化转型促进中心，精准培育一批能够快速感知市场需求变化的数字化服务提供商，在为研发设计、生产经营、要素流通和市场服务等环节数字化赋能过程中实现数字产业链条深度融合。

聚焦平台载体建设，以数字资产化为主线，支持广州和深圳发挥各自优势，分别携手粤港澳大湾区各城市共同探索建设特色鲜明、功能互补的数据交易所，培育引进全球数据服务功能性机构，增强数据存储、数据计算、数据分析、数据交易、数据安全等数据服务产业链协同发展能力，率先探索数据要素资源标准确定机制、价值发现机制、价格生成机制、产权界定机制、交易规则机制。聚焦数据开放共享，以政务数据、行业数据、公共服务数据为重点，分类制定粤港澳大湾区数据开放共享和开发利用方案，促进各城市、各行业数据要素自主、有序、安全流入数据交易市场，并通过市场配置源源不断注入实体经济中。聚焦市场规则完善，积极探索建立粤港澳大湾区数据要素市场监管机构，完善数据要素市场的统计监测和监管执法制度，全面提升数字治理能力和数字风险防范能力。

聚焦数字基础创新，加大对基础研究的政策支持力度，鼓励大湾区国家重大科研设施、国家重点实验室与高校科研院所开展深度合作，共建数字基础学科研究中心，开展国家重大数字科技项目研究，突破"卡脖子"技术。聚焦数字技术创新，鼓励大湾区科研院所与龙头企业共同组建数字技术国家实验室、国家产业创新中心和国家技术创新中心，以满足市场需求为导向促进产学研用深度融合，突破重点行业、重点领域共性关键核心技术。聚焦数字商业应用创新，强化创新主体和市场主体横向合作，通过多主体参与、多城市协同，打通数字新技术新业态从实验室创新到试验场景提供再到最终商业化应用的"0到1"成长进化之路。加强与全球领先数字技术观察和研发机构合作，积极跟踪数字技术演进前沿动态，结合各城市经济发展特征和优势加快引进全球数字新技术并率先开展产业化规模化应用，抢占世界数字经济市场高地。

聚焦数字基础设施互联互通，推动粤港澳大湾区内超级计算中心、智能计算中心、边缘计算中心、云计算中心、大数据中心合作共建、资源共享与科学布局，协同提升数据存储、传输、交换和服务能力，满足不同市场主体个性化数字计算需求。依托广深港澳科技创新走廊建设，以粤港澳大湾区综合性国家科学中心建设为契机，发挥广州、深圳双城联动效应，围绕算法算力、量子通信、海量存储、网络安全等数字技术前沿领域，鼓励各城市、各战略平台整合资源、突出优势，合作争取布局建设国家重大科技基础设施、科研教育基础设施和产业创新基础设施。着眼于未来网络发展趋势，整体谋划、超前布局粤港澳大湾区量子互联网、卫星互联网、6G网络体系。面向重点行业数字化转型需求和人民更高品质生活追求，全面联通畅通粤港澳大湾区产业互联网、智慧交通网、智慧教育网、智慧医疗网等数字化网络基础设施。

# 第四章　粤港澳大湾区市场协同发展评价分析

改革开放以来，中国社会主义市场经济蓬勃发展，港澳、珠三角一直作为中国市场经济发展和改革的前沿地区。随着要素流动制约障碍的不断突破，粤港澳大湾区市场协同发展的领域越来越宽、程度越来越深。以《粤港澳大湾区发展规划纲要》出台实施为标志，粤港澳大湾区市场协同发展进入了新阶段。

## 第一节　粤港澳大湾区市场发展概况

《粤港澳大湾区发展规划纲要》明确提出，要"提升市场一体化水平"，重点是从投资便利化、贸易自由化、人员货物往来便利化，推动重点领域和关键环节改革取得新突破，释放改革红利，促进各类要素在大湾区便捷流动和优化配置；到2035年大湾区内市场高水平互联互通基本实现，各类资源要素高效便捷流动，为推动粤港澳大湾区市场协同发展提供了基本指南（见表4-1）。当然，市场协同发展并不仅包括投资便利化、贸易自由化、人员货物往来便利化三个层面，还与基础设施建设、产业体系建设、社会文化交流合作等其他多个领域息息相关，在实践中需要从多个方面系统推进。近年来，围绕人力资源市场、技术市场、金融服务市场和数据要素市场，粤港澳大湾区着力推进市场协同发展，取得了显著成效。

表4-1　　　　　　　粤港澳大湾区不同市场及其协同目标

| 基本领域 | 主要维度 | 协同要求或目标 |
| --- | --- | --- |
| 要素一体化流通 | 人力资源市场协同化 | 人口有序流动、人才共享、人力资源信息共享、公共就业服务平台共建、就业市场互联互通 |
| | 技术市场协同化 | 科技创新成果在城市间无障碍转化；技术标准对接、统一；联合建设科技资源共享服务平台；共建都市圈技术交易平台 |
| | 金融服务市场协同化 | 投资便利化；加强金融基础设施、信息网络、服务平台一体化建设；金融机构在大湾区协同布局，可便利化跨境开展业务；风险联防联控 |
| | 数据要素市场协同化 | 政府数据开放共享；社会数据资源合法充分流通应用；共同开展数据资源整合和安全保护 |
| 规则衔接、对接 | 市场准入标准衔接或对接 | 商事主体便利化、自由化准入准营；商事法律规则行业规则对接、衔接；市场监管体系共建互认；营商环境相通 |

资料来源：笔者根据《粤港澳大湾区发展规划纲要》等资料整理。

## 一　人力资源集聚度与流动性显著提升

一是珠三角9个城市之间，在户籍制度方面，除了广州、深圳两个超大城市至今仍有落户限制，其他城市落户已经全面放开。近十年来，珠三角各城市常住人口都呈现净流入特征，成为全国人口流动高地，形成了庞大的需求市场。如深圳2020年常住人口数达到1756万人，10年间平均每年增加71.36万人。广州、深圳始终是大湾区人口集聚交流的中心（见表4-2）。二是港澳与珠三角城市之间人口流动更趋频繁。近三年来，珠三角各个城市均出台了便于港澳企业、港澳青年、港澳人士到内地创新创业、就业学习、置业生活的支持政策，职业资格认可标准衔接范围持续拓展，政务、商事等服务逐步实现一网通办。每年来粤工作的港澳人员超过 20 万人次（2020年受新冠疫情影响除外）[1]；截至 2021 年 8 月底，港澳居民在粤参保达到了 23.8 万人次，比 2020 年增长了 27.6%，享受待遇达 2.54 万人。[2]

表4-2　2010 年、2015 年、2020 年粤港澳大湾区常住人口对比　　单位：万人

| 市别 | 2010 年 | 2015 年 | 2020 年 |
| --- | --- | --- | --- |
| 广州 | 1270.96 | 1350.11 | 1867.66 |
| 深圳 | 1037.20 | 1137.87 | 1756.01 |
| 珠海 | 156.16 | 163.41 | 243.96 |
| 佛山 | 719.91 | 743.06 | 949.89 |
| 惠州 | 460.11 | 475.55 | 604.29 |
| 东莞 | 822.48 | 825.41 | 1046.66 |
| 中山 | 312.27 | 320.96 | 441.81 |
| 江门 | 445.08 | 451.95 | 479.81 |
| 肇庆 | 392.22 | 405.96 | 411.36 |
| 香港 | 702.4 | 729.1 | 748.18 |
| 澳门 | 53.7 | 64.3 | 68.31 |

资料来源：笔者根据表中相应年份的《广东统计年鉴》《香港统计年刊》《澳门统计年鉴》整理绘制。

## 二　技术市场协同发展生态系统稳步形成

以国际科技创新中心为目标，以广深港澳科技创新走廊为主战场，大湾区技术要素市场发展协同水平显著提升。粤港澳三地技术设施联通、技术要素畅通、创新链条融通的创新网络初步形成。以高校院所为代表，港澳一批科研创新成果正在加

---

[1]《每年来粤工作 港澳人员超 20 万人次》，2019 年 7 月 3 日，《南方日报》，http://www.qb.gd.gov.cn/jrqx/content/post_170082.html。

[2]《港澳居民在粤参保 23.8 万人次》，2021 年 10 月 13 日，《南方日报》，https://news.south-cn.com/node_54a44f01a2/16cd64d485.shtml。

速向内地城市转化孵化，基本形成以深圳、广州、香港、澳门四大中心城市为创新研发中心和创新服务中心，其他城市为科技成果转化腹地和先进制造业基地的新格局。如广州与佛山先后签订《深化创新驱动发展战略合作框架协议》《关于推进广佛科技创新合作的工作方案》等多个合作协议，致力于发挥广州创新优势和佛山制造优势，共同打造"广州创新大脑+佛山转化中心"的创新协同共同体。广东省委、省政府印发的《关于支持佛山新时代加快高质量发展建设制造业创新高地的意见》，则明确提出支持佛山对接深圳创新资源，扩大与港澳创新合作。总体上，粤港澳大湾区中心城市技术创新正在加快外溢，带动东莞、惠州、佛山、珠海、江门等第二梯队城市创新能力和产业发展能力快速提升。根据《广州日报》数据和数字化研究院（GD/智库）发布《粤港澳大湾区协同创新发展报告（2021）》，2020年粤港澳大湾区发明专利公开量约36.59万件，为东京湾区的2.39倍，为旧金山湾区的5.73倍，为纽约湾区的7.85倍。近五年Patent Cooperation Treaty（PCT，专利合作协定中国人民银行）专利公开总量仅次于东京湾区，远远高于纽约湾区和旧金山湾区。

### 三 金融市场互联互通有序开放推进

粤港澳大湾区金融服务基础设施互联互融和市场一体化持续推进。在国家金融政策的叠加支持下，特别是自2020年中国人民银行等四部门《关于金融支持粤港澳大湾区建设的意见》发布以来，粤港澳大湾区金融市场协同发展加速深化。在投资贸易便利化方面，贸易便利化的试点范围由货物贸易扩大到服务贸易，银行跨境电商创新业务和支付机构外汇业务推动开展，实施了一次性外债登记以及境内直接投资的登记改革等多项重磅金融开放准入准营措施。粤港澳大湾区"跨境理财通"业务正式启动。截至 2020 年年末，广东省跨境资金流动规模达 1.5 万亿美元，跨境人民币结算规模累计至 25 万亿元，人民币成为粤港澳大湾区跨境结算第一大币种。合格境外有限合伙人（QFLP）基金管理机构超过 160 家，外资金融机构实现地市全覆盖，赴港上市企业达到 276 家，"深港通"成交额累计达到 23.1 万亿元。在便利开立账户上，截至 2020 年年末，各试点银行累计为广东自贸区南沙、横琴片区及境外企业开立 FT 账户 2006 个。① 截至 2021 年 5 月，港澳居民通过代理见证方式开立内地个人账户达到约 14 万户，累计发生交易 447.8 万笔，金额达到 32.7 亿元。② 此外，在跨境住房按揭贷款以及跨境保险等领域，粤港澳三地也打破多项壁垒，满足居民在大湾区的金融服务需求。外资银行、保险机构在粤港澳大湾区的布局更趋活跃，粤港澳大湾区内部金融机构的跨城经营行为越来越普遍，跨城经营网络越来越完善。

**四 数据要素市场化协同应用广泛渗透**

数字要素市场协同发展的重点在于数据的安全有序流通和价值释放，促进区域经济社会的数字化转型，形成区域统一的市场监管秩序。粤港澳大湾区是全国数字经济第一高地，2019 年广东省数字经济增加值占 GDP 比重已经超过 45%，广州、深圳数字经济增加值超过 1 万亿元。在数字流通方面，以深圳、广州为数字技术和基础设施的辐射源，数据要素应用广泛渗透至经济、社会、政务等各领域，呈现显著的网络效应、规模经济，"数字湾区"正加快建设。2019 年广东省产业数字数字化

---

① 《人民币超越美元成粤港澳大湾区第一大跨境结算货币》，2021 年 1 月 14 日，中国新闻网（https://baijiahao.baidu.com/s?id=1688865757553855138&wfr=spider&for=pc）。

② 《人民币成为粤港澳大湾区跨境结算第一大币种 粤港澳大湾区金融市场互联互通驶入"快车道"》，《广州日报》2021 年 9 月 17 日。

达到3.2万亿元[①],且粤港澳三地可以形成互补优势。广东制造业数字化转型加速,服务业数字化蓬勃发展,数字化应用场景丰富。香港促进新兴科技与现代服务业传统优势相结合,打造新经济动能,澳门服务业数字化加快发展,移动支付广泛推广。同时,在数字要素交易方面,数字人民币已经在大湾区试点应用,深圳数据交易所加快推进建设,广东数据交易所将采用"一所多基地多平台"建设模式,更好推动粤港澳大湾区数据交易市场的形成与发展(见表4-3)。

表4-3　粤港澳大湾区数字要素广泛渗透的主要表现

| 主要领域 | 主要表现 |
| --- | --- |
| 制造业数字化转型 | 截至2020年年底,广东已有1.5万家工业企业通过工业互联网加快数字化转型;全省"省工业互联网产业生态供给资源池"已汇聚企业超过370家,"上云上平台"工业企业超过6000家,省级工业互联网标杆企业达到160个,工业互联网发展处于全国领先水平 |
| 服务业数字化 | 2020年,广东省线上消费活跃度较高,全年限额以上单位通过公共网络实现的商品零售增长19.3%,总量占限额以上单位商品零售的26.5%,占比同比提高5.9个百分点[②];香港电子商务快速发展,工商业应用互联网的比重从2013年的74.8%上升至2019年的90.3%,且呈现越大规模越注重数字化的趋势 |
| 农业数字化 | 建立了大湾区菜篮子平台、农产品"保供稳价安心"数字平台,包括供应企业、采购商和物流企业等近千家"菜篮子"企业;广东与阿里巴巴、京东等大型电商平台合作共建农业农村大数据平台及农产品营销平台 |
| 生活方式数字化 | 在线购物、在线办公、在线教育、在线医疗等数字化新业态快速成长,移动支付全面渗透。2019年,广东省移动支付交易近197.95亿笔、金额高达45.52万亿元,同比分别增长47.91%和18.82%;2020年1—10月,澳门移动支付交易金额逾47亿澳门元,为2019年的3.8倍 |

---

① 转引自中国信息通信研究院《粤港澳大湾区数字经济发展与就业报告(2020年)》。
② 欧志葵、徐烨灵:《"云"上卖花卖年货线上消费活跃度高》,《南方日报》2021年1月26日。

续表

| 主要领域 | 主要表现 |
| --- | --- |
| 公共服务数字化 | 智慧医疗、智慧教育、智慧交通快速发展。截至 2020 年 12 月，广东省已有 200 多家医疗机构取得互联网医院牌照，其中广州 80% 以上三甲医院已建立互联网医院；"互联网＋"政务服务水平不断提高，2021 年 1 月，"粤省事"注册用户突破 1 亿人次；香港较早建立了"Govhk 香港政府一站通"和"香港政府 Wi-Fi 通"两个服务平台；澳门也已经实现了超过 200 项公共服务可在网络办理 |

资料来源：广州市社会科学院：《广州数字经济发展报告 2021》。

## 第二节 粤港澳大湾区市场相对发展均衡性评价

### 一 粤港澳大湾区市场发展水平分析

（一）市场协同发展的内涵分析

对于什么是"市场协同"，学术界还没有明确而又权威的内涵界定。借鉴协同论的基本理念可知，市场协同发展是集过程与状态于一体的统一体。所谓过程，意味着它旨在消除横亘在各市场之间各种有形与无形的壁垒，各个相对独立的区域经济体融合成一个更大范围的区域综合体。通过生产要素的再配置，资源配置结构的不断优化和重组，促进不同地域市场的合理分工和经济结构调整，在乘数规模效应和整体效率增强的情况下，实现"1＋1＞2"的协同效应。所谓状态，则表现为各区域市场中各种形式的差别待遇的消失、商品与生产要素跨区域的自由流动。其中，差别待遇的消除，则意味着制度性交易成本等于零或接近于零。按照市场协同的基本要义，构建市场协同的根本要求就是，突破行政区划的界限，消除贸易壁垒，建立统一性的大市场，实现要素与资源流动的自由化与合理化。在一定意义上可以说，推动协同市场构建的过程也就是逐步打破地方市场分割、消除要素流动的各种屏障，实现资源配置的不断优化与重组，逐步建立统一透明、有序规范的市场环境的过程。从已有的关于区域市场协同或者一体化的文献看，主要集中在理论层面探讨中国地区市场分割成因、实证分析中国市场一体化程度以及市场协同测度方法研究等三方面。通过文献梳理发现，关于粤港澳大湾区区域市场一体化测度的研究已经取得一定进展，但同时也存在一些局限性，主要体现在现有关于粤港澳大湾区市场协同或者一体化的研究偏重于定性分析、从体制机制角度对粤港澳大湾区市场协同或者一体化的形成机制分析较少。为此，本章重点结合常规统计数据、POI 数据等多源数据对粤港澳大湾区市场协同进程进行测度和评价，为探索推动粤港澳大湾区市场协同发展提供实证支撑。

(二) 评价指标选择

市场一体化程度难以科学、准确、完整地定量评估，人力资源、技术服务、金融服务等不同要素在区域之间流通的特点各不相同，且难以用可统计的相应指标予以直观体现，对这四个维度进行综合测算是比较困难的，在文献中也极为少见。在理论研究中，学者们更多采用结果导向的评价思路，如用价格指数法予以评估，即商品在区域间流通的套利空间（或"冰山成本"）缩小意味着市场一体化程度的深化，从而商品价格指数趋同。借鉴此评估方法的基本原理和指标选择，结合数据的可获得性和可比较性，本书对粤港澳大湾区各城市市场发展水平进行测度，选取了社会消费品零售总额、综合消费物价指数 CPI、工业生产者出厂价格指数 PPI、接待游客数量等能够反映流通状况的"结果型"指标，并运用 TOPSIS 方法来评估市场发展水平的均衡性（见表 4-4）。

### 第四章 粤港澳大湾区市场协同发展评价分析

表4-4 粤港澳大湾区市场相对发展均衡性评价所使用的指标

| 指标 | 指标说明 | 指标属性 |
| --- | --- | --- |
| 社会消费品零售总额 | 反映市场总体规模（亿元）；香港（零售业总销货价值）；澳门（零售行业总额） | 正向 |
| 综合消费物价指数CPI | 以2015年为100进行换算 | 负向 |
| 工业生产者出厂价格指数PPI | 以2015年为100进行换算 | 负向 |
| 接待游客数量 | 反映城市旅游市场（万人） | 正向 |

注：产业协同部分，澳门的部分行业增加值分开统计，如住宿和餐饮业、金融业是分开统计的。

资料来源：《广东统计年鉴》《香港统计年刊》《澳门统计年鉴》和资料。

从各指标的统计描述结果看，粤港澳大湾区综合消费物价指数和工业生产者出厂价格指数的差异较小，社会消费品零售总额、接待游客数量的差异较为明显（见表4-5）。

表4-5 市场相对发展均衡性评价所使用指标的统计性描述

| 指标 | 样本量 | 均值 | 标准差 | 最小值 | 最大值 |
| --- | --- | --- | --- | --- | --- |
| 综合消费物价指数CPI | 66 | 103.79 | 4.52 | 88.16 | 121.66 |
| 工业生产者出厂价格指数PPI | 66 | 99.78 | 5.15 | 78.06 | 114.88 |
| 社会消费品零售总额 | 66 | 3002.50 | 2704.35 | 390.64 | 9551.57 |
| 接待游客数量 | 66 | 2976.54 | 1885.10 | 357.00 | 6773.13 |

资料来源：笔者根据表中相应年份的《广东统计年鉴》《香港统计年刊》《澳门统计年鉴》整理绘制。

具体到各指标看，粤港澳大湾区市场规模总体呈现平稳增长态势，受新冠疫情冲击明显，9市2区出现4个梯队。总体上看，2015—2019年粤港澳大湾区整体市场规模总体呈现增长趋势，但在2020年受新冠疫情影响明显下降。社会消费品零售总额由2015年的2.77万亿元增长到2019年峰值3.77万亿元，新冠疫情影响下2020年降为3.45万亿元，2015—2020年年均增速为4.49%，高于同期京津冀城市群的3.00万亿元，但与同期长三角城市群的7.79万亿元还有明显差距。具体到城市看，粤港澳大湾区市场规模差异较大，分成明显的四个梯队。其中，广州和深圳为9000亿元规模的第一梯队，分别达到9218.66亿元和8664.83亿元；东莞、佛山、香港为3000亿元规模的第二梯队，分别为3740.14亿元、3289.09亿元和2903.12亿元；惠州、中山、江门、肇庆等为1000亿元规模的第三梯队，这些城市的社会消费品零售规模均未超过2000亿元；珠海和澳门则为第四梯队，未超过1000亿元，澳门不足400亿元（见图4-1）。

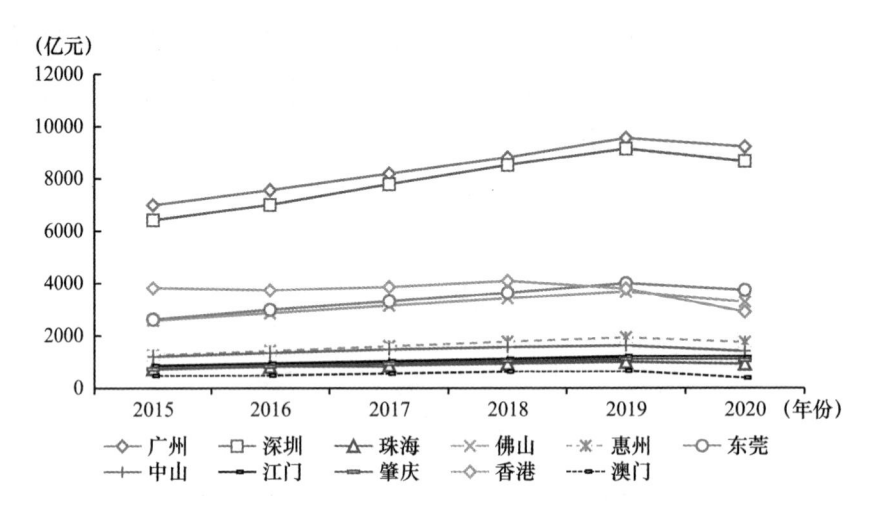

**图4-1 2015—2020年粤港澳大湾区社会消费品零售总额**

资料来源：笔者绘制。

游客市场在新冠疫情影响下明显萎缩，城市差异明显。总体上看，2015—2019年粤港澳大湾区旅游市场规模总体呈现增长趋势，2020年受新冠疫情影响明显萎缩。接待游客数量由2015年的3.09亿人次增长到2019年峰值3.88亿人次，新冠疫情影响下大部分旅游景点关闭，2020年降为2.34亿人次。具体到城市看，粤港澳大湾区市场规模差异较大，分成明显的三个梯队，除了东莞和佛山在新冠疫情冲击下未出现下降，其他城市均出现明显下降（见图4-2）。其中，广州、深圳和香港为超5000万人次规模的第一梯队，新冠疫情暴发前的2019年分别达到6773.13万人次、6718.07万人次和5591.30万人次；澳门、江门、惠州、珠海、东莞等城市为超2000万人次规模的第二梯队；佛山、中山、肇庆等为超1000万人次规模的第三梯队。新冠疫情冲击下，香港、澳门两个城市的旅游市场萎缩最为明显，香港在2020年接待游客人数由5591.30万人次下降为357.00万人次，下降93.62%；而澳门则由3941.00万人次降至589.70万人次，下降85.04%。

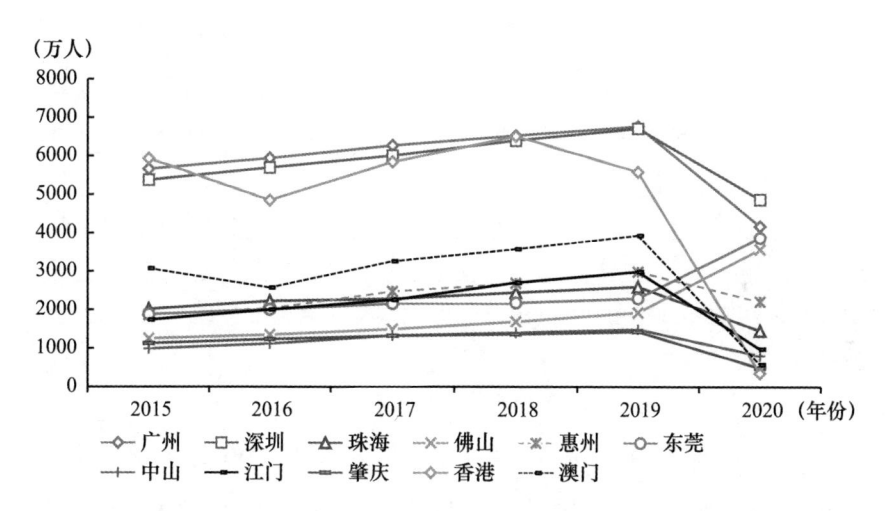

**图4-2 2015—2020年粤港澳大湾区各城市接待游客数量**

资料来源：笔者绘制。

珠三角地区消费物价指数呈现小幅度增长趋势，香港和澳门增长较为明显。消费物价指数反映了一定时期内城乡居民所购买的生活消费品和服务项目价格变动趋势和程度的相对数，通过该指数可以观察和分析消费品的零售价格和服务项目价格变动对城乡居民实际生活费支出的影响程度。2015—2020年，粤港澳大湾区的消费物价指数变化相对平稳，除了香港和澳门的变化幅度较大，其他城市呈现缓慢增长趋势，城市之间的消费物价指数标准差呈现增长趋势（见表4-6）。

表4-6　2015—2020年粤港澳大湾区各城市综合消费物价指数　单位：%

| 城市 | 2015年 | 2016年 | 2017年 | 2018年 | 2019年 | 2020年 | 年均增速 |
| --- | --- | --- | --- | --- | --- | --- | --- |
| 广州 | 101.70 | 104.50 | 105.14 | 104.74 | 105.47 | 105.76 | 0.79 |
| 深圳 | 102.20 | 104.63 | 103.82 | 104.23 | 106.28 | 105.80 | 0.69 |
| 珠海 | 101.70 | 103.61 | 102.73 | 103.16 | 104.65 | 104.62 | 0.57 |
| 佛山 | 101.60 | 103.90 | 104.23 | 103.91 | 104.91 | 105.70 | 0.79 |
| 惠州 | 101.90 | 103.80 | 103.67 | 103.58 | 105.03 | 106.03 | 0.80 |
| 东莞 | 101.40 | 104.15 | 104.12 | 103.90 | 106.09 | 106.53 | 0.99 |
| 中山 | 100.80 | 102.74 | 103.56 | 103.03 | 104.55 | 105.83 | 0.98 |
| 江门 | 101.80 | 104.07 | 103.92 | 103.33 | 104.71 | 106.16 | 0.84 |
| 肇庆 | 100.80 | 102.51 | 103.29 | 103.14 | 104.90 | 106.10 | 1.03 |
| 香港 | 100.60 | 103.62 | 107.64 | 111.82 | 117.81 | 121.66 | 3.87 |
| 澳门 | 92.80 | 88.16 | 91.35 | 95.25 | 100.81 | 104.43 | 2.39 |
| 年度标准差 | 2.66 | 4.75 | 4.09 | 3.74 | 4.19 | 4.85 | — |

资料来源：笔者根据表中相应年份的《广东统计年鉴》《香港统计年刊》《澳门统计年鉴》整理绘制。

珠三角地区工业生产者出厂价格指数呈现微小增长趋势，香港和澳门呈现下降趋势。工业生产者出厂价格指数是衡量工业企业产品出厂价格变动趋势和变动程度的指数，用于反映某一时期生产领域价格变动情况的重要经济指标。2015—2020年，粤港澳大湾区的工业生产者出厂价格指数呈现微小增长趋势，除了香港和澳门呈现下降趋势，其他城市呈现缓慢增长趋势，城市之间的工业生产者出厂价格指数的标准差也同样呈现增长趋势（见表4-7）。

表4-7　2015—2020年粤港澳大湾区各城市工业生产者出厂价格指数　　单位：%

| 年份<br>城市 | 2015 | 2016 | 2017 | 2018 | 2019 | 2020 | 年均增速 |
| --- | --- | --- | --- | --- | --- | --- | --- |
| 广州 | 96.80 | 95.63 | 101.10 | 103.34 | 100.02 | 98.50 | 0.35 |
| 深圳 | 97.60 | 96.91 | 101.11 | 102.00 | 100.20 | 99.02 | 0.29 |
| 珠海 | 96.90 | 96.34 | 102.64 | 105.19 | 101.95 | 97.98 | 0.22 |
| 佛山 | 97.20 | 96.45 | 103.69 | 106.51 | 102.11 | 99.15 | 0.40 |
| 惠州 | 92.50 | 90.91 | 102.36 | 107.07 | 102.12 | 96.87 | 0.93 |
| 东莞 | 98.20 | 98.10 | 101.63 | 102.35 | 100.96 | 99.71 | 0.31 |
| 中山 | 98.00 | 97.74 | 102.22 | 103.60 | 101.40 | 99.45 | 0.29 |
| 江门 | 97.80 | 97.12 | 102.76 | 105.52 | 101.76 | 98.44 | 0.13 |
| 肇庆 | 96.30 | 95.20 | 103.95 | 107.66 | 102.19 | 99.21 | 0.60 |
| 香港 | 100 | 99.60 | 99.60 | 101.30 | 103.02 | 97.43 | -0.52 |
| 澳门 | 90.10 | 87.13 | 114.88 | 109.3 | 103.78 | 78.06 | -2.83 |
| 年度标准差 | 2.79 | 3.55 | 4.04 | 2.58 | 1.11 | 6.25 | — |

资料来源：笔者根据表中相应年份的《广东统计年鉴》《香港统计年刊》《澳门统计年鉴》整理绘制。

## （三）粤港澳大湾区市场相对发展水平总体分析

运用TOPSIS评价方法分析，结果显示：广州、深圳是粤港澳大湾区市场相对发展水平最高的城市，其2015—2020年的TOPSIS评价指数保持领先，均值达到0.94以上水平，基本接近最优城市的评价值1.0水平。同时，也可以看到，大湾区城市的市场相对发展水平分化现象较为明显，广州、深圳市场发展水平处在第一梯队，香港处在第二梯队，东莞、佛山处在第三梯队，澳门、珠海、中山、肇庆、惠州、江门为第四梯队，这表明中心城市产品市场更加繁荣，要素的高效双向、多向流通特征更加显著（见图4-3）。在本指标评价体系中，香港、澳门市场相对发展水平还不够突出，在一定程度上表现出粤港澳三地之间市场一体化程度还不够高。当然，本指标体系并没有考虑到国际市场即进出口因素的影响,如果将进出口额作为市场发展水平的测度指标,那么香港和澳门的市场相对发展水平将会大幅提升。

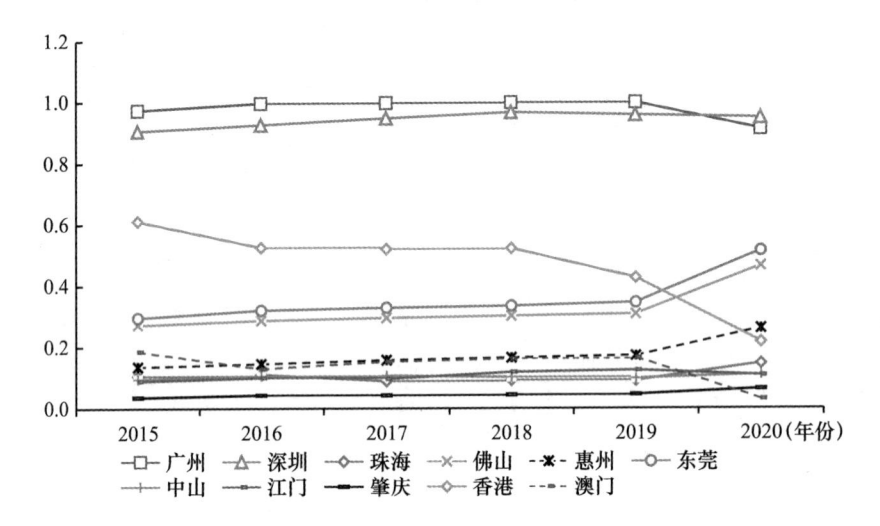

图 4-3 粤港澳大湾区市场发展水平的 TOPSIS 评价指数

资料来源:笔者绘制。

## 二 粤港澳大湾区市场相对发展水平差异性分析

从粤港澳大湾区三大都市圈 TOPSIS 评价指数变化情况来看,广佛肇、珠江东岸、珠江西岸三大都市圈的 TOPSIS 评价指数的组间差异较大,是大湾区市场发展水平总体差异的主要来源,三者近 6 年来的差异贡献率均值达到 60% 以上;三大都市圈的组内差异对粤港澳大湾区总体差异贡献率均值为 20% 以上;三大都市圈的超变密度(意味着粤港澳大湾区三大都市圈没有市场发展水平绝对优势分组,三大分组之间的城市市场发展水平存在交叉重叠现象),差异贡献率均值约为 16%(见图 4-4)。

从粤港澳大湾区市场发展水平分组差异看,在都市圈内部,珠江东岸市场协同发展水平差异明显高于其他两个都市圈,但总体上呈现出缓慢下降趋势，2020 年 Dagum 基尼系数下降到 0.4 以下；其次为广佛肇都市圈，也呈现逐年稳步下降趋势，2020 年 Dagum 基尼系数下降到接近 0.3；最后为珠江西岸都市圈，6 年来呈现上升趋势，但总体上 Dagum 基尼系数仍然较低。

在都市圈之间，珠江东岸—珠江西岸之间差异最大，近 6 年来 Dagum 基尼系数值都在 0.65 以上，且这一趋势仍在延续，两个都市圈之间差异仍在扩大；其次为广佛肇—珠江西岸之间，近 6 年来 Dagum 基尼系数值都在 0.61 以上，且呈现波动上升趋势；最后为广佛肇—珠江东岸之间差异呈现逐年下降趋势，2020 年 Dagum 基尼系数已经下降至 0.4 以下。

综合上述分析，并对 Dagum 基尼系数取倒数可以大致得出粤港澳大湾区市场相对发展均衡性的评价结论：第一，粤港澳大湾区市场相对发展均衡性不断提升，指标值从 2015 年的 2.036 提升到 2019 年的 2.096 以及 2020 年的 2.074（疫情影响了市场要素和产品的正常流通）。第二，三大都市圈市场发展水平的组间差异是影响粤港澳大湾区整体市场相对发展均衡性的最大因素，即三大都市圈之间的市场相对发展均衡性有待进一步提升，特别是珠江东岸与珠江西岸之间、广佛肇与珠江西岸之间市场相对发展均衡性有待加强。第三，珠江东岸、广佛肇两大都市圈市场相对发展均衡性均有提升，但珠江西岸都市圈市场相对发展均衡性有所下降，有待进一步改革优化。第四，珠江东岸、广佛肇两个都市圈内部的市场相对发展均衡性虽然逐年提升，但分化程度仍然较为显著。

## 第三节　粤港澳大湾区市场空间布局均衡性评价

市场要素资源的分布和流通与区域经济发展水平、产业发展水平、人口集中状况密切正相关，反之，这些因素也促进了

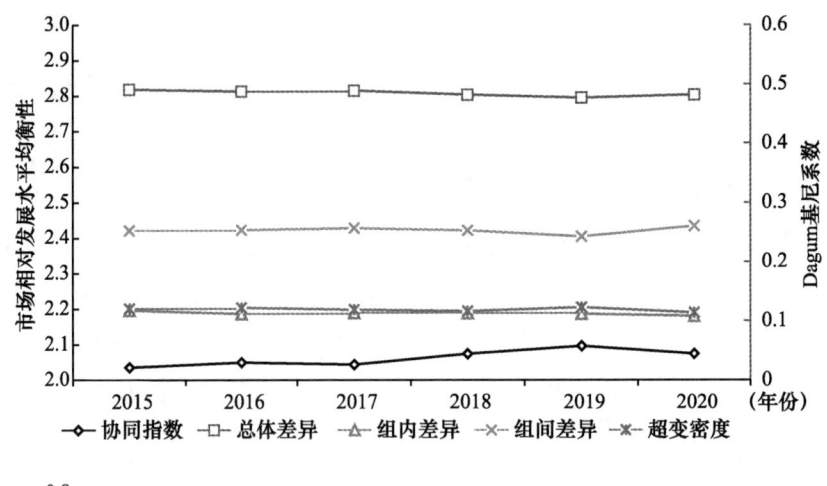

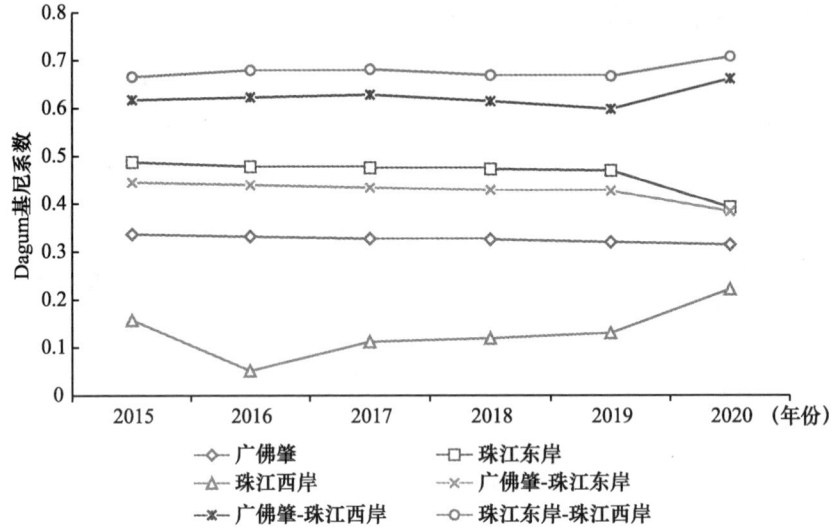

**图 4-4 粤港澳大湾区市场发展水平均衡及差异变化**

资料来源：笔者绘制。

市场要素资源的集聚或扩散。如果市场要素分布空间不匹配，也表明市场协同发展水平还不够高效。本节主要运用 POI 大数据对粤港澳大湾区市场空间布局情况进行分析。

### 一 市场商业网点与设施空间布局均衡性分析

广州和深圳是粤港澳大湾区市场的核心，2021 年两者商业网点与设施POI数量占比分别达到21.87%和17.49%，其他城市从高到低依次为东莞（16.56%）、佛山（12.96%）、惠州（8.42%）、中山（6.82%）、江门（4.86%）、香港（4.19%）、肇庆（3.49%）、珠海（2.94%）、澳门（0.40%）。2015—2021年，粤港澳大湾区商业网点与设施POI数量年均增速达到7.38%，香港年均增速最快且高达13.24%，其次为惠州（11.22%）、肇庆（11.14%）、江门（10.32%）、佛山（8.31%），这些城市的增长速度高于大湾区平均增速。总体上看，粤港澳大湾区商业网点与设施高度集聚在广佛地区和深莞地区，东岸商业网点与设施密度高于西岸，内湾地区商业网点与设施密度高于外湾地区（见图4-5）。从时序演进来看，粤港澳大湾区商业网点与设施密度的空间差异性有所降低。2015年粤港澳大湾区各个城市商业网点与设施POI数量占比的标准差为7.70，而2021年则下降到了6.72，意味着商业网点与设施资源分布的空间均衡性有所上升。

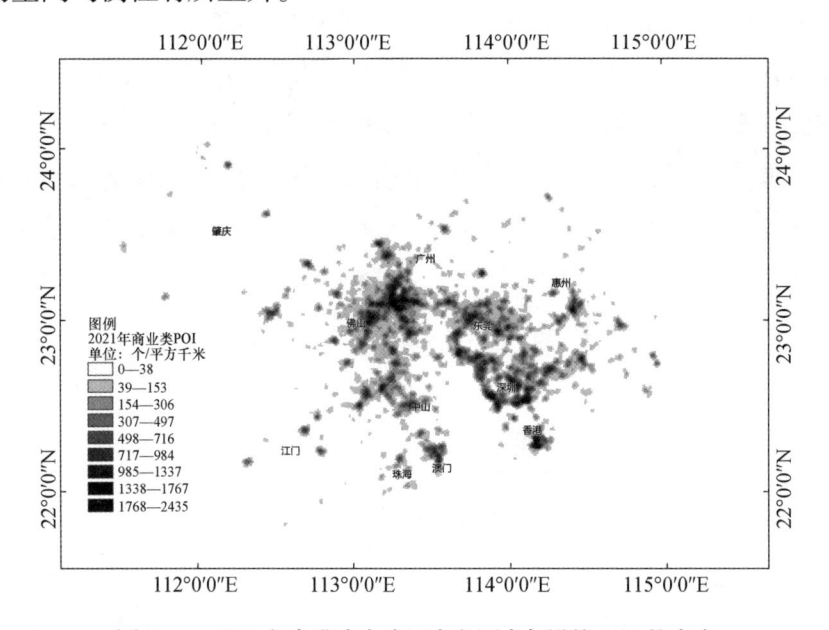

图4-5　2021年粤港澳大湾区商业网点与设施POI核密度

资料来源：笔者绘制。

## 二 人力资源市场空间发展均衡性分析

就业人口分布是衡量人力资源市场协同发展的重要参考指标。2000 年以来，粤港澳大湾区就业总体人口年均增长率达到 4%。从就业人口空间分布来看，粤港澳大湾区就业人口在城市之间分布并不均衡，珠江东岸的就业人口规模要远远大于珠江西岸，深圳、广州、东莞、佛山和香港的就业人口相对较多。从时间上来看，2000 年，粤港澳大湾区中广州的就业人数占比最高，达到 22.5%；其他城市排序依次为香港（14.3%）、深圳（13.8%）、江门（9.3%）、肇庆（9.0%）、佛山（8.6%）、惠州（8.3%）、中山（5.5%）、东莞（4.4%）、珠海（3.5%）、澳门（0.9%）。然而，到了 2020 年，粤港澳大湾区各个城市就业人口所占比重则发生极大变化，就业人数最高的城市变为深圳，其占粤港澳大湾区就业人数比重达到 23%，其他城市排序依次为广州（19.6%）、东莞（14.6%）、佛山（9.6%）、香港（8.5%）、惠州（6.4%）、江门（5.4%）、肇庆（4.9%）、中山（4.7%）、珠海（2.5%）、澳门（0.8%）。2000 年以来，东莞、深圳和佛山的就业人口增长率高于粤港澳大湾区的平均水平，因而三座城市的就业人口比重有所提升，而大湾区的其他城市因人口增长率低于粤港澳大湾区的平均水平，因而就业人口所占的比重出现不同程度的下降（见表 4-8）。

表 4-8  2000—2020 年粤港澳大湾区部分年份就业人口占比变化  单位：%

| 年份 城市 | 2000 | 2010 | 2015 | 2016 | 2017 | 2018 | 2019 | 2020 |
| --- | --- | --- | --- | --- | --- | --- | --- | --- |
| 广州 | 22.45 | 18.00 | 19.39 | 19.80 | 20.25 | 20.77 | 21.21 | 22.62 |
| 深圳 | 13.75 | 19.19 | 23.01 | 23.55 | 24.00 | 24.33 | 24.18 | 24.00 |
| 珠海 | 3.52 | 2.61 | 2.84 | 2.90 | 3.00 | 3.10 | 3.04 | 3.24 |

续表

| 年份<br>城市 | 2000 | 2010 | 2015 | 2016 | 2017 | 2018 | 2019 | 2020 |
| --- | --- | --- | --- | --- | --- | --- | --- | --- |
| 佛山 | 8.63 | 11.22 | 10.33 | 10.22 | 10.10 | 10.00 | 10.01 | 9.24 |
| 惠州 | 8.32 | 6.58 | 6.26 | 6.20 | 6.13 | 6.05 | 6.00 | 6.09 |
| 东莞 | 4.36 | 15.85 | 14.21 | 13.83 | 13.58 | 13.29 | 13.40 | 13.87 |
| 中山 | 5.46 | 5.25 | 4.74 | 4.70 | 4.59 | 4.50 | 4.47 | 4.25 |
| 江门 | 9.30 | 6.32 | 5.48 | 5.44 | 5.36 | 5.28 | 5.13 | 4.76 |
| 肇庆 | 9.03 | 5.39 | 4.73 | 4.63 | 4.52 | 4.45 | 4.36 | 4.15 |
| 香港 | 14.30 | 8.79 | 8.16 | 7.92 | 7.71 | 7.50 | 7.47 | 7.04 |
| 澳门 | 0.87 | 0.80 | 0.84 | 0.80 | 0.76 | 0.74 | 0.74 | 0.73 |

资料来源:《广东统计年鉴》《香港统计年刊》《澳门统计年鉴》和资料。

### 三 技术服务资源市场空间均衡性分析

在创新平台分布方面，选取高校院所、产业园区作为衡量创新平台的重要要素。POI海量数据结果显示在高校、科研机构分布方面，广州占据湾区50%以上高校、科研机构资源，深圳、香港共占据近25%高校（见图4-6）、科研机构资源（见图4-7）及职业院校（见图4-8），两大圈层基础创新资源突出，基本代表了粤港澳大湾区的基础创新能力。

在创新服务组织分布方面，中间服务组织如人才市场、科技金融机构、行业协会，律师、法务、财务事务所等生产性服务业机构和组织是技术服务资源中的重要组成因素（见图4-8）。

从时间演变和空间分布看，人才市场主要集中东莞、深圳、广州等大湾区东岸区域，且规模有历年扩张的趋势，特别是东莞占湾区45%以上的人才市场，这与东莞制造大市需要大量产业工人的现状相符（见图4-9）。

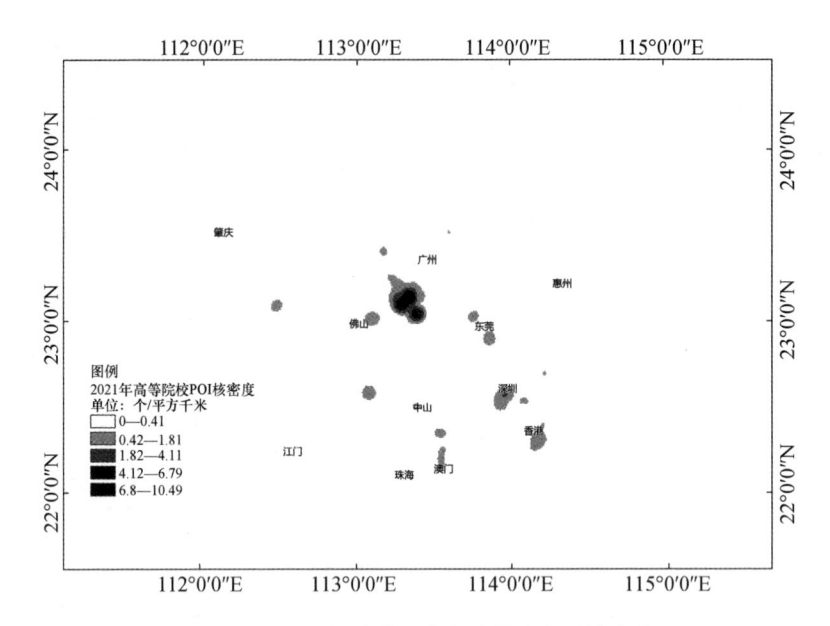

**图 4−6　2021 年大湾区高等院校分布及核密度**

资料来源：笔者绘制。

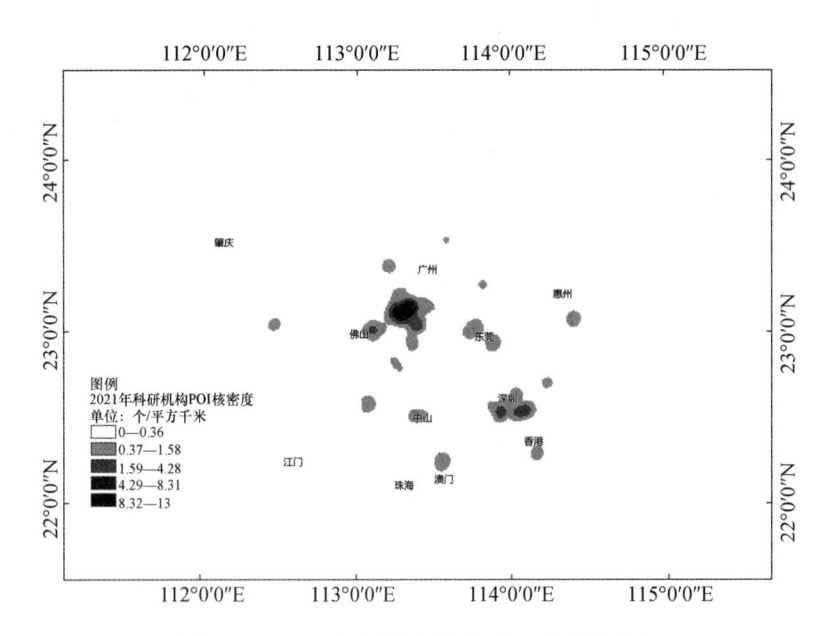

**图 4−7　2021 年大湾区科研机构分布及核密度**

资料来源：笔者绘制。

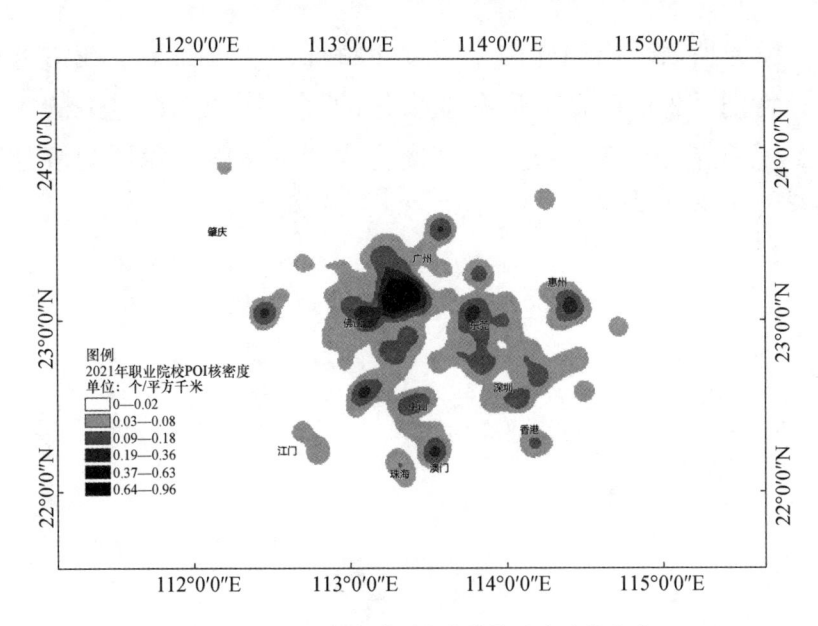

第四章 粤港澳大湾区市场协同发展评价分析 139

**图4-8 2021年大湾区职业院校分布及核密度**

资料来源：笔者绘制。

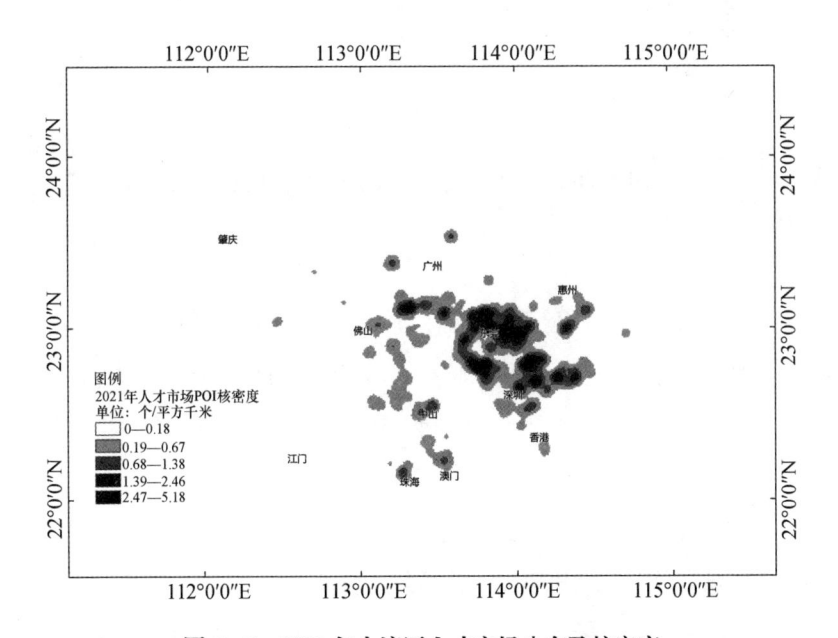

**图4-9 2021年大湾区人才市场分布及核密度**

资料来源：笔者绘制。

事务所表现出同样的空间分布特征,即主要集中在湾区东部,特别是香港生产性服务业发达的优势明显,在过去的5年中,规模提升了3倍以上,其次为广州、东莞、深圳的事务所较多(见图4-10)。

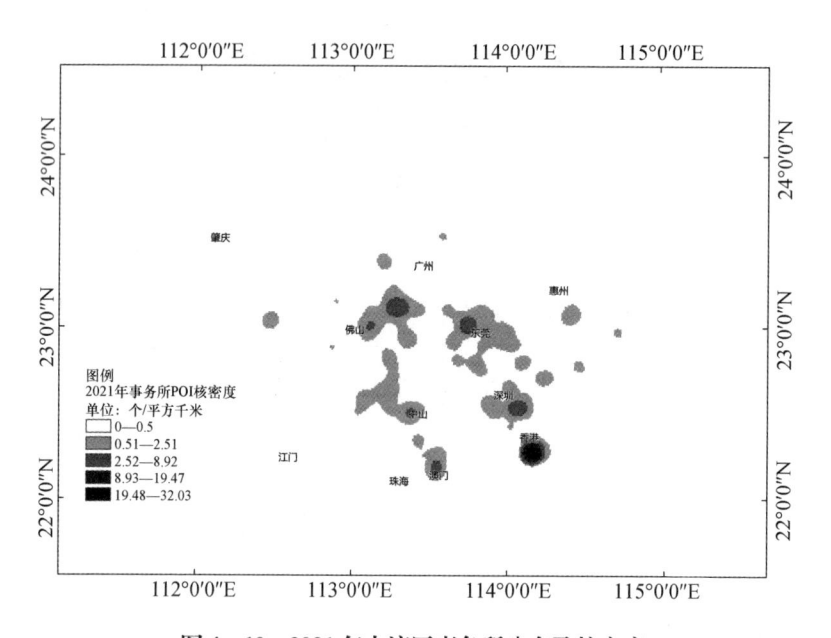

**图 4-10 2021 年大湾区事务所分布及核密度**

资料来源:笔者绘制。

在行业协会空间分布方面,广州省会优势突出,集中了大部分与政府公共服务、公益服务相关的行业组织,深圳、佛山、东莞与市场经营、产业发展相关的行业协会居多(见图4-11)。

## 四 金融资源服务市场空间均衡性分析

从金融资源总量空间分布来看,粤港澳大湾区主要城市金融发展可以分为三个梯队,第一梯队为香港、深圳和广州,三个城市的金融增加值均已经超过2000亿元。虽然近年来其他城

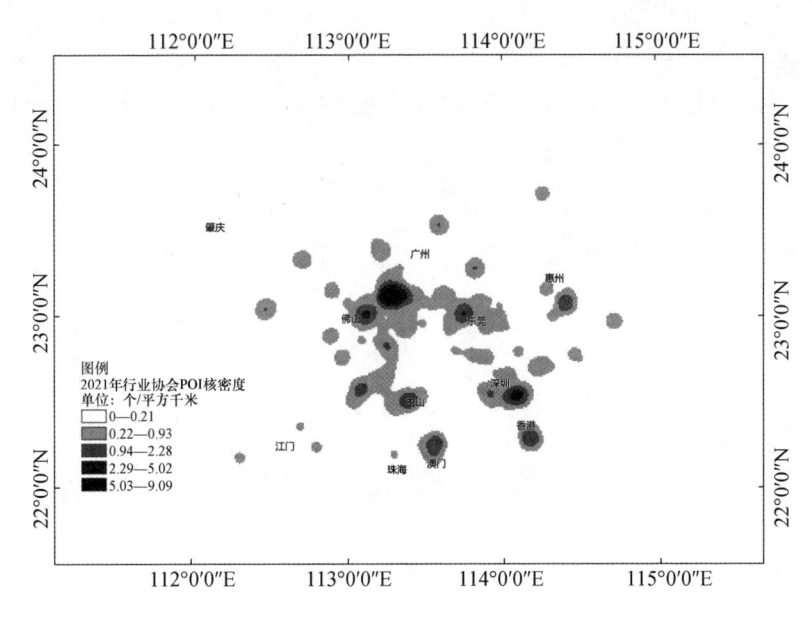

**图 4-11　2021 年大湾区行业协会分布及核密度**

资料来源：笔者绘制。

市的金融业得到了较快的发展，粤港澳大湾区金融集中度有所降低，但是香港、深圳和广州金融增加值占粤港澳大湾区金融增加值总额的比重仍然达到 82.8%。第二梯队为东莞和佛山，其金融增加值处在 400 亿元到 600 亿元的区间。第三梯队为惠州、澳门、珠海和中山，其金融增加值为 200 亿元左右。第四梯队为江门和肇庆，其金融增加值低于 200 亿元。总体上看，各城市金融产业增加值及其所占 GDP 的比重与城市经济发达程度高度相关。

一是从银行业资源分布情况看，以银行机构网点和 ATM 机分布为主要指标，粤港澳大湾区银行机构和网点分布基本形成以深港、广佛和珠澳为三大极点的空间组织模式，与经济的空间分布形态基本一致，即经济越发达的地区银行业机构和网点的分布密度越高，并且倾向于向大城市和中心城市集中的趋势。2015 年以来，粤港澳大湾区各城市银行网点数量都有不同程度的增长,但整体的空间格局分布特征相对保持稳定,并未发生实质性变化(见图4-12)。ATM机也高度集聚在香港、深圳、广州和澳门四大中心城市(见图4-13)。

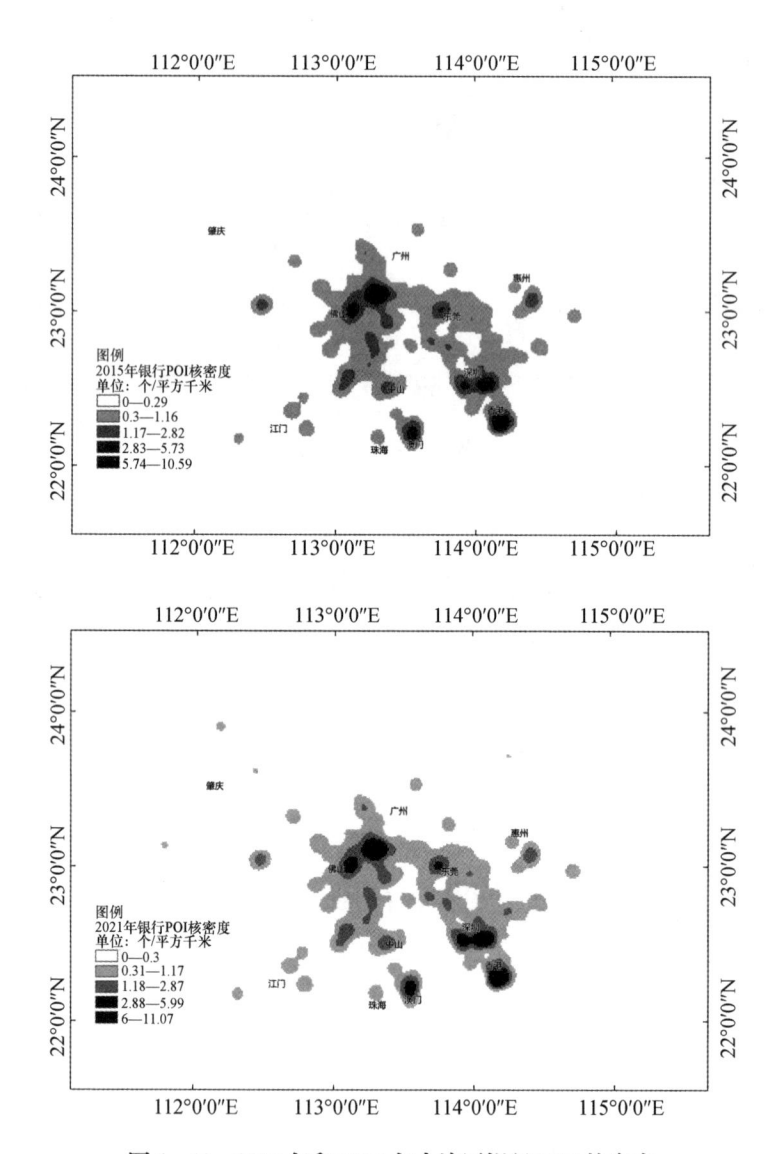

**图4-12 2015年和2021年大湾区银行POI核密度**

资料来源:笔者绘制。

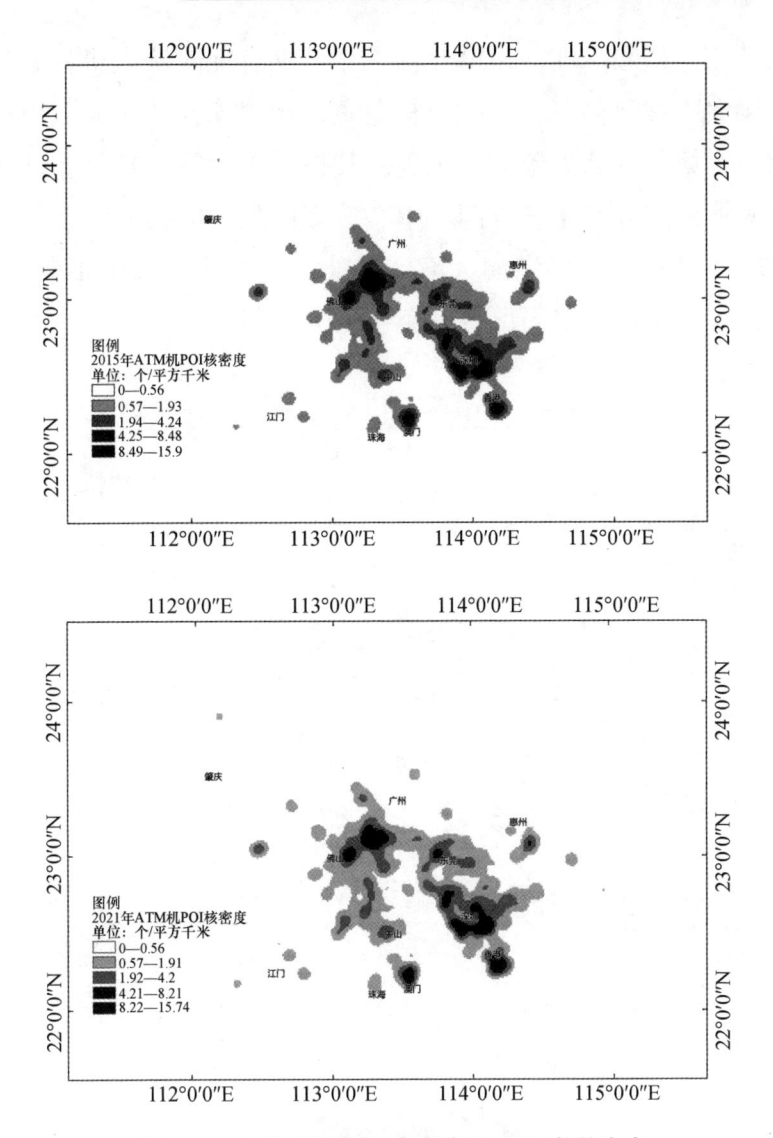

**图 4-13　2015 年和 2021 年大湾区 ATM 机核密度**

资料来源：笔者绘制。

二是从保险业资源分布情况看，粤港澳大湾区各个城市保险业的发展程度大致可以划分为四个梯队，第一梯队为香港，其保费收入、保险深度和保险密度都远远高于其他城市，是亚洲保险公司聚集度最高的地区，也是世界最为成熟的保险中心之一。第二梯队为广州和深圳，2020年深圳累计拥有保险法人机构数量位居全国大中城市第三，法人机构总资产超过4.5万亿元，位居全国第二。第三梯队为佛山和东莞；其他城市为第四梯队。从保险机构营业网点分布来看，四大中心城市保险业的营业网点最为密集。2015年以来，粤港澳大湾区保险业营业网点数量不断增加，但是总体空间分布格局保持不变（见图4-14）。

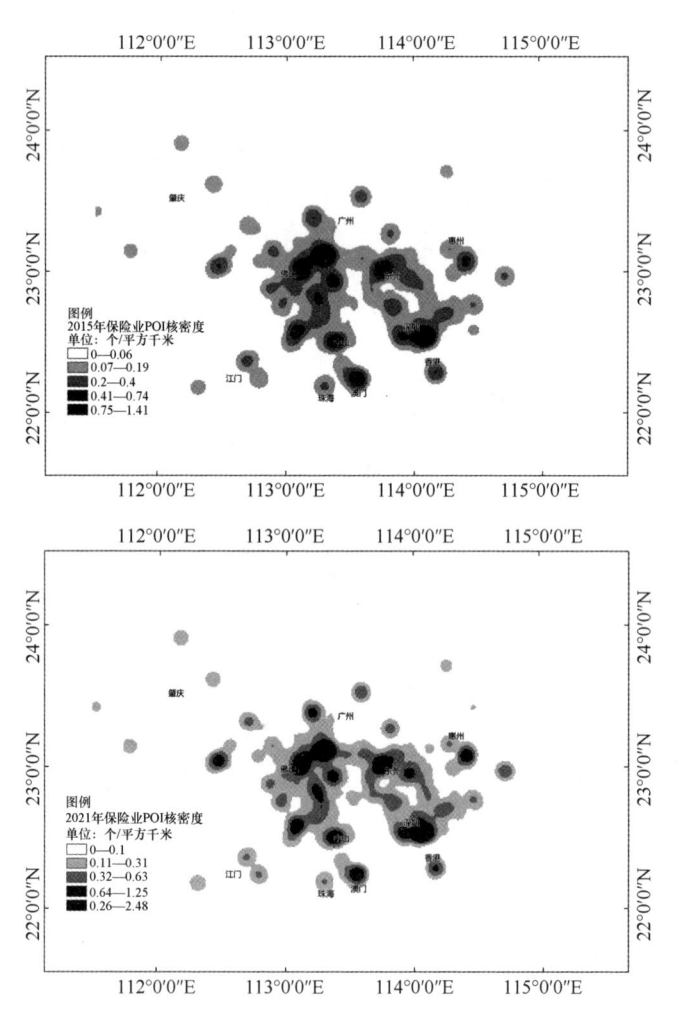

图4-14 2015年和2021年大湾区保险核密度

资料来源：笔者绘制。

## 第四章 粤港澳大湾区市场协同发展评价分析

三是从证券业资源分布情况看,粤港澳大湾区证券机构经营网点主要集中在广州、深圳和香港三个城市。相对于银行业和保险业经营网点的布局,证券机构经营网点数量相对较少,但集中度更高,香港的证券业发展优势非常明显(见图4-15)。

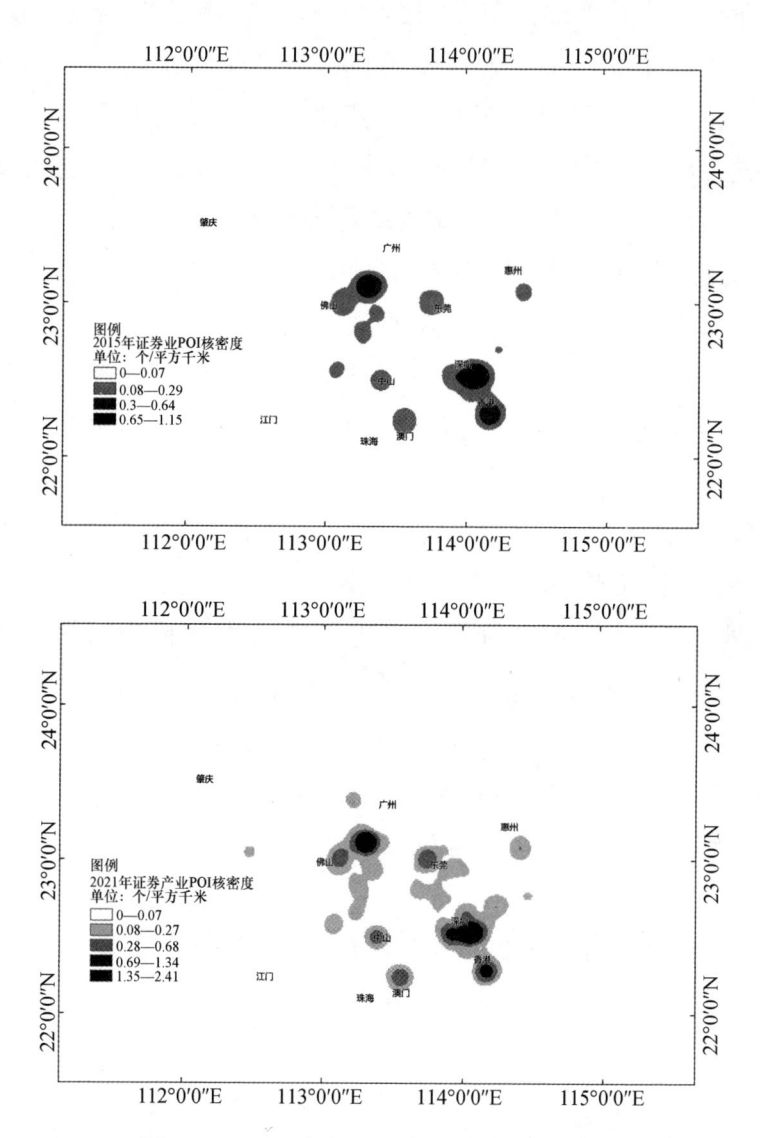

图4-15 2015年和2021年大湾区证券核密度

资料来源:笔者绘制。

### 五 数据要素市场空间均衡性分析

粤港澳大湾区数字要素空间分布的极化特征明显，数字科技创新主体绝大部分都集聚在深圳、广州、香港，新兴产业领域独角兽企业几乎都分布在深圳、广州。在数字流通应用领域，广州、深圳凭借经济、人口规模优势，数字经济增加值均超万亿元，位居全国前列，而大湾区其他城市则相对较弱。由于统计数据存在滞后性，直接反映数字要素分布状况是比较困难的，但数字市场及其应用与人口经济和商业市场紧密相关。因此，中心城市仍是粤港澳大湾区数据要素市场主要的集聚地。事实上，在粤港澳大湾区正在建设的深圳数据交易所和广东数据交易所其主体均位于中心城市。与此同时，也应看到在全国建设统一大市场的背景下，数据要素市场的互联互通越来越好，数据要素空间分布将更加均衡，事实上，根据国家发改委联合三部门发布的《全国一体化大数据中心协同创新体系算力枢纽实施方案》，明确提出在粤港澳大湾区布局建设全国一体化算力网络国家枢纽节点，要求统筹好做好城市内部和周边区域的数据中心布局，实现大规模算力部署与土地、用能、水、电等资源的协调可持续。未来，无论是数据基础设施建设还是数据要素市场建设将更加注重区域协同合作，在此背景下粤港澳大湾区数据要素市场空间布局也将更加均衡。

## 第四节 粤港澳大湾区市场协同发展面临的问题与挑战

### 一 制度机制差异不利于市场协同发展

在广东省内，行政区经济制约了市场一体化。珠三角的行政区经济也制约了一体化市场的形成。三大都市圈之间存在市场分割或不协同,在都市圈内部合作机制也未全面开展,地域经济的利益樊篱难以短期内打破,城市间进行人口、科技资源争抢,导致区域市场相对发展水平呈现较大差异,特别是珠江西岸市场要素配置能力低。

粤港澳三地的体制不同制约了要素的高效流动,由于制度和体制的不同以及城市发展阶段与市场要素竞争禀赋的差异,粤港澳三地市场的深入融合发展无成熟模式和路径参照,化解湾区内的制度性障碍,形成高度对接或统一的开放市场,建设开放型、融合型的市场合作对接机制是重要挑战。这样的制度差异决定了必须探索出符合湾区实际的市场协同发展模式,必须坚守"一国",善用"两制",不必追求同质化的特区、关税区、货币区,要根据禀赋差异,以市场经济的发展需求,更好地优化市场要素资源配置,实现"1+1>2"的效果。

**二 人力资源共享流通效应有待释放**

粤港澳大湾区人力资源规模迅速增长,中心城市集聚了大部分人才、人口增量,"虹吸效应"非常明显,但人力资源的无障碍流通和共享还没有充分协同,扩散效应不显著。

一是流动机制需要畅通。港澳与广东之间的人才流动渠道尚未完全畅通,制约吸引和聚集外籍人才的政策瓶颈尚未得到彻底解决。二是执业资格认定有待完善。因人才评价标准、执行资格、人才资质以及人才制度的差异,粤港澳三地人才执业与合作存在障碍。例如,在建筑师资格上,香港的个体建筑师不能在内地执业,因按内地规定,建筑师须经相关建筑院注册后,并以单位的名义才能执业。在律师执业上,因香港与内地的法系不同,香港律师在内地执业还需要经过国内的司法考试等。三是制度环境有待优化。对人才创新创业过程中迫切需求的科技研发、知识产权、科技成果转化、创业培训、融资、法律等方面的服务尚未建立完善的供给机制，粤港澳大湾区9市与香港、澳门的合作发展存在深层次的税收"制度墙"问题[①]。为避免双重征税，香港与世界多个国家地区签订了避免双重征税协定，内地在此方面的不足也影响了人才的流入，且港澳与内地城市人才薪酬差异较大。四是人才政策同质化、碎片化、单一化。湾区内部缺乏人才培育发展的全盘考虑，各地政策中关于项目补贴、安家补助、家属安置、子女入学优先的内容几乎比比皆是，一定程度上导致了这些政策出台后吸引力有限，甚至落入比拼"财力"的被动局面。大湾区内政府部门的人才工作尚无协作机制、共享平台，各自为政导致政策统筹层次低，区域分割明显，难以形成人才政策合力。"揽才"主要依靠行政手段，政府部门成为主体，人才政策大多聚焦"吸引"，但人才甄选标准、人才配置指南、防范伪人才以及伪人才强制退出规则几乎空白。

## 三　技术要素市场共享对接与辐射带动能力有待提升

一是技术资源分布差异大。粤港澳大湾区9市2区处于不同的经济社会发展阶段，主导发展的动力不同，要素禀赋差异大，创新要素的集聚能力差距显著，香港、深圳、广州、澳门中心城市集聚了大湾区绝大部分的技术服务资源，没有创新资源也没有受到创新资源集聚的中心城市辐射的外围城市面临着巨大的转型升级风险，急需加大科技创新投入，积极对接广州、深圳等创新资源中心城市，并应积极成为领先城市的科技创新成果产业化的区域。二是技术资源服务不协调。湾区中心城市创新孤岛、资源分割现象依旧存在，而由于传统行政区划和竞

---

① 黄英：《助推粤港澳大湾区打造人才高地的税收政策研究》，《税务研究》2019年第12期。

争思维的路径依赖,以城市为单元的区域分割现象依旧存在,创新型中心城市还未能成功发展成为技术服务枢纽,香港、广州在基础研究领域已经有良好基础,但众多基础创新研究成果并未能够融入产业创新中,特别是广州基础创新在湾区城市中最为丰富,但知识产权"大而不强、多而不优",顶尖科学家团队、实验室更为缺乏,香港、澳门虽在基础研究领域拥有较强实力,但难有转化平台和空间。湾区城市处于不同发展阶段,依靠创新要素主导驱动的发展阶段尚未形成。从实验室创新到企业化运营再到产业化生产应用的各环节无缝对接的链条还不完善。特别是广州应加大离地破解产学研环节一体化的各种障碍。

### 四 金融要素市场化配置与服务实体经济效率有待提升

粤港澳大湾区金融市场协同发展总体上是有效率的,配置能力层次分明,香港、深圳和广州金融对外辐射能力强,有能力跨城市配置金融资源和为其他城市提供金融服务,但大湾区金融服务市场协调发展的效率仍有较大提升空间。一是城市之间金融支持实体经济能力不够均衡,金融资源高度集中在香港、深圳和广州三个中心城市,肇庆、江门等城市的金融市场还不够发达。根据广证恒生发布的粤港澳大湾区研究报告①,在证券化率方面,深圳达到453.42%,珠海为145.07%,而其他城市这一比例不及0.5%,广州、佛山融资规模总体与其GDP较为接近。金融服务合作分工格局尚未形成,城市之间竞争大于合作,金融分工互补优势还未充分显现。二是金融资源配置效率进一步提升面临瓶颈。目前粤港澳大湾区金融资源配置正进入

---

① 《大湾区专题报告(一):总市值/GDP超全国平均,758家上市公司领衔湾区产业升级》,2019年8月16日,广证恒生,http://pdf.dfcfw.com/pdf/H3_AP201908161344394200_1.pdf。

相对平稳时期，金融资源配置效率进一步提升的难度正在变大，其主要原因是在既定的外部环境下，受规模报酬递减和边际效率递减规律的影响，随着金融资源投入的增加，金融资源的生产效率不可能持续提升。而要破解这一瓶颈，未来可行的思路是通过改变金融资源配置的外部条件，使金融资源的时空分布格局发生新变化，激发金融资源产生流动的门槛条件。三是配置全球金融资源能力仍然不够强大。作为一个区域整体在全球金融中心体系中的地位还无法赶超纽约、伦敦等全球金融中心；在全球金融中心向亚太区域转移的背景下，新加坡、东京、上海等金融中心的实力快速增强，与香港竞争全球第三大金融中心的地位。在粤港澳大湾区中，深圳和广州在国际金融中心体系中的地位虽然也在不断提升，但是全球层面的影响力仍然不足。

### 五  区域数据要素市场发展水平有待提高

粤港澳大湾区数字经济发展迅速，但也面临着不少问题及挑战。一是粤港澳大湾区数字经济发展的要素流动仍存在制度障碍。粤港澳三地在数据资源跨境传输流通方面仍面临政策壁垒，数字经济跨区域、跨制度协作机制亟待完善，数字经济统筹规划有待加强。二是数据资源尚未形成科学、安全的开放机制。经济产业庞大、人口活动频繁、市场交易活跃产生的巨量数量还难以找到有效的数字共享机制和路径；部分头部企业形成的垄断或赢者通吃局面，也不利于数据价值的最大化。三是城市之间数字技术、数字经济、数字社会、数字政府之间都还存在较大差距，呈现出较为明显的"数字鸿沟"现象，特别是中心城市的领先优势继续扩大，周边城市的数字产业化、产业数字化步伐相对缓慢。大湾区城市之间数字要素市场的协同发展水平还有待提升，数据资源整合和安全保护尚未能形成联动效应。

## 第五节　粤港澳大湾区市场协同发展的对策建议

### 一　构建要素市场化运行合作机制

一是加快构建大湾区高度对接的市场准入标准。广东省内要加快消除市场主体异地迁址经营的各种隐形阻碍，实行"一照多址、一证多址"企业开办经营模式，逐步推动形成全省统一的各类审批流程标准化和审批信息互联共享。加快与港澳商事规则对接、从业资格互认，建立行业规则对接台账，明确责任机构，逐个解决双向就业的各种制度性约束。

二是健全要素市场运行机制。充分考虑港澳因素，联合建设要素市场化交易平台，拓展大湾区已有资源交易平台功能，健全科技成果交易平台，建立大数据交易平台，建立互认互通的技术成果转化公开交易与监管体系，规范要素交易平台治理。完善要素交易规则和服务。研究制定大湾区统一的技术市场、数据市场交易管理制度，推进全流程电子化交易。提升要素交易联合监管水平。严格反垄断、反不正当竞争、反排斥性准入，建设港澳与广东互联互通的投诉举报查处机制。促进信用体系协同建设和信息互换，开展失信行为联合认定、联合惩戒和修复。

三是营造国际一流的营商环境。以港澳为标杆，深化珠三角城市营商环境改革，广州、深圳要率先示范，对标国际一流、对标港澳，进一步规范妨碍市场协同发展和公平竞争的各种规定和做法，改革一切增加市场主体制度性交易成本、不利于市场统一开放的各类审批和流程，大幅减少地方政府对要素资源的直接配置，使各类要素资源权属、流通、处置充分得到法制保障。

## 二 构建促进人力资源协同共享机制

一是畅通人才流通、共享机制。要充分用好前海、南沙、横琴等重大开发区域，充分借鉴和对标国内外先进地区做法，研究制订外籍技术移民试点实施方案和行业人才引进培养工程计划。探索开展"一试多证"人才培养评价模式试点，加快推进粤港澳职业资格互认，大力培养评价国际通用的高端技能人才。建立境外专业人才职业资格准入负面清单，逐步降低职业资格准入门槛。加快探索推进粤港澳及国际职业资格互认，引进国际通用职业资格认证制度，积极探索粤港澳从业人员的资格互认，推进粤港澳人才自由流动。建议争取国家支持，对人才职业资格互认工作进行自上而下的系统设计，研究制定粤港澳人才合作示范区对港澳专业人士资格认可清单，以及支持港澳专业人才便利执业的专项措施。

二是强化人才交流合作。以广深港澳科技创新走廊建设为重点，研究发起设立粤港澳大湾区人才基金，重点支持港澳科研成果转化、港澳青年人才创业、粤港澳联合科技攻关和人才交流培训等人才协同发展重大项目。围绕创新链、产业链，着力培育国际化、市场化、专业化"猎头"机构，建立链接全球的引才网络，对接人才需求健全柔性引才机制，逐步按国际惯例，建立柔性引进国际化人才的机制，"不求所有，但求所用"，实行"候鸟型"引才机制，进一步优化港澳及海外人才来粤短期工作资助计划。

三是搭建引才育才平台载体。共建新型湾区大学和科学院，协同整合三地科技、教育、人文等优势资源，在重大合作区共同办学办医、办科学院、办实验室。共建科研平台，布局建设一批创新中心、科技产业园、创新研究院、创新工场，积极推进三地城市间共建高科技产业园。共建孵化生态区，围绕大湾区产业发展需求，培养和扶持一批服务科研成果转化的中介组织和"孵化器区域"。优化人才发展服务环境，建立并优化大湾区国际化人才一站式服务窗口，简化办事程序。布局国际标准的人才社区，完善人才保障政策，对人才实行便利的准入政策与特殊的优待政策，在人才落户、出入境、长期居留、永久居留、医疗、子女入学、配偶安置、社会保险、入住人才公寓等方面予以政策保障。

### 三 联合共建技术服务平台促进技术成果共享

一是联合建设科技服务平台。联合建立财政支持机制，打造高水平、强带动的创新平台，在数字经济、生命科学、新材料新能源等战略性新兴产业领域打造一批产业平台、科研平台、基础设施平台，在信息科学、生命科学等领域的国家实验室，夯实大湾区世界科技创新中心基础，增强源头创新能力。深化都市圈合作，补齐湾区西岸城市技术创新短板，建设一批跨学科的特色学院、专业化的研发机构，建设梯次规划、协同配套的新型产业园区。创新技术服务资源共享共建机制，创新粤港澳科研领域监管政策，对科研合作项目所需仪器、设备、样品等跨境在大湾区内使用进行优化管理、共同使用。港澳机构在广东设立的研发机构按照与内地研发机构享受同等政策支持和扶持待遇，放宽科研资金跨境使用限制。推动科学设备及材料跨境通关便利化。

二是构建互认互通的知识产权交易市场体系。聚焦技术创新成果转化，建立粤港澳大湾区技术交易市场联盟，加快破解港澳与内地城市间因技术标准不统一形成的各种规则性障碍。构建大湾区互认互通的知识产权保护和运用机制，建立健全符合湾区特色、具有激发创新活力的科技成果、知识产权归属和利益分享机制，特别是港澳创新专利在内地的无障碍交易流通机制，协同打造一支熟悉粤港澳三地法律规则和交易制度的技术经理人队伍。

三是促进技术要素与资本要素融合发展。发挥香港全球金融中心功能，构建多元化、国际化的科技金融支撑体系。吸引全球优秀基金管理人，推动基金集聚发展，引进培育高度全球化的风险投资、天使投资、私募股权投资等创新创业融资体系。

## 四 改善金融市场发展环境促进金融资源流通

一是合作共建跨境金融发展载体。创造条件推动粤港澳三地合作共建金融发展平台，合作共建金融机构，鼓励和支持粤港澳三地力量发挥各自优势共同建设新的金融机构，面向粤港澳大湾区金融发展新需求探索开展金融工具和金融产品创新。合作共建金融交易平台，促进香港证券交易所、深圳证券交易所、澳门证券交易所、广州期货交易所等各类股权交易所紧密合作，积极争取国家支持，探索合作共建贵金属交易所、数据交易所等新的交易所，以更好地提升粤港澳大湾区金融资源集聚能力。

二是协同打造国际金融枢纽。推动金融产业链空间分离和再布局，向周边城市转移部分金融资源。在此背景下，国际金融中心已经超越单个大城市走向城市群，即从点式金融中心发展模式向圈层金融枢纽发展模式转变。立足于各个城市的金融能级和金融功能特征，以协同打造国际金融枢纽为目标，即形成以香港为龙头、以深圳和广州为两翼、多维节点金融城市为依托而构成的金融空间网络体系，推动各个金融城市之间互补分工、错位发展。

三是提升金融市场协同化水平。加快制定相配套的政策体系和实施方案，进一步降低外资银行和金融机构进入粤港澳大湾区的门槛，着眼于湾区不断增大跨境金融需求，联合出台鼓励金融机构开展相关业务的政策。创新金融体制机制协作对接模式，建立三地金融监管联席会议制度，共同设立粤港澳大湾区金融监管大数据中心、粤港澳大湾区金融应急管理中心等，逐步形成系统完备、协调发展的区域金融基础设施体系，加强跨境金融协同监管，建设覆盖大湾区的征信系统，共同维护区域金融系统安全。共同制定符合国际惯例金融规则，加快推动粤港澳大湾区金融会计制度对接。

**五　促进数据要素安全有序流通和开放共享**

一是健全跨区域的数字市场发展协调机制。要强化对粤港澳大湾区数字经济发展协调机制的顶层设计，以广州、深圳、香港、澳门四大中心城市为主导，从政府层面构建大湾区城市群数字市场协调发展机制，重点在于确立提高数据要素市场配置的开放机制、交易机制、保护机制，建设广东"全省一盘棋"和粤港澳融合发展的数据要素市场体系。

二是要大力释放社会数据资源价值。关键是要整合资源，抓紧谋划建设粤港澳大湾区数字交易所，协同研究在大湾区率先形成统一或高度对接的交易规则，推广成为国家乃至国际标准，促进数据产权界定、数据加工，推动数据资源转变成可量化的数据资产，释放巨量数据的资源价值。

三是联合加强数据资源整合和安全保护。粤港澳三地要创造条件大力促进深圳、香港、广州等城市数字技术原始创新能力强的创新人才、团队、科研院所、企业的紧密合作，对接全球可吸引可合作的创新资源，在数字安全技术和软件领域形成突破。要协同加强数据保护和司法合作，高质量执行《个人信息保护法》，在数据跨境流通、跨境贸易等方面提高监管效率。

# 第五章　粤港澳大湾区公共服务协同发展评价分析

以公共服务为核心实施区域协同发展战略，既是新时代国家发展的重大战略之一，也是中国经济转型提质增效的重大命题。粤港澳大湾区基本公共服务的协同事关大湾区居民的福祉，也是建设粤港澳大湾区优质生活圈的重要内容，具有重要的现实意义。本章综合常规统计数据和POI数据系统分析了粤港澳大湾区公共服务协同发展水平及时空变化。总体上看，粤港澳大湾区各城市由于经济发展、人口规模等差异明显，城市之间的公共服务发展水平也同样差异显著。为此，需要破除制约大湾区城市间民生事业融合发展的体制机制障碍，充分发挥粤港澳地区的综合优势，在粤港澳大湾区建设中加强粤九市与港澳两个特别行政区之间体制机制的协同，通过积极推动公共服务一体化，增强跨区域的一体化发展能力与协同创新能力，进而提升区域综合实力与国际竞争力。

## 第一节　粤港澳大湾区公共服务发展概况

### 一　基本公共教育服务分析

（一）高等教育资源发展不均衡

人才是实施创新驱动发展战略的重要因素，通过培养科技创新人才来促进科学技术发展,从而刺激经济增长,已成为推动建设粤港澳大湾区经济社会发展的重要纽带。2019年珠三角9市高等教育在校学生人数为211.896万人,较2018年在校学生人数(196.341万人)增加15.555万人,增幅为7.92%。2019年在珠三角9市中,广州高等教育在校学生人数(126.54万人)排名第一,占整个珠三角地区高等教育在校学生人数的59.72%,排名第二的是深圳(14.69万人),佛山、肇庆、东莞分列第三、四、五名。与珠三角九市相比,2019年澳门高等教育在校学生最少。主要原因是澳门出生率较低,高校生源严重不足。香港受高等教育率不断提升,为打造创新型粤港澳大湾区奠定基础。2015—2019年,香港居民受高等教育人数总量不断攀升。高等教育普及率不断上升。2019年香港居民接受高等教育的总人数达225.7107万人,较2015年增加了25.7537万人。高等教育是培养创新人才的重要方式,高校成为孕育创新人才的摇篮。2019年7月24日,世界知识产权组织(World Intellectual Property Organization,WIPO)在印度新德里发布2019年全球创新指数(GII),香港排名为全球第十三。这一排名与香港受高等教育人数基数大、增长快密不可分。从趋势上看,2015—2019年,香港受高等教育率都处于不断上升的态势。香港受高等教育率从2015年的26.99%升至2019年的28.92%。香港受高等教育人数持续不断增加,一方面是香港教育资源较为发达为居民提供了较多的受教育机会;另一方面是香港居民不仅重视教育,而且也受激烈的就业竞争压力影响。

(二)教育合作发展有新突破

广东省与港澳携手合作,以互联互通、互学互鉴、共建共享共赢为重点,促进教育体制创新和治理能力建设(见表5-1)。东莞加快筹建大湾区大学,力争2020年完成大湾区大学一期校园土地整备工作。2022年9月1日,香港科技大学

（广州）正式投入使用。此外，2020年11月14日，正式成立粤港澳大湾区中小学校长联合会，借此平台促进粤港澳教育信息资源的互融互通，以及大湾区基础教育高质量发展。此外，大湾区内地9市教育部门采用积分入学等方式，力所能及地为符合条件的港澳子弟提供教育公共服务。其中，肇庆规定港澳子弟与本地户籍子女享受同等待遇。

表5-1　粤港澳大湾区2020年部分高校（研究生院）建设情况

| 城市 | 高校 | 最新进展 |
| --- | --- | --- |
| 广州 | 广州交通大学 | 加快建设中 |
| | 中国科学院大学（广州学院） | 选址确定 |
| | 广州大学黄埔研究生院 | 已招生 |
| | 西安电子科技大学广州研究院 | 已招生 |
| | 广州幼儿师范高等专科学校 | 加快建设中 |
| | 香港科技大学（广州校区） | 启动招生计划 |
| 深圳 | 中科院深圳理工大学 | 启动建设 |
| | 深圳北理莫斯科大学 | 已招生 |
| | 哈尔滨工业大学（深圳校区） | 已招生 |
| | 深圳师范大学 | 筹建中 |
| | 深圳音乐学院 | 筹建中 |
| | 中山大学（深圳校区） | 已启用 |
| | 深圳国际设计学院 | 筹建中 |
| | 清华—伯克利深圳学院 | 筹建中 |
| | 天津大学佐治亚理工深圳学院 | 筹建中 |
| | 深圳墨尔本生命健康工程学院 | 筹建中 |
| | 香港中文大学（深圳校区） | 已招生 |
| 珠海 | 澳门科技大学（珠海校区） | 已签约 |
| | 北师港浸大（UIC）校园二期 | 建设中 |
| 东莞 | 大湾区大学 | 建设中 |
| | 香港城市大学（东莞校区） | 发布设计方案 |

续表

| 城市 | 高校 | 最新进展 |
|---|---|---|
| 佛山 | 佛山城市大学 | 确定规划方案 |
| | 佛山理工大学 | 筹建中 |
| | 东北大学佛山研究生院 | 确定规划方案 |
| | 香港理工大学（佛山校区） | 规划建设 |
| 惠州 | 香港城市大学（惠州校区） | 筹建中 |
| 中山 | 中山科技大学 | 筹建中 |
| | 香山大学 | 筹建中 |
| 江门 | 广东工业大学华立学院（江门校区） | 准备启用 |
| | 广州华商职业学院（江门新会校区） | 开工建设 |
| | 广东省华立技师学院（江门校区） | 公布规划方案 |
| 肇庆 | 肇庆航空职业学院 | 启动招生计划 |
| | 广东公共卫生与健康医学院 | 启动招生计划 |
| | 广州华商学院（四会校区） | 已启用 |
| | 广州大学松田学院（肇庆校区） | 启动建设 |
| | 香港公开大学（肇庆校区） | 筹建中 |
| 香港 | 深圳大学（香港校区） | 筹建中 |

资料来源：根据网络公开信息整理。

## 二 基本社保与就业服务分析

### （一）社会保障平稳共同发展

城乡基本养老保险制度是加强社会保障体系建设的重要环节，参保率高低能够衡量城乡基本养老保障的能力。从珠三角9市来看，2019年珠三角9市社会保障建设与2018年相比，保持平稳发展态势。2019年珠三角9市城乡基本养老保险参保人数4188.74万人，养老保险覆盖率为64.97%，高出全国养老保险覆盖率26.92个百分点。2019年珠三角9市城乡基本养老保险覆盖率最高的是深圳，达到90.39%，江门（83.74%）、东莞（68.18%）分列第二位、第三位，养老保险覆盖率最低的是惠州市（35.13%），但高于全国养老保险发展水平。完善的养老保险制度能够应对人口老龄化的挑战。从香港综合社会保障援助发展来看，香港综合社会保障援助是指政府给予包括老年人、永久残疾者、健康欠佳者、单亲、低收入者、失业者在内的社会弱势群体的帮扶。援助资金投入的多少一方面能够衡量政府对社会救助的能力，也反映了香港社会发展可能存在的一些问题。2015—2017年，香港综合社会保障援助资金出现小幅下滑的趋势，2017—2019年社会援助资金温和增加，"一降一升"从侧面反映了2015—2019年香港经济发展平稳，就业情况有所改观。总体上看，2015—2019年香港社会保障援助投入有起伏，但波动不大，香港社会保障能力在不断提高，社会保障事业稳步发展。从澳门社会保障发展来看，澳门社会保障能力稳步提升。2017—2019年社会保障基金发放持续增加。除了"失业津贴""疾病津贴""肺尘埃沉着病救助""因工作关系所引起的债券特别援助"四项保障基金外，其他保障基金发放都是逐年递增的。虽然2017—2019年，澳门失业率从2%下降至1.7%，澳门失业津贴基本呈总体下降趋势，但是从社会保障投入总额看，2017—2019年，澳门特区政府对社会保障的投入力度在不断增强，澳门社会保障能力随保障需求的变化而不断变化。此外，粤港澳大湾区公共服务和社会治理的互联互通的程度不断提高，广东省住房和城乡建设厅等六部门在2020年7月28日印发《关于因地制宜发展共有产权住房的指导意见》，更是将在粤工作和生活的港澳居民纳入共有产权住房的供应范围。

（二）失业率均保持较低水平

"民以生为本，以业为基"。如果失业率过高，失业群体过大，将对经济发展和社会稳定构成威胁。一个地区的失业率成为判定该地区社会稳定的重要指标。2019年粤港澳大湾区各地失业率基本与2018年持平，少数几个城市失业率有所浮动。失业率最高的是香港（2.9%），最低的是东莞（1.2%）。一般而言,失业率上升表示经济发展放缓或倒退。虽然粤港澳大湾区部分地区失业率有小幅上升,但其对整个地区的经济社会发展影响不大。2019年在粤港澳大湾区中,广州(2.15%)、深圳(2.18%)、东莞(1.2%)和江门(2.12%)4市的失业率低于广东省失业率(2.25%),其他5市2区失业率均高于2.25%,但远低于全国失业率(3.6%)。失业率是市场经济最敏感的指标之一。从总体上看,2019年粤港澳大湾区整体失业率尚在可控范围之内,就业市场平稳,社会大局基本稳定。

### 三 基本医疗与卫生服务分析

(一)医疗卫生资源在城市分布上协同性有待提高

医疗配套是民生健康之本,对居民健康与安全意义重大。粤港澳大湾区医疗配套相对完善,如香港和澳门两个城市均具有国际化医疗体系,广州市的医疗水平在全国大中型城市中仅次于北京和上海,排名第三。从2019年粤港澳大湾区城市医疗配套情况来看,广州市卫生医疗机构数量最多,高达5093家,深圳市、肇庆市和东莞市分列第二位、第三位和第四位,分别拥有5010家、3110家和3055家卫生医疗机构,排名最后一位的是澳门,仅有5家卫生医疗机构,与广州市、深圳市、佛山市和东莞市差距较大。广州医疗机构床位数最多,高达100080张,深圳市、香港、佛山市分列第二位、第三位、第四位,其医疗机构床位数分别为48145张、41474张和38085张,排名最后一位的是澳门,医疗机构床位数仅为1628张,与大湾区其他城市相比差距较大。

从粤港澳大湾区医疗配套的综合得分来看(见表5-2),广州市综合得分最高为1,远远高于其他核心城市,排名第一,深圳市综合得分为0.6232,排名第二,香港综合得分为0.4131,排名第三,东莞市综合得分为0.3960,排名第四,排在最后一位的是澳门，综合得分为 0。综合来看，粤港澳大湾区医疗配套资源主要集中在粤深港三地，在城市分布上协同性有待增强。

表 5-2　　　　2020 年粤港澳大湾区主要医疗配套情况

| 序号 | 城市 | 卫生技术人员（人） | 医疗机构数（个） | 医疗机构床位数（张） | 综合得分 | 排名 |
| --- | --- | --- | --- | --- | --- | --- |
| 1 | 广州 | 214612 | 5550 | 101640 | 1.000 | 1 |
| 2 | 深圳 | 130335 | 5231 | 50098 | 0.6232 | 2 |
| 3 | 珠海 | 24816 | 966 | 11207 | 0.1182 | 10 |
| 4 | 佛山 | 71193 | 2281 | 38518 | 0.3653 | 5 |
| 5 | 惠州 | 46232 | 3230 | 23143 | 0.3208 | 6 |
| 6 | 东莞 | 70313 | 3154 | 33720 | 0.3960 | 4 |
| 7 | 中山 | 30275 | 1079 | 16015 | 0.1522 | 9 |
| 8 | 江门 | 39597 | 1712 | 24953 | 0.2361 | 8 |
| 9 | 肇庆 | 33725 | 3188 | 18857 | 0.3079 | 7 |
| 10 | 香港 | 111762 | 141 | 42180 | 0.4131 | 3 |
| 11 | 澳门 | 5340 | 4 | 1715 | 0 | 11 |

注：综合指数为相对指数，并非绝对值。负分不具有实际意义，仅表示与均值的偏差。

资料来源：《广东统计年鉴（2020）》《香港统计年刊（2020）》和 2019 年澳门统计暨普查局 DSEC 数据库，由笔者整理汇总。

（二）医疗与卫生服务合作格局加速形成

近年来，为了应对人口急剧增长、人口老龄化的挑战，粤港澳大湾区在增加医疗机构数量和服务、发展区域医疗联合体和区域性医疗中心、推动智能化医护发展等诸多方面做出了努力，如广东省卫生计生委 2018 年规划未来三年将投入 500 亿元加强基层医疗服务。特别地，为了消除粤港澳三地在医疗发展水平、医疗人才及诊断标准、医疗政策等方面的差异，粤港澳大湾区着力探索了医疗机构、人才、服务一体化的有效路径。

（三）粤港澳大湾区开启"联手抗疫"模式

2020 年新冠疫情暴发，粤港澳三地通过每日疫情多轮通报、及时共享疫情信息、共商防控重大决策等形式，建立疫情联防联控机制，同时借助数字化技术，探索新型互联网诊疗，利用新技术加快推进电子病历的科研和应用，在粤港澳大湾区率先实现电子病历互联互通，搭建数字化医疗资源合作共享平台，实现医院之间各诊疗环节数据共享、检查结果互认，探索大湾区内跨境转诊，促进"健康湾区"建设；此外，还开展"健康广东行动"，推动珠三角9市高水平医院与港澳医疗机构组建医疗联合体，积极引进港澳专业医学人才、先进医疗技术、成熟管理经验和优秀经营模式，支持港澳医师、护士、药剂师等在大湾区内开展执业活动等。

### 四 基本公共文化服务分析

（一）文化交流合作力度不断加大

交流节奏加快，合作领域宽广。广州作为改革开放的前沿、粤港澳大湾区中的重要一极，近年来围绕深化文化领域合作，与港澳文化机构形成了会面和磋商机制，通过参加活动、举行会议、协商交流计划等方式确保良好的沟通，在重大文化活动（如国际博物馆日、世界读书日、香港艺术节、澳门国际艺术节等文化节庆活动）、文化遗产保护、文化惠民服务、文化产业发展、携手共推中华文化走向世界等方面全面深化合作，参与打造了一批声誉卓著的品牌活动，如广州三年展、中国（广州）国际演艺交易会、广州国际艺术博览会、羊城国际粤剧节、粤港澳粤剧群星荟、粤港澳青年文化之旅、青少年粤剧艺术培训夏令营、穗港澳青少年文化交流季，极大地提升了城际文化交流水平。2011—2018年广州与港澳地区达成近百个高规格、影响大的合作项目，内容覆盖了文化交流的广泛领域。广州还与香港科技大学、澳门大学等文化科研机构加强合作，配套了独特的发展政策，先后建成了南沙资讯科技园、中大南沙科技创新产业园、卓才 CIC2 青年创新创业园，集聚了众多的科技与文创资源，为服务港澳、推进大湾区文创产业集群发展发挥了重要作用。

（二）大湾区青少年交流合作持续深入

粤港澳三地克服疫情冲击与香港修例风波影响，继续办好粤港澳青年文化之旅。2020 年度粤港澳青年文化之旅在韶关举行，粤港澳三地 60 名青年共同探寻岭南文脉、相互交流增进了解，活动取得丰硕成果。组织参选文化和旅游部 2020 年度"港澳青少年内地游学产品"，江门开平仓东文化遗产游学营最终入选并在港澳青少年内地游学联盟大会上进行推介。2020 年 8 月，在广东省文化和旅游厅指导下，广东舞蹈戏剧职业学院举办了粤港澳青少年粤剧艺术夏令营，来自粤澳两地 90 余名师生进行了粤剧学习交流。

（三）文化和旅游协同发展项目日益增加

发布了一系列重大文旅项目和工程，2020 年 6 月，广东发布首批粤港澳大湾区文化遗产游径，包括孙中山文化遗产游径、古驿道文化遗产游径、海上丝绸之路文化遗产游径、海防史迹文化遗产游径、华侨华人文化遗产游径，该游径以历史为纽带，将承载着粤港澳大湾区共同记忆和文化情感的历史文化资源整合，共同展示大湾区文化交融性和岭南文化特质。2020 年 12 月 24 日文化和旅游部、粤港澳大湾区建设领导小组办公室和广东省人民政府联合印发了《粤港澳大湾区文化和旅游发展规划》，该规划描绘了粤港澳大湾区文化和旅游发展蓝图，明确了粤港澳大湾区文化和旅游建设的目标、思路和主要任务，规划了 11 个项目专栏 36 类重点项目，有利于推进粤港澳大湾区文化和旅游协同发展，将大湾区建设成为具有国际影响力的人文湾区和休闲湾区。

(四) 深化粤港澳大湾区旅游监管合作

为加强粤港澳大湾区旅游市场监管信息沟通和执法协作，广东省文化和旅游厅推动大湾区"9+2"城市旅游市场监管部门于2020年9月11日成立了旅游市场监管协作体，签署了《粤港澳大湾区"9+2"城市旅游市场联合监管协议书》，共同构建信息通报、联合检查、联动处置、应急处突等工作机制。

## 第二节 粤港澳大湾区公共服务相对发展均衡性评价

### 一 粤港澳大湾区公共服务发展水平分析

(一) 粤港澳大湾区基本公共服务协同发展内涵分析

粤港澳大湾区公共服务协同发展的本质是区域内公共服务资源的合理优化配置，以实现建设世界一流高品质城市群的发展新目标，而其关键环节是促进区域内公共服务的标准互认、制度衔接、互联互通与便利共享。粤港澳大湾区基本公共服务协同发展的理论逻辑在于：厘清协同发展中政府与市场的关系；而实践逻辑在于以人为核心的新型城镇化道路发展中基本公共服务供给协同发展的重塑与重构。进一步来看，推进粤港澳大湾区基本公共服务协同发展，既符合区域经济社会发展客观规律要求，也是区域经济社会协同发展的组成部分和重要保障。简而言之，推动公共服务协同发展是建设世界级大湾区的重要组成部分，具有重要意义。

1. 区域经济社会发展特定阶段的客观要求

推动实现粤港澳大湾区基本公共服务协同发展，是粤港澳大湾区经济社会发展到特定阶段的必然要求。作为世界第四大湾区，湾区内部人口流动活跃频繁，人口流动更多地表现为内部各核心城市间的流动。同时，历经改革开放40多年发展，粤港澳大湾区区域内部发展结构已从典型的二元结构逐渐转型为较为均质化的发展格局。此外，粤港澳大湾区经济社会发展处在向后工业化社会、消费社会、创新型经济转型阶段，这一阶段驱动区域经济社会发展的路径以及产业人口城市化的转移逻辑正在调整，劳动力要素流动越来越主导资本、技术等其他要素流动和配置的格局，正由传统的"人口人才跟着产业走"向"产业和资本跟着人口人才走"，而人才又跟着公共服务和生态环境走这一方向发展。围绕这一新格局，需要进一步加快构建粤港澳大湾区高质量发展的动力系统，一方面要加强以交通为中心的基础设施网络建设，极大改善基础设施通达程度；另一方面是在基本公共服务相对均衡基础上加快构建适应劳动力流动性需求的、便利共享的公共服务协同发展供给的体制机制。但当下存在着制度与政策对接不畅，以及协同发展效能不足等问题，迫切要求粤港澳大湾区在公共事务协同管理、公共服务制度与政策协同对接、便利共享等方面，实现更高质量的协同发展。

2. 区域经济社会协同发展的现实需要

推动实现粤港澳大湾区基本公共服务协同发展，是有效促进粤港澳大湾区区域经济社会协同发展的现实需要。粤港澳大湾区快速的城市化进程极大地促进了城市数量和城市规模增长，以中心城市为核心向周边地区辐射扩张，相邻区域的经济社会联系不断加强，形成了涵盖整个区域的公共利益与公共事务。这些区域的公共利益与公共事务超出了单一地方行政区的边界，需要整个区域相关地方政府来共同面对。如在粤港澳大湾区协同发展进程中出现了流域环境污染合作治理、社会公共安全协同治理、重大突发事件应急联动、异地就医就业就学公共服务协同等跨界公共议题。而传统的碎片化行政区划管理较难有效应对跨界公共事务，各层级地方政府之间的协同合作、协同发展供给越发重要。同时，产品和要素跨区域流动是粤港澳大湾区协同发展的主要动力，与之相关的空间距离和社会网络构成了协同发展的地理经济因素和社会文化因素。根据国外区域协同发展规律，协同发展中产品要素市场和劳动力市场的协同发展，与公共服务协同发展密切相关。公共服务协同发展能促进区域内劳动力的自由流动与要素集聚，实现各要素优势互补，从而有效促进要素市场协同发展进程。为此，粤港澳大湾区亟待推进基本公共服务资源依据经济社会发展规律和市场化需求跨区域流动与共享，在流动中实现公共效益的最大化和公共服务均等化，以市场需求为导向在区域空间内实现一体化布局，凝聚强大合力，加快造就具有全球影响力、集聚创新能级和服务功能的粤港澳大湾区。

3. 区域协同发展体制机制的创新路径

推动实现粤港澳大湾区基本公共服务协同发展，是深化跨区合作促进粤港澳大湾区协同发展体制机制创新的有效路径。粤港澳大湾区囿于地区分割与条块分割的行政区治理现实，跨区域合作发展较难取得突破性进展，区域发展的协同性、联动性和整体性不够，区域内各城市间分工不明晰，区域协同发展体制机制等方面都有待深度创新。而协同发展体制机制的完善与成熟度决定了协同发展实践的深度和广度。目前，粤港澳大湾区跨区合作内容已开始超越经济合作与产业分工等领域，逐步深入区域治理空间布局、行政体制创新、市场机制引领与社会治理体制重塑等领域，这对区域网络合作的深度与广度、区域经济社会发展的整合度与协同度提出新要求，即区域公共服务要适时实现便利共享与政策协同。以粤港澳大湾区公共服务协同发展设计与安排为突破口，打破依托技术变化与创新深度改革不符合区域市场发展需求的行政藩篱，重塑以人为本、符合流动与便利共享要求的公共交通资源、教育医疗资源、文化旅游资源、就业创业环境资源、社会治理资源等方面的共建共治共享机制，创新形成协同发展合作与发展新路径，无疑是粤港澳大湾区协同发展贯穿始终的一条重要主线，这也将开启区域推进治理体系与治理能力现代化的探索之路。

4. 最大限度地改善民生的重要手段

推动实现粤港澳大湾区基本公共服务协同发展，是促使协同发展成果更多更公平惠及全体人民与最大限度地改善民生的重要手段。推动区域协同发展，最终要体现在满足人民日益增长的美好生活需要上。美好生活需要与教育、医疗和养老等基本民生问题紧密相关，协同发展的公共服务在区域经济社会发展中实现最大限度地改善的作用越发明显，将对粤港澳大湾区现存的城乡差距和城乡分割的政策体系、地区差距与福利的地域不平等的改善产生正向效应。尽管粤港澳大湾区地区经济社会发展水平在全国范围内处于前列，但居民在就医、教育和养老等领域依然面临着因行政壁垒和制度樊篱而形成的流通不畅与区域阻隔等问题，制约着区域要素自由流动的协同发展进程。当前，粤港澳大湾区生态绿色协同发展示范区正积极探寻区域内的学区教育资源、异地养老与就医资源、异地医保结算等方面的深度改革，可以预见，这将打破粤港澳大湾区传统的发展壁垒，同时也将为区域内居民提供便利共享的公共服务。这既是实现区域内保障和改善民生的重大举措，也是探索跨行政区域完善民生供给系统性与整体性制度安排的重大实践，更是基本公共服务制度发展的一项重大变革。因此，粤港澳大湾区公共服务协同发展符合区域经济社会发展必然要求、现实需要、创新路径与改善民生4个方面的逻辑。粤港澳大湾区公共服务资源的整合积聚与便利共享，将进一步为粤港澳大湾区区域协同发展创造更好的预期,也将为其他区域经济社会协同发展提供实践经验。

(二) 指标选择

基于数据的可获得性和可比较性,对粤港澳大湾区各城市公共服务相对发展均衡性测度所使用的指标包括 4 个一级指标和 10 个二级细分指标,具体内容如表 5-3 所示。

表 5-3 粤港澳大湾区公共服务相对发展水平评价所使用的指标

| 指标 | 指标说明 | 指标属性 |
| --- | --- | --- |
| 基本公共教育服务 | 教育支出(亿元人民币) | 正向 |
|  | 小学在校生人数(万人) | 正向 |
|  | 普通中学在校生人数(万人) | 正向 |
| 基本社保与就业服务 | 城镇登记失业率(%) | 负向 |
|  | 失业参保人数(万人) | 正向 |
| 基本医疗与卫生服务 | 卫生技术人员(人) | 正向 |
|  | 医疗机构数(个) | 正向 |
|  | 医疗机构床位数(张) | 正向 |
| 基本公共文化服务 | 每千人公共图书馆数量(个/千人) | 正向 |
|  | 每千人博物馆数量(个/千人) | 正向 |

从各指标的统计描述结果看,由于各城市常住人口、经济发展水平差异大,导致粤港澳大湾区公共服务相关指标的差异明显(见表 5-4),卫生技术人员、医疗机构床位数等指标的城市间差异非常明显。

表 5-4 公共服务相对发展均衡性评价指标的统计描述

| 指标 | 样本量 | 均值 | 标准差 | 最小值 | 最大值 |
| --- | --- | --- | --- | --- | --- |
| 教育支出 | 66 | 241.41 | 269.22 | 52.88 | 1114.29 |
| 小学在校生人数 | 66 | 48.38 | 30.12 | 2.64 | 112.51 |

续表

| 指标 | 样本量 | 均值 | 标准差 | 最小值 | 最大值 |
| --- | --- | --- | --- | --- | --- |
| 普通中学在校生人数 | 66 | 26.84 | 13.88 | 2.60 | 54.32 |
| 城镇登记失业率 | 66 | 2.08 | 1.08 | 0.48 | 5.80 |
| 失业参保人数 | 66 | 261.22 | 320.26 | 0.35 | 1222.436 |
| 卫生技术人员 | 66 | 54860.30 | 45777.05 | 4849.00 | 214612.00 |
| 医疗机构数 | 66 | 1974.82 | 1534.58 | 4.00 | 5550.00 |
| 医疗机构床位数 | 66 | 30018.55 | 23647.10 | 1494.00 | 101640.00 |
| 每千人公共图书馆数量 | 66 | 1.22 | 3.24 | 0.01 | 11.84 |
| 每千人博物馆数量 | 66 | 0.53 | 1.07 | 0.08 | 4.17 |

资料来源：笔者根据表中相应年份的《广东统计年鉴》《香港统计年刊》《澳门统计年鉴》整理绘制。

### （三）粤港澳大湾区公共服务发展水平总体分析

运用熵权 TOPSIS 评价方法分析粤港澳大湾区公共服务发展水平，结果显示：新冠疫情暴发前大湾区的公共服务相对发展均衡性总体保持上升势头，粤港澳大湾区公共服务发展水平均衡指数由 2015 年的 2.8351 上升到 2019 年的 2.8494。然而，新冠疫情暴发后，各城市城镇登记失业率等指标变化较大，加上港澳地区实施的防疫措施与珠三角地区略有不同，城市之间的公共服务发展水平差异明显加大，导致公共服务发展水平均衡指数明显下降。到 2020 年粤港澳大湾区公共服务发展水平均衡指数降至 2.7110，较 2015 年下降约 4.38%。

### （四）粤港澳大湾区各城市公共服务发展水平分析

从粤港澳大湾区各城市公共服务 TOPSIS 评价指数变化情况来看，2015—2020 年，粤港澳大湾区的中山、东莞、佛山和珠海的公共服务相对发展水平略有下降，广州和深圳则保持平稳上升的发展趋势，整个粤港澳大湾区公共文化服务发展水平呈现聚类式的不平衡发展，即澳门为第一梯队，广州、深圳和香港为第二梯队，其余城市为第三梯队（见图 5-1）。澳门是粤港澳大湾区相对公共服务发展水平最高的城市，其2015—2020年的TOPSIS评价指数保持领先，均值达到0.667，但与最优城市的评价值1.0还有一定差距。广州相对发展水平仅次于澳门，其2015—2020年的TOPSIS评价指数均值为0.306。究其原因，可能主要是因为粤港澳大湾区区域发展不平衡，香港、澳门、广州、深圳四大中心城市经济最为发达，提供公共服务的能力也最强。其他城市经济发展水平相对较低，提供公共服务的能力也相对较低。

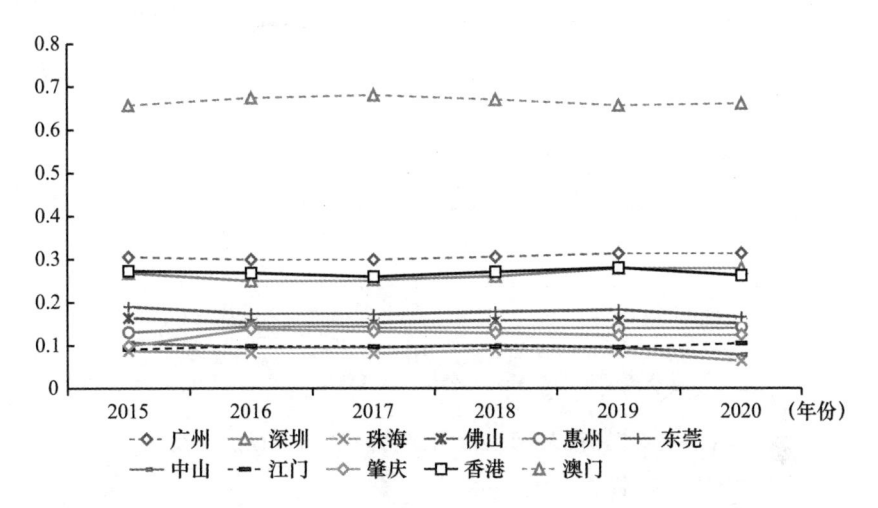

图5-1 2015—2020年粤港澳大湾区公共服务TOPSIS评价指数

资料来源：笔者绘制。

## 二 粤港澳大湾区公共服务发展水平差异性分析

从粤港澳大湾区三大都市圈TOPSIS评价指数变化情况来看，广佛肇、珠江东岸、珠江西岸三大都市圈的TOPSIS评价指数的超变密度较大，是大湾区交通发展水平总体差异的主要来源，近6年来的差异贡献率均值达到60.5%；三大都市圈的组内差异对粤港澳大湾区总体差异贡献率均值为28.2%，组间差异贡献率均值为11.3%（见图5-2）。

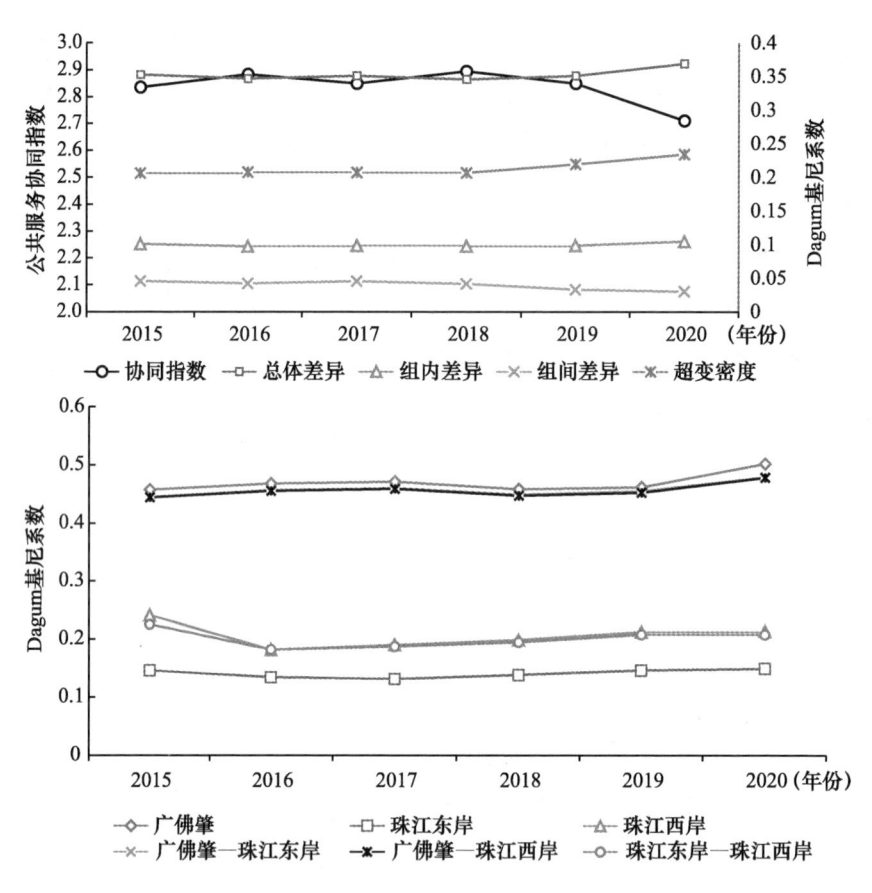

图 5-2 粤港澳大湾区公共服务协同发展指数及差异变化

资料来源：笔者绘制。

从粤港澳大湾区公共服务发展水平分组差异看，广佛肇城市内部公共服务发展水平差异明显高于其他两组，近6年Dagum基尼系数均值为0.469，总体呈现缓慢递增趋势；其次为珠江西岸都市圈的0.206，呈现小幅度起伏上升趋势；最后为珠江东岸都市圈的0.141，总体呈现稳定趋势，但近3年又呈现小幅增长态势。从组间差异看，广佛肇—珠江东岸组间差异最大，近6年Dagum基尼系数均值为0.457，总体呈现递增趋势；其次为广佛肇—珠江东岸组间差异，近6年均值为0.456，曲线走势基本与广佛肇—珠江东岸一致。

最后为珠江东岸—珠江西岸，明显较低，其差异值仅为0.201。

综合上述分析，并对Dagum基尼系数取倒数可以大致得出粤港澳大湾区公共服务相对发展水平协同的评价结论：第一，粤港澳大湾区公共服务相对发展均衡性不断增强。第二，珠江东岸都市圈、珠江西岸都市圈和广佛肇都市圈三大都市圈之间公共服务相对发展均衡性相对较低是制约粤港澳大湾区提升整体公共服务相对发展均衡性的最大因素，即三大都市圈之间公共服务相对发展均衡性有待进一步提升。第三，粤港澳大湾区三大都市圈的公共服务相对发展均衡性都在不断提升，意味着都市圈公共服务协同发展在粤港澳大湾区协同发展中发挥着重要作用。

## 第三节 粤港澳大湾区公共服务空间布局均衡性评价

### 一 基于公共服务POI数据的统计分析

基于公共服务POI数据从城市和区县[①]两个空间尺度对粤港澳大湾区公共服务的空间均衡性展开分析。在高德地图POI中，

---

① 为了从更小空间尺度上研究粤港澳大湾区公务服务空间发展均衡性，将粤港澳大湾区9市2区划分为62个区县行政单位，其中香港和澳门不再细分，而东莞市和中山市由于没有区县行政单位，根据两个城市的发展规划将数量众多的街镇进行合并，具体如下：东莞划分为6个区县行政单位，包括东莞城区（高埗镇、石碣镇、万江街道、莞城街道、东城街道、南城街道）、东莞松山湖区（石龙镇、石排镇、茶山镇、寮步镇、大岭山镇、大朗镇）、东莞临深片区（樟木头镇、塘厦镇、清溪镇、凤岗镇）、东莞西片区（中堂镇、麻涌镇、望牛墩镇、洪梅镇、道滘镇）、东莞滨海区（沙田镇、厚街镇、虎门镇、长安镇）、东莞东部区（东坑镇、横沥镇、企石镇、常平镇、桥头镇、黄江镇、谢岗镇）；中山划分为5个区县行政单位，包括中山南区（板芙镇、三乡镇、神湾镇、坦洲镇）、中山东北区（黄圃镇、三角镇、民众镇）、中山东区（中山港街道、南朗镇）、中山西区（南头镇、阜沙镇、东凤镇、东升镇、小榄镇、古镇镇、横栏镇）、中山城区（石岐区街道、东区街道、南区街道、西区街道、港口镇、五桂山镇、沙溪镇、大涌镇）。

公共服务类 POI 主要包括科教文化服务和医疗保健服务两大类[①]，具体包括博物馆（1401）、展览馆（1402）、美术馆（1404）、图书馆（1405）、科技馆（1406）、天文馆（1407）、文化宫（1408）、学校（1412）及科教文化场所（1400）、医疗保健（大类09）（见表5-5）。

表5-5　　　　　　　高德地图公共服务类 POI

| 大类 | 中类代码 | 小类代码 | 中类名称 | 小类名称 |
| --- | --- | --- | --- | --- |
| 科教文化服务 | 1400 | 140000 | 科教文化场所 | 科教文化场所 |
|  | 1401 | 140100 | 博物馆 | 博物馆 |
|  | 1401 | 140101 | 博物馆 | 奥迪博物馆 |
|  | 1401 | 140102 | 博物馆 | 梅赛德斯—奔驰博物馆 |
|  | 1402 | 140200 | 展览馆 | 展览馆 |
|  | 1402 | 140201 | 展览馆 | 室内展位 |
|  | 1404 | 140400 | 美术馆 | 美术馆 |
|  | 1405 | 140500 | 图书馆 | 图书馆 |
|  | 1406 | 140600 | 科技馆 | 科技馆 |
|  | 1407 | 140700 | 天文馆 | 天文馆 |
|  | 1408 | 140800 | 文化宫 | 文化宫 |
|  | 1412 | 141200 | 学校 | 学校 |
|  | 1412 | 141201 | 学校 | 高等院校 |
|  | 1412 | 141202 | 学校 | 中学 |
|  | 1412 | 141203 | 学校 | 小学 |
|  | 1412 | 141204 | 学校 | 幼儿园 |
|  | 1412 | 141205 | 学校 | 成人教育 |
|  | 1412 | 141206 | 学校 | 职业技术学校 |
|  | 1412 | 141207 | 学校 | 学校内部设施 |

---

① 在高德地图 POI 分类中，大类为2位数数字，中类为4位数数字，小类为6位数数字。

续表

| 大类 | 中类代码 | 小类代码 | 中类名称 | 小类名称 |
|---|---|---|---|---|
| 医疗保健服务 | 900 | 90000 | 医疗保健服务场所 | 医疗保健服务场所 |
| | 901 | 90100 | 综合医院 | 综合医院 |
| | 901 | 90101 | 综合医院 | 三级甲等医院 |
| | 901 | 90102 | 综合医院 | 卫生院 |
| | 902 | 90200 | 专科医院 | 专科医院 |
| | 902 | 90201 | 专科医院 | 整形美容 |
| | 902 | 90202 | 专科医院 | 口腔医院 |
| | 902 | 90203 | 专科医院 | 眼科医院 |
| | 902 | 90204 | 专科医院 | 耳鼻喉医院 |
| | 902 | 90205 | 专科医院 | 胸科医院 |
| | 902 | 90206 | 专科医院 | 骨科医院 |
| | 902 | 90207 | 专科医院 | 肿瘤医院 |
| | 902 | 90208 | 专科医院 | 脑科医院 |
| | 902 | 90209 | 专科医院 | 妇科医院 |
| | 902 | 90210 | 专科医院 | 精神病医院 |
| | 902 | 90211 | 专科医院 | 传染病医院 |
| | 903 | 90300 | 诊所 | 诊所 |
| | 904 | 90400 | 急救中心 | 急救中心 |
| | 905 | 90500 | 疾病预防机构 | 疾病预防 |
| | 906 | 90600 | 医药保健销售店 | 医药保健相关 |
| | 906 | 90601 | 医药保健销售店 | 药房 |
| | 906 | 90602 | 医药保健销售店 | 医疗保健用品 |
| | 907 | 90700 | 动物医疗场所 | 动物医疗场所 |
| | 907 | 90701 | 动物医疗场所 | 宠物诊所 |
| | 907 | 90702 | 动物医疗场所 | 兽医站 |

资料来源：高德地图 POI 文档。

（一）基于城市层面的分析

从 9 市 2 区的公共服务 POI 数量及增速看，总体发展较快，经济欠发达城市 POI 数量占比相对较小但增速明显高于发达城市，呈现空间均衡和收敛特征。2015—2021 年，大湾区 POI 数量年均增速达到 11.26%，澳门增速最快高达 14.08%，其次为惠州 13.36%、香港 13.20%、肇庆 12.45% 等城市明显高于大湾区平均增速，东莞增速最慢仅为 7.86%，广州增速为 10.61%，也明显低于平均增速（见表 5-6）。

表 5-6　　2015 和 2021 年各城市公共服务 POI 占比及增速　　单位：%

| 城市 | POI 数量占比 2015 年 | POI 数量占比 2021 年 | 数量增速 |
| --- | --- | --- | --- |
| 江门 | 4.87 | 4.86 | 11.23 |
| 惠州 | 6.98 | 7.81 | 13.36 |
| 佛山 | 10.24 | 10.83 | 12.31 |
| 广州 | 21.93 | 21.18 | 10.61 |
| 肇庆 | 3.92 | 4.18 | 12.45 |
| 珠海 | 2.97 | 3.10 | 12.11 |
| 深圳 | 17.78 | 18.15 | 11.64 |
| 东莞 | 15.74 | 13.07 | 7.86 |
| 香港 | 9.74 | 10.80 | 13.20 |
| 澳门 | 0.79 | 0.91 | 14.08 |
| 中山 | 5.05 | 5.11 | 11.49 |
| 大湾区 | 100 | 100 | 11.26 |

资料来源：根据高德地图 POI 数据计算得到。

（二）基于区县层面的分析

基于公共服务 POI 数据，进一步从区县从面分析粤港澳大湾区公共服务的空间发展均衡性。总体上看，从绝对数量规模看，区县之间的差异同样明显且有增大趋势；后发区域的年均增速明显高于已开发较为成熟的各城市主城区，这点与城市层面的分析较为一致，呈现出空间均衡特征。其中，香港、龙岗区、南海区、宝安区、顺德区、白云区、东莞城区等区域的公共服务类 POI 数量超过 1 万个，2015—2021 年年均增速均超过

10%。而惠东县、四会市、怀集县、金湾区、澳门、南海区等区域的年均增速均超过14%，分别达到16.63%、15.71%、15.14%、15.00%、14.08%、14.06%，粤港澳大湾区共有47个区县的年均增速超过10%。越秀区、荔湾区、从化区、盐田区、罗湖区、海珠区、高明区、龙门县、端州区等区域的POI数量年均增速不超过10%，东莞西片区最低仅为5.14%（见表5-7）。

表5-7　2015和2021年各区县公共服务POI数量及增速变化　单位：个，%

| 区域 | 城市 | 2015年 | 2021年 | 年均增速 |
| --- | --- | --- | --- | --- |
| 澳门 | 澳门 | 1243 | 2740 | 14.08 |
| 东莞松山湖区 | 东莞市 | 4828 | 7474 | 7.56 |
| 东莞临深片区 | 东莞市 | 3820 | 5307 | 5.63 |
| 东莞西片区 | 东莞市 | 1421 | 1920 | 5.14 |
| 东莞城区 | 东莞市 | 5380 | 10085 | 11.04 |
| 东莞滨海区 | 东莞市 | 5191 | 8467 | 8.50 |
| 东莞东部区 | 东莞市 | 4235 | 5919 | 5.74 |
| 高明区 | 佛山市 | 897 | 1535 | 9.37 |
| 顺德区 | 佛山市 | 5620 | 10889 | 11.65 |
| 禅城区 | 佛山市 | 3030 | 5550 | 10.61 |
| 南海区 | 佛山市 | 5628 | 12394 | 14.06 |
| 三水区 | 佛山市 | 1002 | 2102 | 13.14 |
| 南沙区 | 广州市 | 1133 | 2374 | 13.12 |
| 番禺区 | 广州市 | 4653 | 9407 | 12.45 |
| 海珠区 | 广州市 | 3648 | 6192 | 9.22 |
| 荔湾区 | 广州市 | 2179 | 3468 | 8.05 |
| 越秀区 | 广州市 | 3358 | 4933 | 6.62 |
| 天河区 | 广州市 | 5145 | 9229 | 10.23 |
| 黄埔区 | 广州市 | 1927 | 3738 | 11.68 |
| 白云区 | 广州市 | 5776 | 10731 | 10.88 |
| 花都区 | 广州市 | 2955 | 5875 | 12.14 |

续表

| 区域 | 城市 | 2015年 | 2021年 | 年均增速 |
| --- | --- | --- | --- | --- |
| 增城区 | 广州市 | 2588 | 5438 | 13.17 |
| 从化区 | 广州市 | 1293 | 2089 | 8.32 |
| 惠东县 | 惠州市 | 2145 | 5398 | 16.63 |
| 惠阳区 | 惠州市 | 1749 | 3451 | 11.99 |
| 惠城区 | 惠州市 | 4527 | 9308 | 12.76 |
| 博罗县 | 惠州市 | 2051 | 4273 | 13.01 |
| 龙门县 | 惠州市 | 556 | 970 | 9.72 |
| 台山市 | 江门市 | 1099 | 2003 | 10.52 |
| 恩平市 | 江门市 | 640 | 1168 | 10.55 |
| 新会区 | 江门市 | 1420 | 2736 | 11.55 |
| 江海区 | 江门市 | 495 | 1028 | 12.95 |
| 开平市 | 江门市 | 1220 | 2340 | 11.47 |
| 蓬江区 | 江门市 | 1881 | 3506 | 10.94 |
| 鹤山市 | 江门市 | 936 | 1787 | 11.38 |
| 福田区 | 深圳市 | 3618 | 6607 | 10.56 |
| 罗湖区 | 深圳市 | 2395 | 4062 | 9.20 |
| 南山区 | 深圳市 | 3441 | 7135 | 12.92 |
| 盐田区 | 深圳市 | 382 | 646 | 9.15 |
| 大鹏新区 | 深圳市 | 282 | 510 | 10.38 |
| 龙华区 | 深圳市 | 3369 | 6715 | 12.18 |
| 坪山区 | 深圳市 | 860 | 1752 | 12.59 |
| 龙岗区 | 深圳市 | 6154 | 12416 | 12.41 |
| 宝安区 | 深圳市 | 6345 | 12065 | 11.31 |
| 光明新区 | 深圳市 | 1242 | 2483 | 12.24 |
| 香港 | 香港 | 15389 | 32380 | 13.20 |
| 端州区 | 肇庆市 | 1637 | 2875 | 9.84 |
| 鼎湖区 | 肇庆市 | 381 | 760 | 12.20 |
| 高要区 | 肇庆市 | 1212 | 2388 | 11.97 |
| 德庆县 | 肇庆市 | 403 | 774 | 11.49 |
| 四会市 | 肇庆市 | 887 | 2129 | 15.71 |
| 广宁县 | 肇庆市 | 563 | 1111 | 12.00 |

续表

| 区域 | 城市 | 2015年 | 2021年 | 年均增速 |
|---|---|---|---|---|
| 封开县 | 肇庆市 | 375 | 775 | 12.86 |
| 怀集县 | 肇庆市 | 731 | 1703 | 15.14 |
| 中山南区 | 中山市 | 1252 | 2415 | 11.57 |
| 中山东北区 | 中山市 | 589 | 1012 | 9.44 |
| 中山东区 | 中山市 | 735 | 1345 | 10.60 |
| 中山西区 | 中山市 | 2741 | 5157 | 11.11 |
| 中山城区 | 中山市 | 2661 | 5396 | 12.50 |
| 金湾区 | 珠海市 | 597 | 1381 | 15.00 |
| 斗门区 | 珠海市 | 1035 | 2111 | 12.61 |
| 香洲区 | 珠海市 | 3053 | 5811 | 11.32 |

资料来源：笔者根据高德地图POI数据计算得到。

## 二 基于公共服务POI的空间核密度分析

进一步采用空间核密度分析粤港澳大湾区公共服务空间密度分布和演变特征。采用自然断裂法将空间核密度分析结果分9级进行色彩渲染，对比结果见图5-3。总体来看，粤港澳大湾区公共服务呈现明显的分级、连片化特征，公共服务密度整体

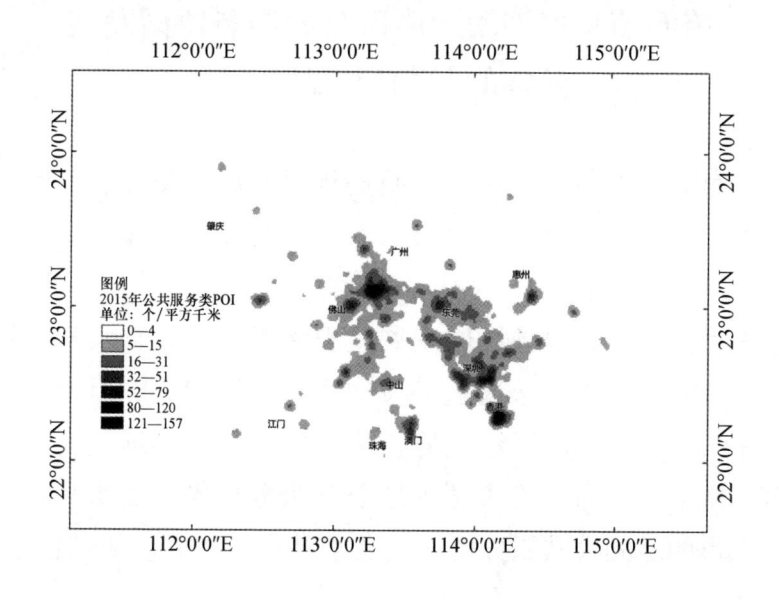

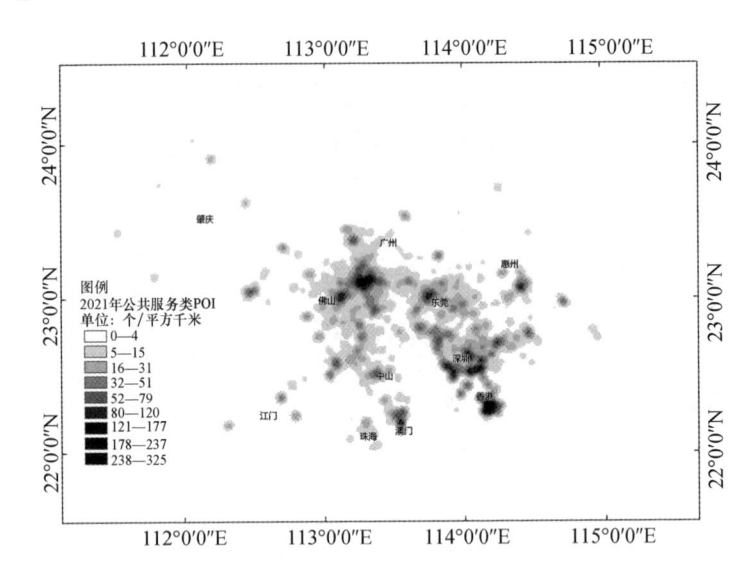

**图 5-3　2015 年和 2021 年粤港澳大湾区公共服务概况及对比**

资料来源：笔者绘制。

上升且呈现更加均衡性特征，高密度公共服务主要分布于深港都市圈和广佛都市圈，其余都市圈的公共服务密度正在上升，这与粤港澳大湾区当前经济和人口空间分布基本一致。

## 第四节　粤港澳大湾区公共服务协同发展面临的问题与挑战

综合对粤港澳大湾区公共服务相对发展均衡性、空间布局均衡性的分析，结合粤港澳大湾区人口与经济分布特征，可以对粤港澳大湾区公共服务协同发展做出如下评价：从整体上看，粤港澳大湾区公共服务协同发展呈现不断提升之势。从发展水平看，粤港澳大湾区公共服务发展水平不断提高，但是受人口经济集聚的影响，内湾地区的公共服务资源密度远远高于外湾地区。从空间上看，都市圈内部公共服务协同发展水平相对较高，都市圈之间公共服务协同发展水平有待提升。从结构上看，粤港澳大湾区三大都市圈的公共服务相对发展均衡性都不断提升，都市圈内公共服务协同发展在粤港澳大湾区公共服务整体协同发展中发挥重要作用。

面向未来，粤港澳大湾区基本公共服务协同发展进程面临着一系列难题和挑战，既有自然禀赋、发展水平、技术因素、基础设施等方面的结构性障碍，同时也存在着制度、体制、机制、政策分割等制度性障碍，这两类因素相互影响制约着粤港澳大湾区公共服务协同发展进程。

### 一　基本公共服务区域发展不均衡

粤港澳大湾区各市之间的基本公共服务水平还存在着较大差距。澳门、广州、深圳和香港的基本公共服务水平较高；中山和珠海两市的基本公共服务水平较低。造成各地之间基本公共服务水平不均衡的主要原因是经济发展的非均衡造成地区间横向财力差距，以及实施分税制后地方政府有更大的自由裁量权按照本地的需要提供公共服务，由此导致公共服务供给水平不一。此外，粤港澳大湾区基本公共服务发展不平衡的最直接原因是经济发展水平与财政能力不平衡，这直接导致基本公共服务供给能力不协同。"财力"差别反映出当前中国基本公共服务供给方式的共性问题：政府供给模式"主导"与"中心"，社会化、市场化的供给模式的"边缘"与"跛脚"。尽管近年来中国大力鼓励与支持公共服务外包、社会组织承接公共服务，但政府购买公共服务内卷化问题依然亟待解决。

### 二　尚未完全形成大湾区基本公共服务的合理溢出机制

结构性因素导致粤港澳大湾区公共服务现实需求的差异性，对公共服务的目标定位各有侧重。在现有行政区划制度设计上，地方政府依赖财政投入负责辖区内的公共事务，出于各自短期利益更关注辖区内的地方利益，奉行"一亩三分地"和"各自为政"，以当地利益为主具有一定的合理正当性，尤其在利益边界明确的制度结构下，地方政府对区域公共产品和公共设施的配置存在着"理性"竞争：寻求地方行政区域边界内的利益最大化和成本最小化，公共产品和公共设施的配置基于实现本地"外溢"，而建设成本最好是由中央政府或其他区域承担，这直接导致了各地方政府配置公共资源是以本区域利益最大化为取向，而非考虑粤港澳大湾区协同发展整体利益。

### 三 基本公共服务领域依然存在较为明显的制度性障碍

当下公共服务领域存在较为显著的制度性障碍，包括制度分割、利益协同机制不完善、共享机制不健全等严重阻碍公共服务便利共享的现实障碍。

首先，从制度分割问题来看，以社会保障制度最为典型，粤港澳大湾区内不同的社会群体因户籍差异、工作所属单位性质不同，形成了条件不同、待遇有别、独自运行的各类社会保障制度，导致社保制度整合协同难。最直接的表现是异地就医报销和直接结算仍存障碍，由于粤港澳大湾区要素流动性高，异地就医就诊的需求量大，同时中小城市和农村地区居民也对中心城市异地就医与医保结算提出迫切要求。但各地医保制度分割，医保报销目录、同样药品价格，以及门诊医疗费直接结算内容存在差异，导致异地就医的医保结算并不顺畅。

其次，由于利益协同机制不完善，人才与教育等领域的博弈现象是粤港澳大湾区公共服务合作体系的主要威胁，如何最大限度地减少行政壁垒带来的区域分割，设计合理的利益分享机制和利益补偿机制，促使地区利益分配公允公平，成为粤港澳大湾区基本公共服务领域实现便利共享的迫切需求。

最后，共享机制不健全直接影响基本公共服务协同发展进程。尤其在社会保障领域，粤港澳大湾区信息共享尤为迫切，以养老资格认证为例，这需要粤港澳大湾区"9+2"城市内部包括民政、公安等部门的信息共享，以实现异地认证；失业保险转移接续、教育资源按需流动等，高度依赖共享信息平台的建设进程。

## 第五节 粤港澳大湾区基本公共服务协同发展的对策建议

### 一 创新构建区域间制度性合作机制

更多获取中央政策的支持力度。港澳居民的社会福利需求及待遇问题多数涉及中央政策，并非仅仅依靠地方政府就能解决的。例如，在教育方面，应保障港澳居民在内地接受教育、享受奖学金的权利；对内地高校招收港澳学生和对港澳学生的教育教学、服务管理工作进行规范化建设，保证培养质量；加强学校对港澳学生在就业指导、成立社团、医疗保障等方面的指导，进一步保障港澳学生的权益。同时，鼓励并保障港澳毕业生在内地就业，为他们提供就业信息服务，开展对他们的就业指导。在劳动力市场政策方面，要促进内地与港澳服务业深度合作，不断开放就业领域。2017年6月28日，商务部与香港特区财政司在《内地与香港关于建立更紧密经贸关系的安排》（CEPA）框架下签署了《经济技术合作协议》和《投资协议》，提出要牵头内地有关部门与港澳特区政府及有关机构，在CEPA工作机制下不断扩大有关专业服务领域对港澳的开放程度，支持内地与港澳服务业深度合作。在出行生活方面，由中央统筹出台相关政策，如设立回乡证自助售票机，保证港澳居民的交通便利。

加强湾区内地方政府间的合作，探索实现福利服务的一体化管理。现阶段，不仅广东与香港、澳门在社会福利等基本公共服务制度方面存在着制度体制的差异，珠三角内部9个城市之间由于地方财政责任与社会保险统筹层次的制约，在社会福利的具体政策措施上也存在不少差异。因此，要在推动粤港澳大湾区社会福利制度协同的同时，强化珠三角内部9个城市之间社会福利制度的统筹和一体化建设。保障粤港澳居民社会福利权益的关键在于，让港澳居民享受到与本地户籍居民，至少是本地常住居民同等的福利待遇。以广东省为例，作为改革开放的排头兵，广东省在推进与香港、澳门的互利合作，制定和完善便利港澳居民在广东发展的政策措施工作上已经取得一定成果，特别是广州和深圳两市，从政策层面来说，港澳居民已经能够享有与当地非本地户籍的内地居民同等的权利。随着粤港澳大湾区建设的推进，应从就学、就业、社保、就医、置业以及创业扶持各个方面为港澳居民在内地发展清除障碍，促进其社会福利水平的提升。随着港澳居民居住证的颁发，大湾区内珠三角9个城市之间要实行政策协同，统筹推进，让拥有居住证的港澳居民切实享受到社会保险、劳动就业、上学、就医等社会权利及基本公共服务，从而吸引更多港澳居民在珠三角工作、学习、生活。

## 二 创新粤港澳三地教育的交流与合作

加强粤港澳三地基础教育尤其是高等教育的交流与合作。香港的高等教育水平较高，集聚了一批世界一流大学和科研机构，应充分利用香港高等教育发展的特色以及香港国际化大学教育方面的优势，加强粤港澳三地高校的合作交流。要积极推动香港大学、香港中文大学、香港科技大学、香港理工大学、香港城市大学等世界一流高校来广东省各市建立分校、实验室和研究中心，推动香港高校与粤港澳大湾区内高校缔结为姊妹学校。要建立粤港澳大湾区高等教育资源共享机制和高等教育协同发展平台，包括通过教育储备金、研学旅行、师资互换等推动教育教学成果、科研成果协作分享，通过加强粤港澳大湾区高等教育论坛、建立粤港澳大湾区高等教育联盟等平台搭建高等教育共享共建的协同发展平台。

率先实施三地基础教育互联互通的制度改革。要将粤港澳大湾区打造成为基础教育特区，赋予在广东省9市工作的港澳居民子女未来可享有与内地居民同等接受义务教育和高中阶段教育的权利，同时为来广东省接受基础教育的家庭提供政策性住房、取消港澳居民在粤购房的限制性条款。要为港澳中小学教师、幼儿教师在内地发展提供更多机会，允许港澳教师在广东考取教师资格并任教，资格证书实行粤港澳三地互通互认，同时，粤港澳三地教师团队形成基础教育协同发展联盟和人才库，汇聚起粤港澳大湾区基础教育建设的磅礴力量。

### 三　推动跨区域劳动就业及社会保障协同发展

创新人才开放政策推动高端要素资源流动。建立开放型多渠道人才引进机制。通过建立合理完善的"引育用流"人才机制，重点完善有关海外人才尤其是海外高层次人才引进的政策法规，同时注重人才服务与保障。积极推进港澳青年创新创业基地"1+12+N"体系建设，重点打造分布在大湾区内地9市13个平台载体建设，不断扩大粤港澳科技企业孵化载体规模。稳步推进职称评价和专业资格认可改革，有效解决专业技术人员资格互认和深化人才服务问题。广东应联合香港和澳门相关部门全面开展相关研究，不仅要做到粤港澳大湾区专业人员资格互认，更要做好专业技术人员资格互认以后专业人员执业方面的衔接。要以"一盘棋"思维，推进大湾区人才服务共建共享、互认互通，提升人才服务的一体化水平。携手港澳共同制定和优化社保、医疗、教育、养老等公共服务流动对接措施，深入"人才通""社保通"工程，推动三地规则衔接不断取得新突破，使在大湾区内地城市工作和生活的港澳人才全面享有"市民待遇"。建立社保和医保基金分担机制，以"谁使用、谁受益，谁支出、谁保障"为原则，协商分配粤港澳、珠三角9市社保缴交和医保支付义务，推行三地通用的社保卡和电子医保卡。此外，要提升公共服务均等化水平，建立公共服务衔接机制，促进湾区核心城市在人才创新创业平台及就业生活配套等方面逐渐一体化。

推动养老、住房等社会保障协同发展。从养老领域来看，要深化粤港澳三地养老服务合作，支持港澳投资者在广东省9市按规定以独资、合资或合作等方式兴办养老等社会服务机构，为港澳居民在广东养老创造便利条件。要在粤港澳大湾区推进医养结合，积极应对人口老龄化，为民众提供全方位、全周期健康服务，借助大数据平台推动智慧养老、健康养老，建设一批区域性健康养老示范基地。从住房领域来看，要盘活和利用好存量资源，积极应对港澳及国际高端人才对住宅品质和居住环境配套的多元化要求，为国际高端人才入驻提供品质化、便利化、高端化的人才公寓；要打破湾区核心城市边界，开启大湾区社保互认，寻找核心城市的"外部供应"，特别是需要鼓励香港、澳门的购房者来内地居住，促进港澳和内地的融合。

### 四 加强医疗服务的协同发展

要积极发挥港澳在一些先进药物和治疗方法上的优势，同时借助港澳国际窗口的重要作用，在粤港澳大湾区集合全世界的高端医疗资源，高标准打造一个世界级诊疗中心，为来粤港澳大湾区创新创业的高等人才提供一流的医疗配套。要充分利用香港大学、香港中文大学的医学专业优势，在广东省核心城市设立医学院分校、实验室和研究中心，同时考虑完善医疗制度及科研制度，如内地科研资金投入比香港多，湾区可将资金"过河"，让更多科研人员申请科研资金，为香港医学科研人才和团队发展提供支持。与此同时，为了应对湾区人口老龄化问题，要加速推进粤港澳大湾区卫生健康事业、生物医药产业等方面的交流合作，支持港澳医疗卫生服务机构或企业在广东省九市设立医疗机构，鼓励港澳医疗界人才和团队共享发展成果。在生物医药产业方面，在粤港澳大湾区汇聚一批国内外知名大型企业和成长性好的初创科技型企业，部署一批高校公共实验室、产业工程技术中心和研究机构，同时打造高端生物医药综合产业园，完善生物医药产业发展配套。要打造集食品审评认证分中心、医学动物实验中心、生物医药检验监测中心、仿制药质量研究中心、GMP 培训教育中心和医药创新创业功能于一体的综合性医药产业服务平台。

**五 推动社会文化协同发展**

社会文化是凝聚力、创新力、发展力的基础，由此粤港澳大湾区在提升经济一体化的同时，也应促进湾区社会文化融合发展，逐步增强文化软实力，打造多元文化融合发展的人文湾区。要促进粤港澳大湾区城市间文化的交流合作，增强文化认同和价值认同，推动文化与经济融合发展，充分发挥文化的联合作用，为湾区人才创新创业与就业生活营造一个开放、包容、创新、协同的发展环境。要定期举办粤港澳大湾区文化合作论坛、粤港澳大湾区文创产业发展论坛、粤港澳大湾区侨乡文化论坛等，同时在社会文化交流中建立粤港澳大湾区文化联盟、粤港澳大湾区文化产业联盟、粤港澳大湾区侨乡文化联盟，助推湾区城市文化事业发展。粤港澳大湾区有非常好的文化产业基础，要以文化创意产业作为湾区文化"走出去"和吸引国际人才"进来"的窗口，促进文化科技融合的产业发展，建设现代文创体系，发挥文创产业对文化输出的带动示范作用，在粤港澳大湾区城市内打造世界一流文化产业品牌。与此同时，要特别重视港澳青年的社会融合问题，通过各种形式，特别是港澳青年比较喜欢的新媒体形式，向港澳青年介绍祖国的情况，介绍祖国的历史和文化，使港澳青年能够增强对祖国的认同、对民族的认同、对文化的认同。此外，要帮助港澳青年解决学业、就业、创业问题，支持港澳青年和中小微企业在内地发展，将符合条件的港澳创业者纳入当地创业补贴扶持范围，积极推进港澳青年创新创业基地建设。

# 第六章　粤港澳大湾区生态环境协同发展评价分析

粤港澳大湾区是中国最具竞争力和发展活力的世界级城市群，长期以来经济高速增长和城市的快速扩张带来的高强度开发，为该区域生态环境带来了诸多的风险和问题，也为粤港澳大湾区实现绿色发展带来了巨大挑战。尽管粤港澳大湾区生态环境协同发展取得了积极进展，但由于粤港澳三地的社会制度安排、环境发展诉求、环境治理模式、环境法律体系、环境执法方式存在较大差异，加上受地方保护主义和部门本位主义等因素的影响，使得大湾区生态环境协同发展面临不少问题。本章借助常规统计数据、POI 数据、遥感影像等多元数据尝试从多个层面系统评价粤港澳大湾区的生态环境协同发展概况。总体上看，粤港澳大湾区各城市的生态环境禀赋差异明显，城市之间的生态发展协作不足，需要从打破条块分割、拓宽协同发展渠道、构建良好的制度保障体系、增加科技对生态协同发展赋能等方面入手，积极提升粤港澳大湾区生态环境协同发展综合水平。

## 第一节　粤港澳大湾区生态环境发展概况

### 一　高度关联的人文、自然条件提供了基础

广东珠三角地区城市与香港、澳门地区在空间上相连，地

理条件上高度相似，区域内城市拥有高度相似的地质、地貌、水文、气候等条件，并且相互之间的关联度和依存度也都较高。区域人文经济条件方面，改革开放40余年以来，粤港澳大湾区城市经历了快速的工业化和城镇化历程，区域内经济发展联系不断增强，粤港澳大湾区的区域一体化程度也显著提升，但高速的经济增长和城市的快速扩张也带来了诸多的生态环境问题，特别是跨界环境污染问题日益显著。区域内自然和人文要素的高度关联为区域生态环境共同治理提供良好基础的同时，也增强了区域生态环境协同协调发展的迫切性。

## 二 国家相关政策的实施提供了重要机遇

2019年《粤港澳大湾区发展规划纲要》的印发标志着粤港澳大湾区发展上升为国家战略。《纲要》对于粤港澳大湾区在生态环境方面的协同发展与合作也提出了相关要求，包括强化区域大气污染联防联控，实施更严格的清洁航运政策，实施多污染物协同减排，统筹防治臭氧和细颗粒物（PM2.5）污染，实施珠三角9市空气质量达标管理，加强危险废物区域协同处理处置能力建设，强化跨境转移监管，提升固体废物无害化、减量化、资源化水平等。这为进一步优化区域发展空间结构以及提升区域环境协同发展能力等都提供了重要的机遇。

## 三 区域内政府间合作已具备一定基础

粤港澳三地在生态环境保护方面的合作由来已久。特别是21世纪以来，区域内城市政府间通过共同编制规划、签订政府间环境合作协议、建立政府间合作机制以及开展生态环境合作项目等多种方式，推进区域生态环境保护与治理合作。

### （一）编制规划推动区域环境合作

粤港澳大湾区城市群为了解决区域环境问题，将环境治理纳入了粤港澳区域合作与发展的相关综合规划或专项规划之中，通过规划引领区域环境合作行动。这些规划以合作解决区域公共问题为出发点，设计了粤港澳区域合作的蓝图，奠定了区域环境合作的政策基础（见表6-1）。这些区域规划中对区域环境治理做了明确规定和安排，为粤港澳、粤港、粤澳环境合作提供了政策指引和行动建议。

表6-1 涉及粤港澳大湾区生态环境合作的主要规划及相关内容

| 相关文件与协议 | 发布年份 | 涉及内容 |
| --- | --- | --- |
| 珠江三角洲城镇群协调发展规划（2004—2020） | 2004 | 实施分区差异化空间管制，强调保护区域发展的生态"底线"，构筑珠三角网络型的生态结构 |
| 珠江三角洲环境保护规划纲要（2004—2020年） | 2005 | 完成"红线调控、绿线提升、蓝线建设"三大战略任务 |
| 珠江三角洲地区改革发展规划纲要（2008—2020年） | 2009 | 要求建立污染联防联治机制，共建跨境生态保护区支持共同研究合作发展清洁能源及可再生能源、实施清洁生产等方面的合作；支持粤港澳三方共同编制区域合作规划；完善粤港联席会议机制和粤澳联席会议机制等 |
| 珠江三角洲环境保护一体化规划（2009—2020年） | 2010 | 强化产业环境调控、联防联控加快解决区域大气复合污染、构筑区域生态安全格局、加强区域环境同治、强化区域协同联动搭建环境监管一体化平台、统筹协调环保体制机制、探索建立先行先试环境政策法规体系等 |
| 珠江河口综合治理规划 | 2010 | 加强河口地区涉水事务管理、实施河口整治、强水资源保护和水功能区的管理、科学合理地开发利用和保护岸线滩涂资源、加强珠三角主要河道和口门区采砂管理等 |
| 珠江三角洲地区生态安全体系一体化规划（2014—2020年） | 2014 | 加强区域生态安全体系一体化建设，构筑珠三角森林生态安全屏障，加快推进森林生态安全体系建设 |
| 粤港澳大湾区发展规划纲要 | 2019 | 打造生态防护屏障、加强环境保护和治理、创新绿色低碳发展模式等 |

资料来源：笔者根据网络资料整理。

## （二）以政府间协议推动区域环境合作

除编制跨区域规划外，粤港澳大湾区各级政府以及国家各部委通过签订一系列涉及生态环境的合作框架协议，推动区域生态环境治理。此类合作框架协议中，既有涉及相关区域环境合作议题的协议，也有政府间环境合作的专题协议（见表6-2）。涉及的主体方面，既有粤港澳三地政府间的协议，也有珠三角广东省内各城市间以及泛珠三角各省市间签订的相关协议。通过相关政府间协议的签订，一定程度上推动了区域生态环境的治理合作。

表6-2　涉及粤港澳大湾区生态环境合作的政府间协议及相关内容

| 协议类型 | 相关文件与协议 | 合作相关方 | 发布年份 | 涉及内容 |
| --- | --- | --- | --- | --- |
| 涉及环境议题的政府合作框架协议 | 泛珠三角区域合作框架协议 | 内地九省[①]、香港、澳门 | 2004 | 构建区域环境保护协作机制，加强区域内各省市在生态建设、水环境和大气环境保护以及清洁生产等方面的合作，制定区域环保规划，加强珠江流域的生态建设，提高流域整体环境质量 |
|  | 粤港合作框架协议 | 广东、香港 | 2010 | 构建全国领先的区域环境和生态保护体系；共同防治空气污染和开展水资源保护，开展粤港海洋环境监测网络技术交流，开展联合专项执法行动，打击破坏海洋环境等违法活动，实施清洁生产伙伴计划，合作实施滨海湿地保护工程，共同建设自然保护区 |

---

① 此处的内地九省是指广东、广西、福建、江西、湖南、贵州、云南、四川、海南。

续表

| 协议类型 | 相关文件与协议 | 合作相关方 | 发布年份 | 涉及内容 |
|---|---|---|---|---|
| 涉及环境议题的政府合作框架协议 | 粤澳合作框架协议 | 广东、澳门 | 2011 | 加强区域水环境管理和污染防治,治理珠澳跨境河涌污染,创新流域整治的合作机制,构建完整的区域生态系统,建设跨境自然保护区和生态廊道 |
| | 深化粤港澳合作 推进大湾区建设框架协议 | 国家发改委、广东省政府、港澳特区政府 | 2017 | 坚持生态优先、绿色发展的原则,着眼于城市群可持续发展,强化环境保护和生态修复,推动形成绿色低碳的生产生活方式 |
| | 广佛肇经济圈建设合作框架协议 | 广州、佛山、肇庆 | 2009 | 提出以水环境污染和空气污染联防联治为突破口,改善区域整体环境质量,加强大气环境综合治理,实现环境基础设施资源共建共享,加强区域绿色生态屏障建设,健全区域生态环境协调机制 |
| | 推进珠江口东岸地区紧密合作框架协议 | 深圳、惠州、东莞 | 2009 | 建立区域污染联防联治机制,优先治理跨界河流污染,加强相邻生态功能区合作,加强区域环境信息共享,共同检测大气污染和水域污染,推进区域环境基础设施建设与合理布设推进珠江河口和大亚湾海域和东江流域污染综合治理,探索区域环保排放、收费和治理标准的统一 |
| 政府间环境合作协议 | 粤港环保合作协议 | 广东、香港 | 2009 | 在空气污染防治、水环境保护、林业保育、清洁生产和环保生产、海洋渔业资源保护、资源循环利用等领域开展合作 |

续表

| 协议类型 | 相关文件与协议 | 合作相关方 | 发布年份 | 涉及内容 |
| --- | --- | --- | --- | --- |
| 政府间环境合作协议 | 珠澳环境保护合作协议 | 珠海、澳门 | 2013 | 重点开展两地水环境污染,特别是界河的治理,特别是加强大气污染联防联治、废物利用及环保产业合作等 |
| | 港澳环境保护合作协议 | 香港、澳门 | 2016 | 加强在空气污染防治、环境监测与研究、废物及污水管理、环评、环宣与培训、环保产业等方面的合作 |
| | 2017—2020年粤澳环保合作协议 | 广东、澳门 | 2017 | 推进环境监测、环境科研与交流、环境培训、环保宣传、环保产业等方面的合作 |
| | 关于改善珠江三角洲空气质量的联合声明 | 广东、香港 | 2002 | 采取一系列有力措施加强污染防治和减排 |
| | 区域大气污染联防联治合作协议书 | 广东、香港、澳门 | 2014 | 共同推进区域大气污染联防联治合作,攻坚珠三角空气质量监测平台,优化粤港澳珠三角区域空气监测网络,联合发布区域空气质量信息等 |
| 国家层面 | 粤港澳大湾区发展规划纲要 | 国务院 | 2019 | 打造生态防护屏障 加强环境保护和治理 创新绿色低碳发展模式 |

资料来源:笔者根据各城市政府网站资料汇总。

(三)建立政府间协作机制

一是建立区域联席会议制度。区域内城市政府之间通过建立联席会议制度,对于相关合作项目和事项共同研究决策,并通过设立专门的合作专责小组、联席会议等高等级领导机构,确保区域环境治理有效开展。如粤港之间1998年首次举行合作联席会议，并此后每年举行一次，由两地行政首长共同主持，促成了一系列合作项目的达成及合作协议的签订，有效推动了两地环境管理的交流与合作。粤澳之间也于2001年开始开展高层会晤，并与2003年升格为粤澳合作联席会议制度，并在此框架下设立"珠澳环保合作工作小组"，建立环保专责和联络机制。

二是成立区域环境合作小组。粤港之间早在1990年就成立了粤港环境保护联络小组，并于2000年更名为"粤港持续发展与环保合作小组"，主要负责粤港两地在环境合作方面的政策制定和管理、环境与可持续发展问题的磋商、就环保项目对两地生态环境潜在的影响进行评估等，并每年召开讨论会议。粤澳之间也于2002年成立了"粤澳环保合作专责小组"。

（四）开展生态环境合作项目

水治理相关合作项目。粤港澳大湾区各城市同处珠江下游，且各城市交界以水体为主，因此水环境治理是粤港澳大湾区生态环境合作的重要领域之一，主要涉及深港和珠澳之间的合作。如深圳和香港之间就深圳河治理、深圳湾治理、大鹏湾治理等，联合开展了一系列合作项目。珠海和澳门也针对鸭涌河等相邻水域的治理开展了联合行动。

空气质量合作项目。从2003年起，粤港澳三地在前期针对区域空气质量研究的基础上，共同建立了"粤港澳珠江三角洲区域空气监测网络"，对粤港澳区域的PM10、PM2.5、臭氧、二氧化硫、二氧化氮、一氧化碳等空气污染物进行监测。2008年4月，粤港启动清洁生产伙伴计划，以鼓励和协助珠三角地区的港资企业采用清洁生产技术，减少企业污染物排放。

其他环境合作项目。2010年5月，为探索循环经济发展新路，粤港澳大湾区实施废旧汽车拆解基地项目，对粤港澳大湾区大量的废旧汽车、摩托车、轮胎、家用电器等进行拆解、回收加工再利用。粤澳双方加强气象探测领域合作，共同交流风暴潮、水浸街预报等方面的关键技术，互换雷达数据、卫星云图、风暴潮汐观测等数据，粤向澳开放使用数值、预报模式数据和区域短时临近预报模式数据，并在黄茅洲以南的外海岛屿共建气象观测平台。在保护东江水质方面，双方积极合作，推进各项有关保护东江水环境的工作。

## 第二节　粤港澳大湾区生态环境相对发展均衡性评价

### 一　区域生态环境协同发展的内涵

协同发展指不同区域之间协同共生所形成的高效和高度有序化的整合，因此协同发展将促使不同区域在发展过程中有着统一的目标、统一的发展市场，协同发展的结果促进区域间发展差距合理。一般而言，所谓区域生态环境协同治理是指在区域生态环境治理过程中，地方政府、企业、社会公众等多元主体构成开放的整体系统和治理结构，公共权力、货币、政策法规、文化作为控制参量。在完善的治理机制下，调整系统有序、可持续运作所处的战略语境和结构，以实现区域生态环境治理系统之间良性互动和以善治为目标的合作化行为。在这一过程中，制度的引导、约束、激励特性对于区域生态环境协同治理的有效实施发挥着基础性的作用，而且，区域生态环境协同治理问题的最终解决也必须有赖于相关制度的变革。

区域生态环境是一个系统的有机整体，其内部各要素之间存在着相互联系、相互影响、相互依存的关系，某一要素的变化会对其他要素乃至系统整体产生影响，因此，在处理区域生态环境问题时，系统性和协同性的方法就显得尤为必要。因此，区域生态环境问题不是简单地能依靠科学技术和资金投入就能彻底解决，而是强烈地嵌入到各种制度、经济和社会结构过程，是一个复杂的社会问题。

## 二 指标选取和数据来源

### （一）指标选取

区域城市生态环境协同发展能力很大程度上体现在地方生态环境保护与治理的流域外部性上，因此，在进行区域生态环境协同度评价时，应尽量纳入流域生态环境状况显示度高的指标。基于此，同时考虑粤港澳大湾区"9+2"城市相关指标数据的可获性和可比性，本部分选取单位 GDP 耗电量、单位 GDP 二氧化氮排放量、单位 GDP 二氧化硫排放量以及 PM2.5 浓度四个指标，分别用以表示生态经济和生态环境两个方面的协同能力。其中，单位 GDP 耗电量是用于反映出来地区经济活动能源利用效率较为常用的指标，其可以衡量区域经济发展对能源依赖程度，同时也一定程度上反映了区域的产业结构状况、技术水平、能源消费构成及利用效率等。空气污染是影响粤港澳大湾区生态环境质量的重要因素，因此，选取 PM2.5 浓度、单位 GDP 二氧化氮排放量和单位 GDP 二氧化硫排放量来反映粤港澳大湾区的大气协同治理能力（见表 6-3）。

表 6-3 粤港澳大湾区生态环境相对发展水平评价所使用的指标

| 指标 | 指标说明 | 数据来源 | 指标属性 |
| --- | --- | --- | --- |
| 单位 GDP 耗电量 | 根据各城市的 GDP 和耗电量计算而得，用于衡量区域经济发展对能源依赖程度，以及反映区域产业结构状况、技术水平、能源消费构成及利用效率等 | 历年《广东统计年鉴》 | 负向 |

续表

| 指标 | 指标说明 | 数据来源 | 指标属性 |
|---|---|---|---|
| PM2.5 浓度 | 反映粤港澳大湾区的大气协同治理能力 | 粤港澳区域空气质量实时发布平台 | 负向 |
| 单位 GDP 二氧化氮排放量 | 反映粤港澳大湾区的大气协同治理能力 | 粤港澳区域空气质量实时发布平台 | 负向 |
| 单位 GDP 二氧化硫排放量 | 反映粤港澳大湾区的大气协同治理能力 | 粤港澳区域空气质量实时发布平台 | 负向 |

资料来源：笔者根据相关文献整理。

（二）数据来源

1. 常规统计数据。粤港澳大湾区生态环境协同度评价的指标数据，包括各城市的 GDP 和耗电量等，来自《广东统计年鉴》，各城市的二氧化碳排放量、二氧化硫排放量以及 PM2.5 浓度则根据粤港澳区域空气质量实时发布平台相关数据进行计算所得。时间序列方面，选择 2015—2020 年的数据，观测粤港澳大湾区生态环境协同发展情况。

从各指标的统计描述结果看，粤港澳大湾区生态相关指标的差异相对较小（见表 6-4）。

表 6-4　　生态相对发展水平评价所使用指标的统计描述

| 指标 | 样本量 | 均值 | 标准差 | 最小值 | 最大值 |
|---|---|---|---|---|---|
| 单位 GDP 耗电量 | 66 | 653.086 | 303.636 | 152.76 | 1060.78 |
| 单位 GDP 二氧化氮排放量 | 66 | 27.935 | 6.183328 | 14.75 | 40.00 |
| 单位 GDP 二氧化硫排放量 | 66 | 0.659 | 0.486 | 0.061 | 1.93 |
| 单位 GDP 二氧化氮排放量 | 66 | 0.233 | 0.258 | 0.020 | 1.42 |

资料来源：笔者根据表中相应年份的《广东统计年鉴》《香港统计年刊》《澳门统计年鉴》整理绘制。

2. POI 数据。从高德地图的 POI 数据中选取公园、植物园、风景名胜等生态类的 POI 数据，对粤港澳大湾区生态环境空间发展均衡性进行评价。

3. 遥感影像数据。遥感影像（Remote Sensing Image）指记录各种地物电磁波大小的胶片或照片，主要分为航空遥感和卫星遥感，遥感影像具有探测范围大、获得信息速度快、获取信息受地形限制少、获取信息手段多、取信息量大等特点，在军事、农业、海洋、生态、城市建设等领域得到广泛应用。本章借助遥感影像数据分析粤港澳大湾区的生态环境协同发展，数据来源于中国科学院地理科学与资源研究所资源环境科学数据中心，包含广东地区的 2015 年、2018 年和 2020 年的 1 千米分辨率土地利用现状遥感监测数据。土地利用类型包括耕地、林地、草地、水域、居民地和未利用土地 6 个一级类型和 25 个二级类型，本书只使用了一级类型而并未使用二级类型。

（三）研究方法

除了熵权 TOPSIS 评价、Dagum 基尼系数、空间核密度等分析方法，本章还进一步采用 DBSCAN 和 OPTICS 密度聚类方法分析粤港澳大湾区生态类 POI 数据。本书第一章第三节已对 DB-SCAN 和 OPTICS 密度聚类这两种分析方法进行了简要说明，两种方法各有优缺点，配合使用则更有助于开展 POI 大数据的空间聚类分析。在 DBSCAN 算法中，有两个初始参数（最小邻域半径）和 minPts（最小聚类的数据数量）需要用户手动设置输入并且聚类结果对这两个参数的取值非常敏感，不同的取值将产生不同的聚类结果，其实这也是大多数其他需要初始化参数聚类算法的弊端，而这种弊端可以通过 OPTICS 算法进行完善。本节将基于 R 语言下的 dbscan 软件包进行聚类分析，这个软件包对于数据处理、数据聚类可视化等支持得比较好，同时将聚类结果在开源 GIS 软件 QGIS 中进行分类显示，对于分析聚类结果的空间格局非常直观便捷。核心点、邻域半径、最小聚类数等概念是 DBSCAN 等密度聚类方法的核心概念,这里重点对核心距离、相互可达距离等概念做说明。

采用 OPTCS 聚类方法,核心距离(Core-distance)。设 $x \in X$,对于给定参数 $\varepsilon$ 和 minPts,则使得 $x$ 成为核心点的最小领域半径为 $\varepsilon$ 的核心距离,其数学定义为:

$$\text{Core}_k(x) = d(x, N_\varepsilon^k(x)), 若 |N_\varepsilon \geq \text{minPts}| \quad (6-1)$$

其中式(6-1)中的函数 $d$ 表示度量节点之间相似度的函数,一般用欧式距离表示,$N_\varepsilon^k(x)$ 表示集合中 $N_\varepsilon(x)$ 与数据点 $x$ 第 $k$ 近邻的数据点,如 $N_\varepsilon'(x)$ 则表示中与 $x$ 最近的点。若 $x$ 为核心点,则有 $\text{Core}_k(x) \leq \varepsilon$。

可达距离(Reachability Distance),这种数据间距离的新测度方法更容易实现不同密度聚类的识别和提取,使得聚类结果更具稳健性。设 $X$,对于给定参数 $\varepsilon$ 和 minPts,可达距离定义为:

$$\text{MRD}_{k(x,y)} = \max\{\text{Core}_k(x), \text{Core}_k(y), d(x,y)\} \quad (6-2)$$

为分析可达距离概念用图6-1说明,其中图6-1中 $A$、$B$、$C$ 均为核心点,$minPts = 6$ 则表示每个核心点用其第6近邻距离作为其核心距离,分别为 $Core_6(A)$、$Core_6(B)$、$Core_6(C)$,且,显然核心点 $A$ 在核心距离内的数据密度最高,其次为核心点 $C$ 和 $B$。根据可达距离概念,则:

$$MRD_{6(A,B)} = Core_6(B) > d(A,B) > Core_6(A)$$
$$MRD_{6(A,C)} = Core_6(C) > d(A,C) > Core_6(A)$$
$$MRD_{6(B,C)} = d(B,C) > Core_6(B) > Core_6(C)$$

如果采用 DBSCAN 聚类方法,则 $A$ 与 $B$ 聚类和 $A$ 与 $C$ 聚类是一样的,但这两个区域的数据密度明显不同,而在 OPTICS 方法中如果需要识别和提取密度较高的聚类,通过可达距离则能够方便地提取高密度聚类,$A$ 与 $C$ 的聚类会被通过 $MRD_{6(A,C)} < MRD_{6(A,B)}$ 进行有效识别,尽管 $d(A,B) = d(A,C)$。

OPTICS 聚类方法并不显示产生结果类簇,而是为聚类分析

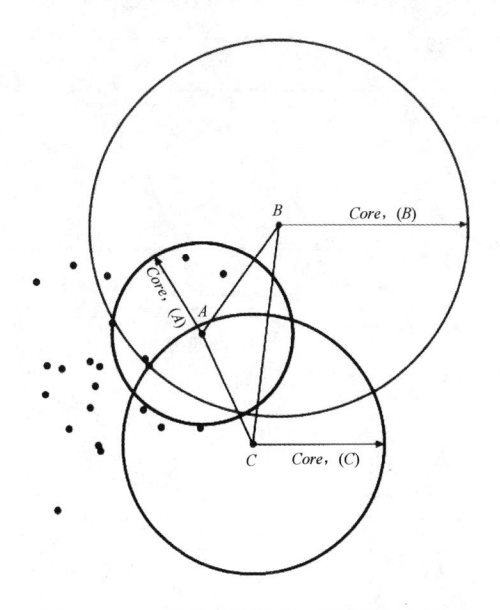

**图 6-1　OPTICS 方法中可达距离示意图**

资料来源：笔者绘制。

生成一个簇排序（以可达距离为纵轴，样本点输出次序为横轴的坐标图，见图 6-2），这个排序代表了各样本点基于密度的聚类结构，简而言之，从这个排序图中可以得到基于任何参数和 minPts 的 DBSCAN 算法的聚类，而 DBSCAN 方法在处理大数据中具有计算速度效率高、占用内存小等优势。

### 三　粤港澳大湾区生态环境相对发展均衡性分析

（一）粤港澳大湾区生态环境发展水平总体分析

总体上看，粤港澳大湾区生态环境发展水平 TOPSIS 指数较高，Dagum 基尼系数总体较小，表明粤港澳大湾区生态环境发展水平较高，各个城市生态环境发展水平差距较小，但生态环境发展还呈现出波动不稳定特征（见图 6-3）。

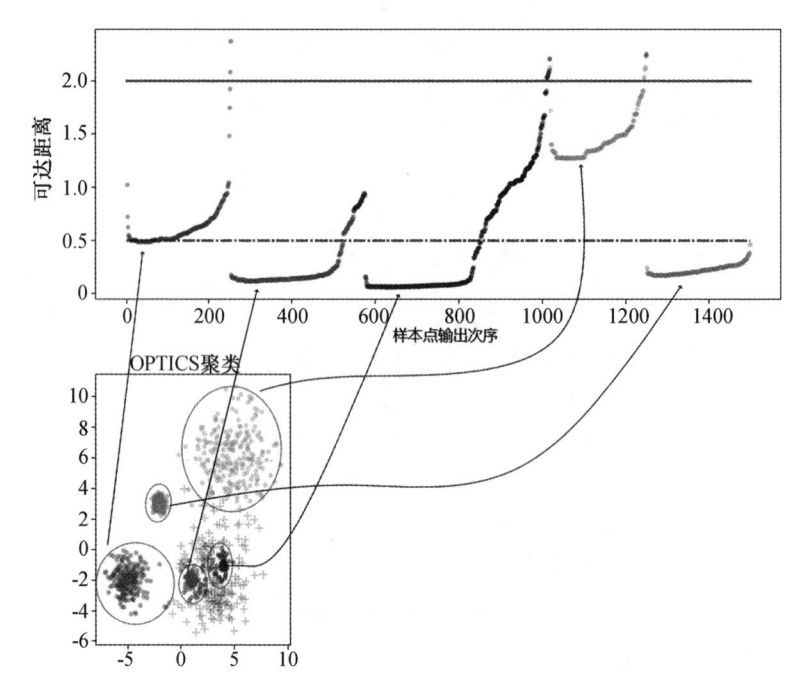

**图 6-2　OPTICS 聚类结果示意图**

资料来源：笔者绘制。

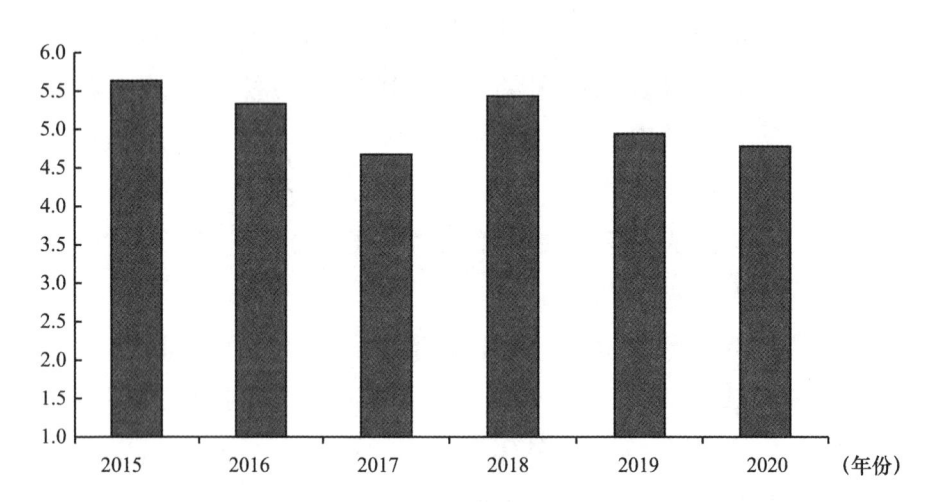

**图 6-3　2015—2020 年粤港澳大湾区生态环境 TOPSIS 指数变化**

资料来源：笔者绘制。

图 6-4 显示了 2015—2020 年粤港澳大湾区 9 市 2 区生态环境发展水平 TOPSIS 指数及排名变化情况。2015—2020 年，粤港澳大湾区内各城市生态环境 TOPSIS 指数排名比较稳定。香港、深圳和广州三个城市的 TOPSIS 指数分列前三位，三个城市各年份的指数值都超过了 0.9，并且三个城市之间的指数差距较小，表明广州、香港和深圳这三个粤港澳大湾区内经济发展程度最高的城市，生态环境相对发展水平也较高。珠海和肇庆在各年份中均分列第四位和第五位；澳门、中山、佛山、江门和惠州五个城市分列第 6—10 位，并且各年份排名有所起伏；东莞各年份的排名则保持在第 11 位。

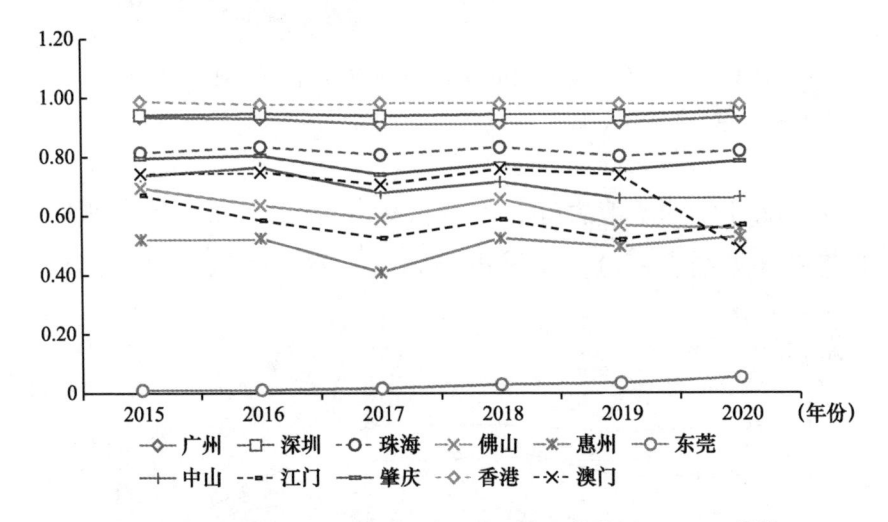

**图 6-4　2015—2020 年大湾区各城市生态环境发展 TOPSIS 指数**

资料来源：笔者绘制。

## （二）粤港澳大湾区生态环境发展水平分项分析

单位 GDP 耗电量方面，各城市的变化也都较为平稳，香港、澳门、深圳和广州的单位 GDP 能耗居于后四位，除澳门 2020 年增长较为明显外，各城市的变化幅度都不大（见图 6-5）。东莞和肇庆的单位 GDP 能耗降低比较明显。惠州和中山则呈现一定的上升趋势。总体来看，区域各城市间单位能耗的均衡水平还有待提升。

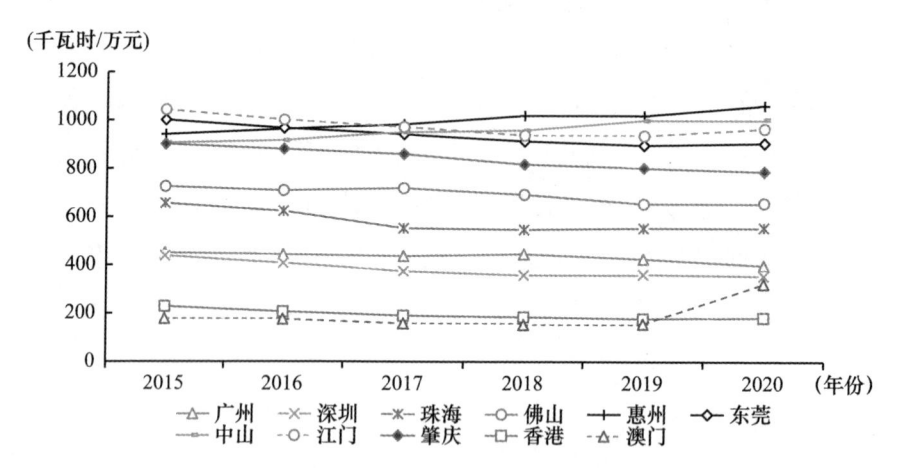

**图6-5  2015—2020年粤港澳大湾区城市单位GDP耗电量变化**

资料来源：笔者绘制。

PM2.5年均浓度方面，大湾区内9市2区总体均呈现降低的趋势（见图6-6）。从城市差异上来看，香港和澳门降低的

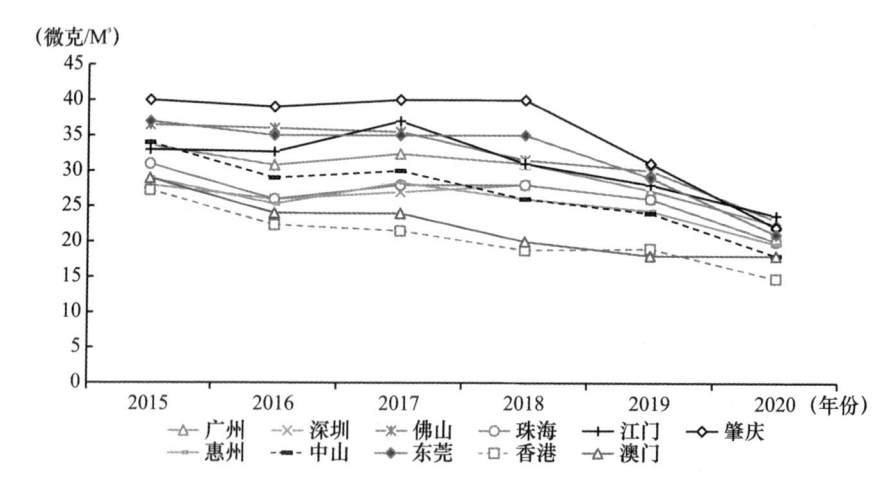

**图6-6  2015—2020年粤港澳大湾区城市PM2.5年平均浓度变化**

资料来源：笔者绘制。

趋势比较明显，而广州省内珠三角 9 市在 2015—2017 年的下降趋势不是特别明显，但 2018 年后快速下降，各城市之间的 PM2.5 浓度差异逐步缩小。

单位 GDP 二氧化氮和二氧化硫排放量方面，香港、深圳和广州三个城市均处于低水平，并且仍在不断降低（见图 6 - 7、图 6 - 8）。此外，其他城市的相应值总体上也保持下降的趋势，特别是 2018 年以后的下降趋势比较明显，大湾区内的空气质量均衡度在不断提升。

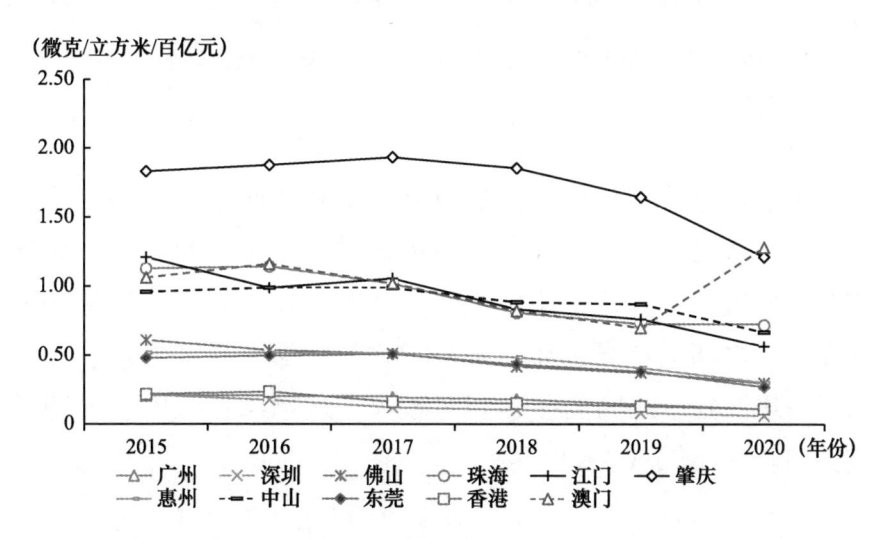

图 6 - 7  2015—2020 年粤港澳大湾区城市单位 GDP 二氧化氮排放量变化

资料来源：笔者绘制。

## 四　粤港澳大湾区生态环境发展水平差异性分析

从粤港澳大湾区三大都市圈 TOPSIS 评价指数变化情况来看，广佛肇、珠江东岸、珠江西岸三大都市圈的 TOPSIS 评价指数的组内差异要大于组间差异，表明三大都市圈组内差异是大湾区生态环境总体差异的主要来源（见图 6 - 9）。从粤港澳大湾区生态环境发展水平分组差异来看，珠江东岸和广佛肇城市

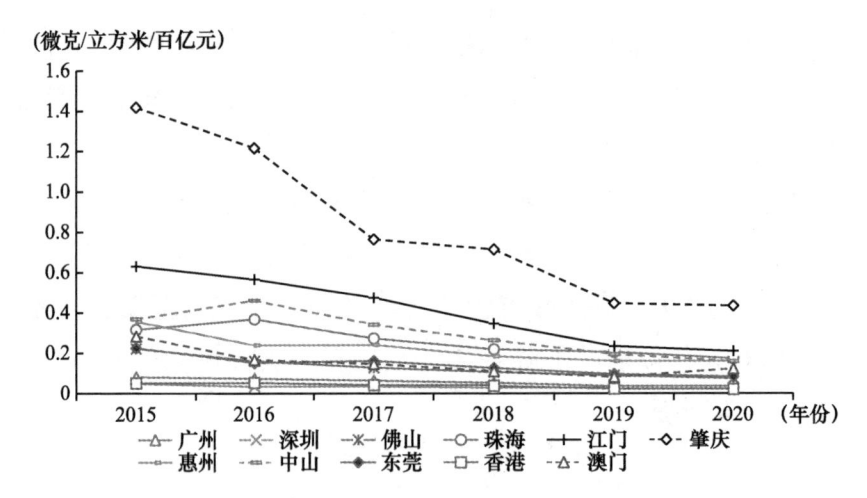

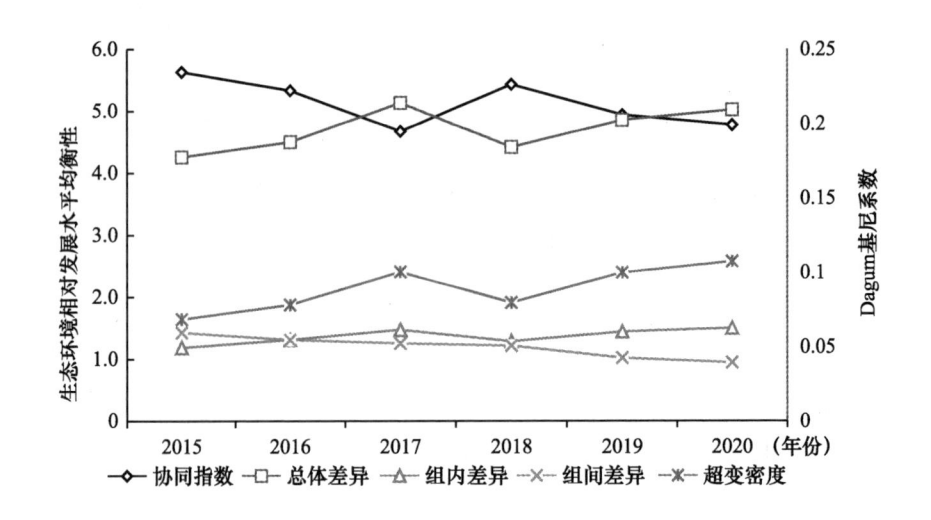

图 6-8　2015—2019 年粤港澳大湾区城市单位 GDP 二氧化硫排放量变化

资料来源：笔者绘制。

内部生态环境发展水平差异要明显低于珠江西岸，但从变化趋势来看，珠江东岸和广佛肇的组内差异近年来有所上升，而珠江西岸的组内差异呈下降的趋势。从组间差异来看，广佛肇—珠江东岸之间的差异也相对较低，而广佛肇—珠江西岸、珠江东岸—珠江西岸之间的差异相对较大，这也与各组内差异特征较为吻合。

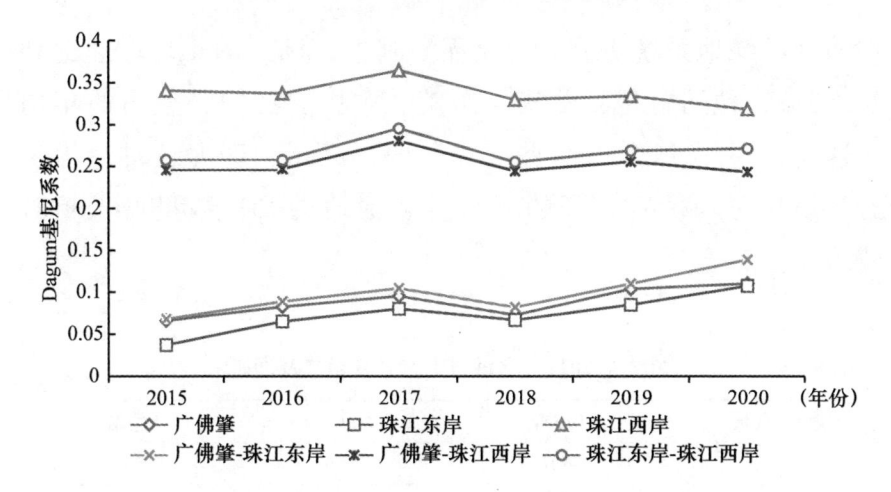

**图 6-9　粤港澳大湾区生态环境发展 TOPSIS 指数及差异变化**

资料来源：笔者绘制。

综上分析，可以看出：第一，粤港澳大湾区内生态环境发展水平的均衡性较高，但同时也表现出一定的波动不稳定性。第二，珠江东岸都市圈、珠江西岸都市圈和广佛肇都市圈三大都市圈内部生态环境发展水平的均衡性，以及珠江西岸都市圈与珠江东岸和广佛肇都市圈之间的生态环境发展水平的均衡性相对较低，是制约粤港澳大湾区生态环境发展水平整体提升的最大因素。

## 第三节　粤港澳大湾区生态环境空间布局均衡性评价

### 一　基于生态类 POI 数据的分析

基于粤港澳大湾区的公园、植物园、风景名胜等生态类的 POI 数据变化，对粤港澳大湾区生态环境空间发展均衡性进行评价。2015 年大湾区生态类 POI 数量为 0.83 万个，2021 年则达到 1.53 万个，年均增长 10.58%（见表 6-5），表明粤港澳大湾区的绿地系统提升较为明显。其中，佛山的年均增速达到20.83%，位居首位；肇庆、东莞、中山、江门、惠州的年均增速均超过了11%；而香港、深圳、广州、珠海、澳门等生态环境相对均衡度较高的城市生态绿地的POI数量增长相对较缓。

表6-5　　2015和2021年各城市生态POI数量及增速　　单位：个，%

| 城市（区域） | 2015年 | 2021年 | 年均增速 |
| --- | --- | --- | --- |
| 广州 | 2401 | 3689 | 7.42 |
| 佛山 | 828 | 2577 | 20.83 |
| 深圳 | 1578 | 2289 | 6.40 |
| 香港 | 1079 | 1833 | 9.23 |
| 东莞 | 654 | 1382 | 13.28 |
| 江门 | 473 | 909 | 11.50 |
| 惠州 | 399 | 751 | 11.12 |
| 中山 | 288 | 579 | 12.34 |
| 肇庆 | 226 | 574 | 16.81 |
| 珠海 | 295 | 511 | 9.59 |
| 澳门 | 126 | 171 | 5.22 |
| 大湾区 | 8347 | 15265 | 10.58 |

资料来源：笔者根据高德地图POI数据计算获得。

利用DBSCAN空间密度聚类方法对大湾区生态环境空间发展均衡性进行分析。为确定合理的DBSCAN方法初始参数，采用R语言dbscan软件包中的OPTICS方法（参数minPts设置为5，即最小聚类数）得到生态POI数据的可达距离排序图，由结果可知将Eps参数设置为1500米可以得到较好的聚类结果。结果显示（见图6-10），DBSCAN聚类能够识别出各种形状的生态POI聚类。从总体上看，数量较大、跨区域分布的聚类主要分布于广佛、珠江东岸地区，2015年未出现跨城市的大规模聚

## 第六章 粤港澳大湾区生态环境协同发展评价分析

类,2021 年则在广佛、深莞等区域出现明显的跨城市聚类,港深尽管都有大规模聚类但未连片化,外湾地区的聚类规模普遍较小。其中,2015 年在整个大湾区识别出 201 个生态 POI 聚类,

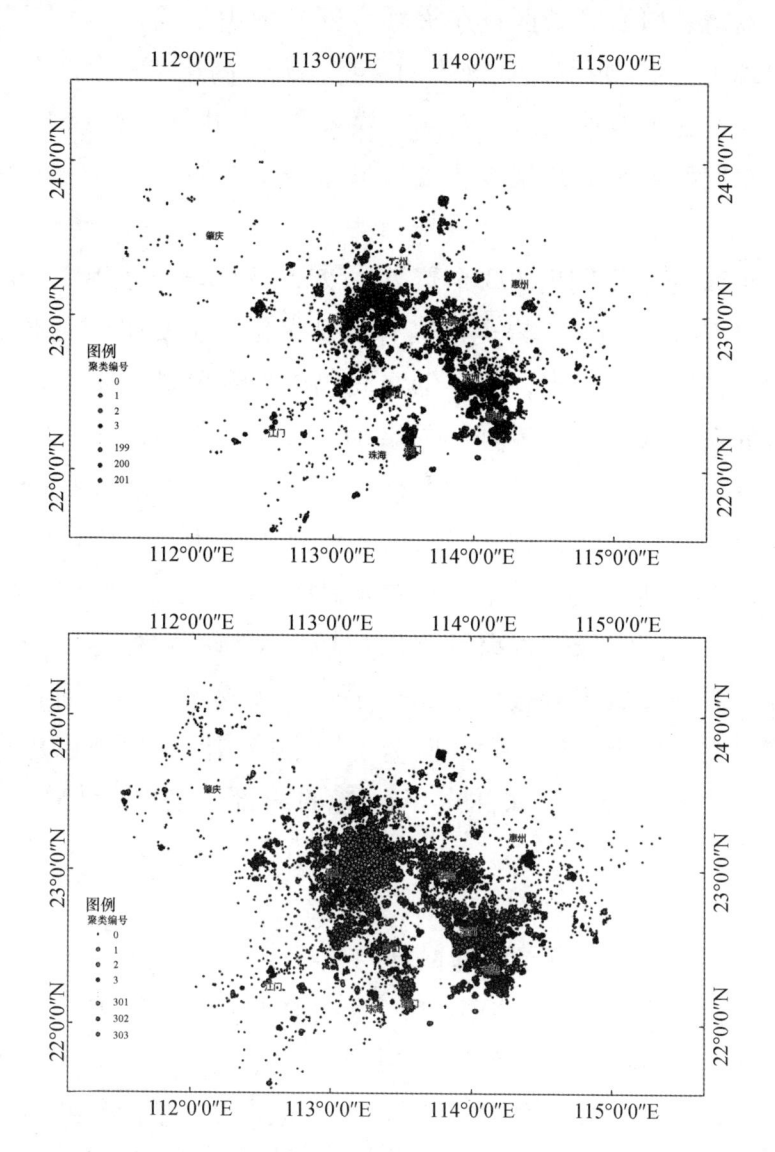

图 6-10 粤港澳大湾区 2015 年(上)和 2021 年(下)生态 POI DBSCAN 聚类图

资料来源:笔者绘制,编号为 0 的空心点为非聚类点。

数量超过100个的聚类有9个、30—100个的聚类有39个，主要分布在广州、深圳、香港、东莞、佛山、珠海等城市，其中广州出现了最大规模的聚类，POI数量达到1104个，分布于越秀、荔湾、白云等城区；在深圳宝安、南山、福田、罗湖等地区出现了"L"形状的大规模的聚类，数量高达721个；在香港的九龙、香港岛地区形成较大规模聚类，POI数量达到419个。这一时期的生态POI聚类主要以城市内部为主，跨区域的聚类较少。

2021年共识别出303个聚类，较2015年增长了102个，增幅超过50%。同时，聚类模式有明显变化，主要体现在出现了大规模跨城市的聚类，但港深之间仍未出现跨城市聚类，外湾地区的聚类数量和规模都明显增加。其中，数量超过100个的聚类有14个、30—100个的聚类有44个，大型聚类主要分布在广州、深圳、香港、东莞、佛山、珠海等城市，其中广佛地区出现了最大规模的聚类，POI数量达到3691个，分布于越秀、荔湾、白云、海珠、番禺及佛山禅城、南海、顺德等区域；在深莞、澳珠等城市接壤区也出现了较大规模聚类；深圳和香港原有聚类规模进一步增大，但两个城市接壤区未出现连片化聚类，这也与广佛肇、珠江东岸较高的内部生态环境协同度相呼应。

## 二 基于遥感影像解译数据的分析

总体上看，2015—2020年间粤港澳大湾区生态类（即林地和草地）土地占比明显高于其他类型，但有轻微下降（见表6-6）。2020年大湾区去生态类土地占比达到55.48%，较2015年的56.05%，下降0.57个百分点。

第六章 粤港澳大湾区生态环境协同发展评价分析 211

表6-6 2015—2020年粤港澳大湾区遥感影像解译土地
利用类型占比变化  单位：%

| 年份<br>类型 | 2015 | 2018 | 2020 | 占比变化 |
| --- | --- | --- | --- | --- |
| 林地 | 53.75 | 53.37 | 53.30 | -0.44 |
| 草地 | 2.30 | 2.13 | 2.18 | -0.11 |
| 水域 | 7.25 | 7.04 | 7.03 | -0.22 |
| 耕地 | 23.01 | 22.54 | 22.30 | -0.71 |
| 城乡工矿居民用地 | 13.65 | 14.91 | 15.17 | 1.52 |
| 未利用土地 | 0.04 | 0.01 | 0.01 | -0.03 |

资料来源：中国科学院地理科学与资源研究所资源环境科学数据中心（https://www.resdc.cn/）关于广东地区的2015年、2018年和2020年的1千米分辨率土地利用现状遥感监测数据。

具体到大湾区各城市来看，2015—2020年，各城市的生态类土地占比变化幅度不大，但城市直接的差异仍然较为明显（见图6-11）。其中，肇庆生态用地占比明显高于其他城市，2020年的生态类土地占比高达77.1%，其次为香港（69.6%）和惠州（65.7%）；中山最低，仅为20.6%，佛山、澳门、中

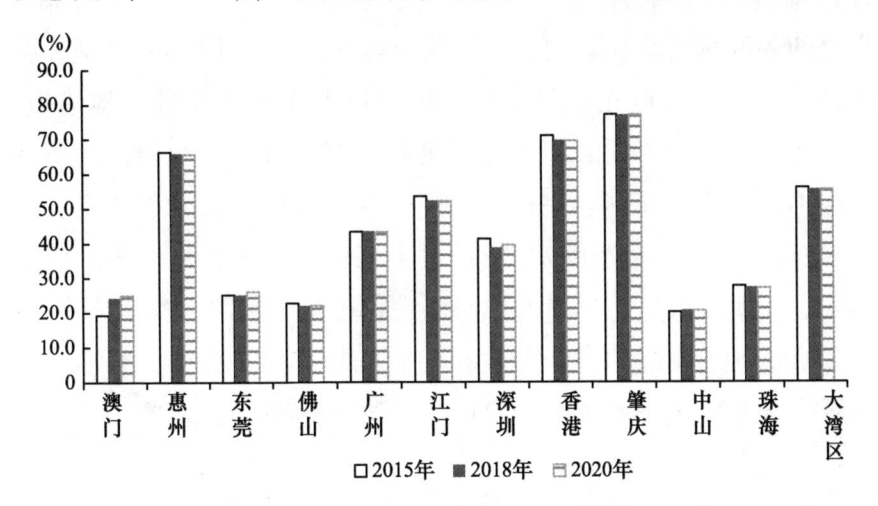

图6-11 2015—2020年粤港澳大湾区各城市遥感影像解译生态用地占比变化

资料来源：笔者绘制。

山、珠海等城市的生态类土地占比均不足30%。

## 第四节 粤港澳大湾区生态环境协同发展面临的问题与挑战

综合对粤港澳大湾区生态环境相对发展均衡性、空间布局均衡性的分析，结合粤港澳大湾区人口与经济分布特征，可以对粤港澳大湾区生态环境协同发展做出如下评价：从整体上看，粤港澳大湾区生态环境协同发展水平相对较高，但近年来有所波动。从发展水平来看，粤港澳大湾区生态环境发展水平不断提高，但在空气污染、水污染等的跨界治理和经济人口的生态承载力方面仍有提升空间。从空间上看，都市圈内部和都市圈之间生态环境发展水平的均衡性都还有待进一步提升。

### 一 城市间生态环境保护合作有待提升

近年来，粤港澳大湾区政府间虽然开展了大量合作，但现有合作以小范围的合作为主，特别是粤港、深港以及珠三角内部城市之间的区域性合作相对较少。粤港澳大湾区顶层协调机制和各个领域的推进机制正逐步完善，但是产业发展、基础设施建设、生态环境保护等跨领域统筹协调机制还有待进一步完善。生态环境保护合作机制还不够完善，主要表现为行政协议效力不足，虽然政府间的行政协议比较多，但对生态环境保护合作的推动效果不明显。大多数生态环境保护协议内容过于原则性，操作性不强，许多协议缺乏明确的责任条款和惩罚机制。在实践中，粤港澳大湾区联合开展生态环境保护的具体行动还不够多。

### 二 大湾区生态环境保护压力较大

粤港澳大湾区9市2区同处珠江流域，区域内河网密布，跨界河流众多，深圳河、淡水河、茅洲河、小东江、独水河、前山河、广佛跨界河涌等跨界河流以及珠江口近海地区水环境保护压力仍然较大。粤港澳大湾区人口集聚、经济规模大、工业生产多、能源消耗大，工业废气排放、汽车尾气排放以及其他大气污染物排放总量比较大，酸雨频率、臭氧浓度、PM2.5和灰霾天气等监测指标还不够稳定，大气污染防治与保护压力较大。根据广东省生态环境厅发布的《2021广东生态环境状况公报》，珠三角9市空气质量达标天数比例平均为94.5%，较2020年下降了1.2%，臭氧、二氧化氮和PM10是主要污染物，各城市空气质量均有所变差。珠三角河网区50个断面当中，Ⅰ—Ⅲ类水质占80%，比2020年下降2%，Ⅳ类水质占20%，比2020年上升4%。广州、佛山、江门跨市河流达标率均有所下降。珠江口仍然是广东省Ⅳ类水质的主要分布地，环珠江口海面漂浮微塑料密度达到2.48个/立方米。

## 三 大湾区生态环境承载压力较大

粤港澳大湾区既是经济高度发达的区域，也是能源资源消耗较高的区域。根据中国科协生态环境联合体与中国林学会2021年联合发布《粤港澳大湾区生态环境保护与生态系统治理智库报告》显示，粤港澳大湾区虽然在人口、经济规模等方面已经媲美世界一流湾区，但是生态环境质量和绿色发展水平还有较大差距，能源规模消耗较大，能源结构主要以化石能源为主，石油、煤炭还占有相当大比重，生态环境承载压力较大。部分地区开发强度大，资源环境承载力已经接近上限。珠三角地区是广东省和粤港澳大湾区工业主要集聚地，工业能耗仍然较大。根据《2021年广东省国民经济和社会发展统计公报》发布的数据，2021年广东省规模以上工业综合能源消费量19279.60万吨标准煤，比2020年增长10.8%，单位工业增加值能耗增长1.7%。

#### 四 区域统一的法律法规体系有待完善

当前,粤港澳大湾区签署的《粤港合作框架协议》《粤澳合作框架协议》及其他环境合作协议并没有法律的明确授权,法律效力模糊。各方是否能够自觉按照合作协议履行合作义务,取决于各方的自律行为,并无法律约束力。粤港澳大湾区各级政府之间也存在各自的利益诉求,如果没有完善的利益协调机制,很难实现各自的合理利益诉求,生态环境合作的动力难免会打折扣。粤港澳三地存在不同的法制体系,加上社会、经济制度差异,区域性生态保护和环境事务政策存在差异,环境管理制度及法律标准并非完全一致。以深圳河治理为例,在规划与招投标方面,深港两地法规、程序和技术标准等方面存在许多差异,双方采用不同的技术规范,这些制度差异和冲突对区域生态环境协同发展形成了一定制约。

## 第五节 粤港澳大湾区生态环境协同提升的对策建议

### 一 完善生态环境协同共治机制

(一)以统一的规划指导区域生态环境协同治理

以《粤港澳大湾区发展规划纲要》(以下简称《纲要》)为统领,坚持区域统筹、流域统筹、陆海统筹的区域环境治理新模式,加强大湾区内水环境、大气环境、生态安全格局和相关政策法规的规划和设计。优化调整大湾区地表水环境功能区划和近海功能规划。加强跨界水污染治理,建立健全跨界河流污染综合防治体系,形成大湾区水环境安全格局。建立大气复合污染综合防治体系,有效改善区域空气环境质量;全面实施大湾区清洁空气行动计划，多手段联合推进。从大湾区区域自然环境和经济发展整体布局出发，优先保护区域生态屏障，统筹规划区域绿地和区域绿道，构筑整体联结的生态安全体系。建立统筹协调的区域环境管理体制，突破一体化瓶颈；建立科学的环境政策体系，探索具有大湾区特色的区域环境保护新道路。

（二）完善区域环境治理组织机制

推动成立粤港澳大湾区环境委员会，负责协调粤港澳大湾区环境治理合作中的重大事项，健全专责环境小组的协调功能，明确专责环境小组的法律地位。健全区域利益协调机制，建立区域生态利益诉求表达平台，便利区域内城市间生态环境利益纠纷的反映、反馈和解决。加快推进设立粤港澳大湾区绿色发展基金，完善区域生态补偿机制。完善区域生态环境联防联控机制，建立区域水环境监测网络和数据库，优化完善区域大气监控网络。建立区域机动车污染监控平台，研究和建立区域主要大气污染物排放源清单，完善区域大气排放清单动态更新工作机制。

## 二 优化完善大湾区生态安全系统

（一）强化大湾区生态红线管控

落实《纲要》提出的"划定并严守生态保护红线，强化自然生态空间用途管制；加强珠三角周边山地、丘陵及森林生态系统保护，建设北部连绵山体森林生态屏障"等要求，加强海洋生态红线区、生态敏感区和生态脆弱区等的保护。包括加强海岸线保护和管控，强化岸线资源保护和自然属性维护，健全海岸线动态监测机制等。

（二）系统构建大湾区生态环境体系

统筹林地、绿地、水面、湿地、园林、耕地等生态用地资源，注重各类生态用地之间的关联性，将其统一纳入大湾区生态用地管理范畴，明确用地规模、强化功能管理、划定生态建设指标、明确各项保护制度，构建大湾区整体的生态环境体系和生态安全格局。严格保护跨行政区重要生态空间，加强中心城市生态用地维护与建设，编制实施都市圈生态环境管控方案，联合实施生态系统保护和修复工程。加强区域生态廊道、绿道衔接，促进林地绿地湿地建设、河湖水系疏浚和都市圈生态环境修复。

### 三 深化大湾区生态环境共同治理

（一）深化大湾区水环境协同治理

构建区域集中统一的环境治理权利机制，研究设立大湾区跨区域水污染系统治理委员会，统一对大湾区内水污染进行系统性评估，并协调各城市进行讨论和磋商，制订相关解决方案，并保证相关决策能够得到顺利执行。研究制定大湾区内统一的污水排放指标，控制大湾区内污水排放的量和浓度。讨论建立大湾区内统一的水污染防治法律法规体系，加强区域水污染治理的法制化和一体化。

（二）深化大湾区大气污染共同防治

完善区域空气质量监测网络。推进低碳试点示范，实施近零碳排放区示范工程，加快低碳技术研发，深化对粤港澳大湾区空气污染机理的研究，研究制定大湾区大气污染源排放清单，加强对大湾区内大气污染机理、大气污染预测系统以及大气污染控制技术应用示范等的研究。

创新区域大气污染防治合作体制机制。加强区域内城市间环境合作体制的系统性与合法性，从制度层面实现区域可持续发展决策的合法化，同时建立权威的保障机制，对区域环境质量实行有效监督。研究城市"区域环境保护咨询委员会"聘请不同地区的环境学、经济学、法学等领域的专业人士，以及区域内关心环境发展的团体或个人担任委员,并就区域环境协同发展提供相关咨询和建议。

### 四 提升治理的市场化和社会化水平

(一) 推进市场主导环境治理资源配置

针对长期以来,大湾区内政府主导的垂直型资源配置模式所导致的资源环境发展要素的空间最优配置受限问题,加强生态环境资源配置中的市场机制培育。推进市场在资源环境要素配置中的作用,建设覆盖大湾区的跨区域环境交易平台,重点发展区域碳交易、区域排污权交易和流域生态补偿等市场化表现方式,以市场机制调节大湾区生态保护利益相关者之间的利益关系。

(二) 推进环境治理模式扁平化发展

加强大湾区内环境协同治理纵向管控的同时,在推动区域间执行和参与方面加强横向对接,促进更多社会主体参与,形成同一层级主体之间横向联系密切的扁平化协同治理网络结构,使得各治理主体之间的信息沟通更加灵活,较好地解决行政分割、分段管理、各自为政等导致的整体环境治理效能低下问题,实现区域环境治理从政府主导向多元共治转型。

### 五 以科技助推生态环境协同发展

(一) 推动大湾区绿色金融协调发展

粤港澳大湾区拥有在绿色金融领域探索的改革创新试验区、国际金融中心、科技创新聚集地等不同的元素,具备发展绿色金融的基础,因此,推动大湾区建设一个具有共同标准的绿色金融市场是未来发展的重要趋势。推动区域内协商共同设立绿色金融行业标准,并实现区域内各城市对接及互认相关标准,鼓励绿色金融发展。引导金融机构加强绿色金融的风险管理,尤其是金融机构应该开展一些气候和环境变化相关的压力测试。推动粤港澳三地金融监管部门在绿色金融监管方面深化合作，推进绿色金融数据的跨境综合统计，分享与绿色金融相关的监管信息。

（二）推动大湾区产业升级与绿色发展

充分发挥大湾区的区位、经济水平及创新能力等先导优势，实施绿色引领，全方位、全地域、全过程推动形成节约资源和保护环境的产业结构、生产方式、生活方式。推动珠江西岸先进装备制造业、东岸先进电子信息产业创新集群发展，支持节能环保、新能源、光电装备等区域优势产业研发生产壮大，加快完善现代服务业体系建设，实现"产业绿色化、绿色产业化"。广泛倡导绿色低碳生活方式，推动垃圾分类全覆盖，建设低碳绿色运输体系，改善公众绿色低碳出行环境。

# 第七章　中心城市引领粤港澳大湾区协同发展分析：以广州为例

《粤港澳大湾区发展规划纲要》明确提出："广州、深圳、香港和澳门四大中心城市作为区域发展的核心引擎，继续发挥比较优势做优做强，增强对周边区域发展的辐射带动作用。"显然，发挥中心城市引领与带动作用，推动粤港澳大湾区协同发展是当前及未来的一项重大战略任务。中心城市要在区域协同发展中发挥引领作用，不仅需要自身拥有强大的集聚能力，还需要有高效的连接能力和辐射能力。基于这一认识，本章首先对广州在粤港澳大湾区的集聚能力、连接能力和辐射能力进行分析，在此基础上提出广州引领粤港澳大湾区协同发展的实现路径。

## 第一节　广州在粤港澳大湾区的集聚能力分析

### 一　广州城市发展定位与发展能级

（一）广州城市发展定位演变

广州是中国的千年商都，商贸历史文化积淀深厚。远在秦汉时期，时称番禺的广州已是海上贸易中心。在唐宋时期，广州已成为中国最大的港口城市和南海造船中心，在此启航经西沙、南沙群岛到波斯湾、红海的对外贸易航线异常繁盛。作为古代海上丝绸之路的起点和发祥地，广州吸引了来自世界各地的商品和商人,对外贸易重镇地位凸显。凭借发达的海内外贸易,广州曾在19世纪中叶跻身世界第四大贸易中心,商贸业影响遍及东亚、南亚、中东、非洲、欧洲等全球各地,Canton(广州的英文名)在全世界广为人知。

改革开放以来,广州一直是中国经济最发达、市场体系最完善、对外开放程度最高的珠三角地区的核心城市,也是华南地区经济、文化和科教中心,在推动经济社会发展和深化改革开放中发挥了重要的先行示范和带动作用。2005年,原建设部(现住房和城乡建设部)委托中国城市规划设计研究院编制《全国城镇体系规划(2006—2020)》,指出以国家中心城市为核心的城镇群是重点城镇群,第一次提出国家中心城市的概念,并明确北京、上海、广州和天津为国家中心城市。随后,广东省政府发布的《珠江三角洲地区改革发展规划纲要(2008—2020)》明确提出广州要"强化国家中心城市、综合性门户城市和区域文化教育中心的地位,提高辐射带动能力,力争将广州建设成为广东宜居城乡的'首善之区',建成面向世界、服务全国的国际大都市"。

2016年,国务院批复的《广州市城市总体规划(2011—2020年)》明确指出,广州定位为广东省省会、国家历史文化名城,我国重要的中心城市、国际商贸中心和综合交通枢纽。2019年,中共中央、国务院印发的《粤港澳大湾区发展规划纲要》明确广州作为粤港澳大湾区四大中心城市之一,要求广州要充分发挥国家中心城市和综合性门户城市引领作用,全面增强国际商贸中心、综合交通枢纽功能,培育提升科技教育文化中心功能,着力建设国际大都市。2021年,广州市人民政府印发《广州市国民经济和社会发展第十四个五年规划和2035年远景目标纲要》,提出到2035年,建成具有经典魅力和时代活力的国际大都市,成为具有全球影响力的国际商贸中心、综合交通枢纽、科技教育文化医疗中心，朝着美丽宜居花城、活力全球城市阔步迈进。

(二) 广州城市发展能级影响

广州城市全球联系度高，市场机制成熟，商业文化底蕴浓厚，城市开放度高，社会包容性强，生态环境品质较高，对全球资源集聚配置能力持续增强，在全球城市体系的地位不断攀升，得到了诸多国际知名评级机构的认可。

根据全球知名城市评级机构全球化与世界级城市研究小组与网络 (Globalization and World Cities Study Group and Network) 基于175家高端生产性服务企业在全球经营网络情况对全球的主要城市进行评级，2016年广州在全球城市体系中的排名位居第40位，在国内仅次于香港 (Alpha+)、北京 (Alpha+)、上海 (Alpha+) 和台北 (Alpha-)，首次进入标志作为世界一线城市的 Alpha 级别城市之列; 2020年，广州的排名上升到第34位，超越台北。全球知名管理咨询公司科尔尼 (A. T. Kearney) 从商业活动、信息交流、人力资本、文化体验、政治事务五个维度对全球主要城市综合实力进行排名，根据其发布的《2021全球城市指数报告》，广州城市综合实力位居全球主要城市第61位，在国内仅次于北京、香港、上海和台北; 在其基于居民幸福感、经济状况、创新和治理四个维度发布的"2021全球城市潜力排行榜"中，广州位居全球34位，在国内仅次于北京、台北、深圳、上海。香港中外城市竞争力研究院从城市经济实力、资源潜力、文化蕴力、科技动力、创新能力、开放张力、管理效力、民生保障八个维度对全球主要城市竞争力进行排名，在其发布的《2021GN全球城市竞争力评价指标体系》中，广州排在全球第23位，在国内排名仅次于深圳、香港、上海和北京。中国城市规划设计研究院基于生产和服务网络、创新网络、连通设施网络三个维度构建全球价值活力评价模型，在其发布的《"一带一路"倡议下的全球城市报告（2021）》，广州排名全球主要城市第12位，仅次于上海、北京、香港和深圳。

综合来看，在全球城市体系当中，广州综合竞争力和发展能级已经在国际上积累一定优势并保持相对稳固的地位，城市国际影响力不断攀升。在国内，广州城市综合实力居于领先地位，和香港、北京、上海、深圳共同构成中国一线城市方阵。

## 二 广州城市经济集聚与发展能力

改革开放40多年来，广州城市综合竞争力不断增强。广州GDP从1978年的43.09亿元增加到2021年的28231.97亿元，人均GDP从1978年的907元增加到2021年的150366元（见表7-1）。

表7-1　　　　　　　　部分年份广州主要经济指标

| 年份 | GDP（亿元） | 人均GDP（元） |
| --- | --- | --- |
| 1978 | 43.09 | 907 |
| 1980 | 57.55 | 1160 |
| 1985 | 124.36 | 2302 |
| 1990 | 319.60 | 5418 |
| 1995 | 1259.20 | 16207 |
| 2000 | 2492.74 | 25626 |
| 2005 | 5154.23 | 53809 |
| 2010 | 10748.28 | 87458 |
| 2015 | 18100.41 | 136188 |
| 2016 | 19547.44 | 141933 |
| 2017 | 21503.15 | 150678 |
| 2018 | 22859.35 | 155491 |
| 2019 | 23628.60 | 156427 |
| 2020 | 25019.11 | 135315 |
| 2021 | 28231.97 | 150366 |

资料来源：《广州统计年鉴（2020）》《广州市2021年国民经济和社会发展统计公报》。

2021年，广州三次产业结构调整为1.09∶27.35∶71.56，与2020年相比，第一产业增加值增长5.5%，第二产业增加值增长8.5%，第三产业增加值增长8.0%。第二产业占GDP比重提升将近一个百分点，表明广州近年来一直推动实施的先进制造业强市战略取得了一定的成效。在产业体系当中，现代服务业和先进制造业所占比重进一步提高，成为推动经济发展的双引擎。

表7-2　　　　　　　部分年份广州三次产业结构占比

| 年份 | 三次产业结构 |
| --- | --- |
| 2015 | 1.26∶31.97∶66.77 |
| 2016 | 1.22∶30.22∶68.56 |
| 2017 | 1.09∶27.97∶70.94 |
| 2018 | 0.98∶27.27∶71.75 |
| 2019 | 1.06∶27.32∶71.62 |
| 2020 | 1.15∶26.34∶72.51 |
| 2021 | 1.09∶27.35∶71.56 |

资料来源：历年广州国民经济和社会发展统计公报。

以数字经济为代表的新经济加快发展，引领未来产业发展。根据广州市科技创新企业协会2022年3月发布的"2021年广州独角兽创新企业榜单"，广州16家独角兽企业几乎都是数字经济企业（见表7-3），其中包括6家人工智能企业，4家信息技术企业，3家电子商务企业，1家物联网企业，其他数字经济细分行业2家。在评选的63家未来独角兽企业中，34家企业为人工智能、云计算、物联网、大数据等数字化核心产业企业。随着这些企业的成长壮大，广州未来数字化产业的新图景将徐徐展开。

表7-3　　　　　　　　　2021年广州独角兽企业名单

| 序号 | 企业名称 | 所在行业 |
| --- | --- | --- |
| 1 | 广州小马智行科技有限公司 | 人工智能 |
| 2 | 云从科技集团股份有限公司 | 人工智能 |
| 3 | 广州文远知行科技有限公司 | 人工智能 |
| 4 | 广州致景信息科技有限公司 | 物联网 |
| 5 | 奥动新能源汽车科技有限公司 | 新能源与节能环保 |
| 6 | 广州速道信息科技有限公司 | 信息技术 |
| 7 | 广州市钱大妈农产品有限公司 | 电子商务 |
| 8 | 广州探迹科技有限公司 | 人工智能 |
| 9 | 广州极飞科技股份有限公司 | 人工智能 |
| 10 | 树根互联股份有限公司 | 信息技术 |
| 11 | 广州粤芯半导体有限公司 | 信息技术 |
| 12 | 广州华胜科技信息服务有限公司 | 企业服务 |
| 13 | 广州探途网络技术有限公司 | 电子商务 |
| 14 | 广东汇天航空航天科技有限公司 | 人工智能 |
| 15 | 广州市百果园网络科技有限公司 | 信息技术 |
| 16 | 广州市巴图鲁信息科技有限公司 | 电子商务 |

资料来源：广州市科技创新企业协会。

国有经济创新力、竞争力、控制力和影响力不断增强。自《广州市国企改革三年行动实施方案（2020—2022年）》落地实施以来，广州持续推动联合重组和资本运作做大做优做强国企，推动国资国企成为国家战略的支撑者、科技创新的引领者、产业发展的赋能者、城市发展的建设者和美好生活的服务者。截至2021年年末，广州市国有企业资产总额达到4.91万亿元，世界500强企业3家、中国500强企业8家，上市公司34家。[①] 广百集团和友谊集团实施联合重组成立广州商贸投资控股集团

---

① 广州市人民政府国有资产监督管理委员会：《2021年1—12月市属国企经济运行情况》，广州市人民政府官网，2022年1月18日，http://gzw.gz.gov.cn/zt/sjfb/content/post_8032538.html。

有限公司，广州工控通过资本市场运作进一步提升控制能力，广电运通、海格通信围绕产业链延伸布局均完成多个收购项目。在国有经济综合实力不断增强的同时，民营经济也得到了进一步发展。2021年广州民营经济增加值达到1.15万亿元，占GDP的比重达到40.7%，民营企业占市场主体总数的比例超过95%，贡献了80%以上的新增就业以及70%以上的创新成果。①

2021年，广州的经济总量继续位于上海、北京和深圳之后，在中国大陆主要城市中排名第四，与第三名深圳的差距进一步缩小至2432.88亿元，并与紧随其后的重庆拉开差距。从经济增长率来看，2021年广州的经济增长率高于深圳，与上海持平，但略低于北京、重庆、苏州、成都等城市。根据中国社会科学院2021年11月发布的《中国城市竞争力报告No.19》，广州城市综合经济竞争力排在第5位，仅次于上海、深圳、香港、北京。可以看出，在中国主要城市当中，广州经济集聚能力处于第一方阵（见图7-1）。

在粤港澳大湾区当中，广州GDP所占比重从2015年的21.5%提升到2021年的22.4%，GDP总量超越香港但同时也被深圳超越。近年来，广州经济集聚优势的获得以及经济集聚度的提高主要得益于服务业的集聚优势。广州服务业在粤港澳大湾区占比仅次于香港，但是需要关注的是深圳服务业在粤港澳大湾区占比也在快速上升并接近广州。需要关注的工业集聚能力，广州工业增加值在粤港澳大湾区中占比下降明显，与占比排名第一的深圳差距不断拉大，并被佛山超越。在公共财政收入方面，广州在粤港澳大湾区的占比也远远低于香港和深圳（见表7-4）。

---

① 《2021年广州市国民经济和社会发展统计公报》，广州文明网，2022年3月28日，http://gdgz.wenming.cn/2020index/yw/202202/t20220224_7495446.html。

226　新发展阶段粤港澳大湾区协同发展评价与策略

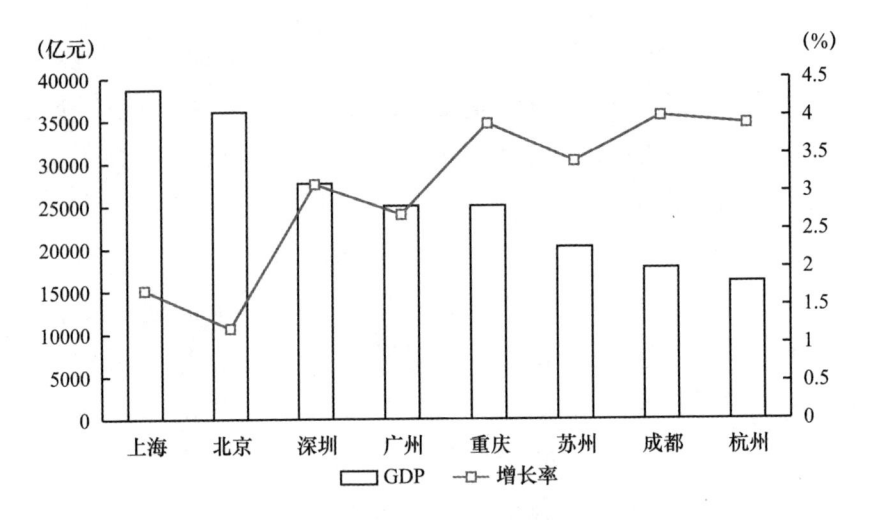

图 7-1　2021 年中国部分城市 GDP 及其增长速度

资料来源：各城市发布的统计公报。

表 7-4　2015—2020 年各城市部分经济指标占粤港澳大湾区比重　　单位：%

| 城市 | GDP 占比 2015 年 | GDP 占比 2021 年 | 工业增加值占比 2015 年 | 工业增加值占比 2020 年 | 服务业占比 2015 年 | 服务业占比 2020 年 | 公共财政收入占比 2015 年 | 公共财政收入占比 2020 年 |
|---|---|---|---|---|---|---|---|---|
| 广州 | 21.5 | 22.4 | 20.0 | 17.2 | 22.5 | 23.8 | 12.4 | 12.2 |
| 深圳 | 20.8 | 24.3 | 25.9 | 28.7 | 19.1 | 22.5 | 25.0 | 27.2 |
| 香港 | 22.8 | 18.8 | 1.9 | 1.7 | 32.1 | 29.5 | 33.2 | 36.6 |
| 珠海 | 2.4 | 3.1 | 3.4 | 3.8 | 1.8 | 2.5 | 2.5 | 2.7 |
| 佛山 | 9.5 | 9.6 | 18.0 | 17.4 | 5.6 | 6.0 | 5.1 | 5.3 |
| 惠州 | 3.7 | 3.9 | 6.2 | 5.8 | 2.3 | 2.4 | 3.1 | 2.9 |
| 东莞 | 7.4 | 8.6 | 10.9 | 15.0 | 6.2 | 5.8 | 4.8 | 4.9 |
| 中山 | 3.6 | 2.8 | 6.0 | 4.4 | 2.4 | 2.0 | 2.6 | 2.0 |
| 江门 | 2.7 | 2.9 | 3.9 | 3.5 | 1.8 | 2.1 | 1.8 | 1.9 |
| 肇庆 | 2.3 | 2.1 | 3.6 | 2.3 | 1.3 | 1.3 | 1.3 | 0.9 |
| 澳门 | 3.3 | 1.5 | 0.1 | 0 | 4.8 | 2.1 | 8.2 | 3.4 |

资料来源：根据《广东统计年鉴》《香港统计年刊》《澳门统计年鉴》当年数据计算。

### 三　广州城市要素集聚与发展能力

生产要素包括劳动、土地、资本、信息、数据、技术等。

采用从业人员数、专利授权量、外商直接投资、客户存款以及公共财政支出5个二级指标，运用熵权TOPSIS法进行测度。结果显示：在粤港澳大湾区中，广州要素相对集聚水平位居第三位，仅次于香港和深圳，相比东莞、佛山、澳门、中山等城市有较大优势。从纵向时间序列来看，广州在粤港澳大湾区中的要素集聚能力呈现上升态势，但是2020年由于受到新冠疫情的影响，广州要素相对集聚水平有所下降（见图7-2）。

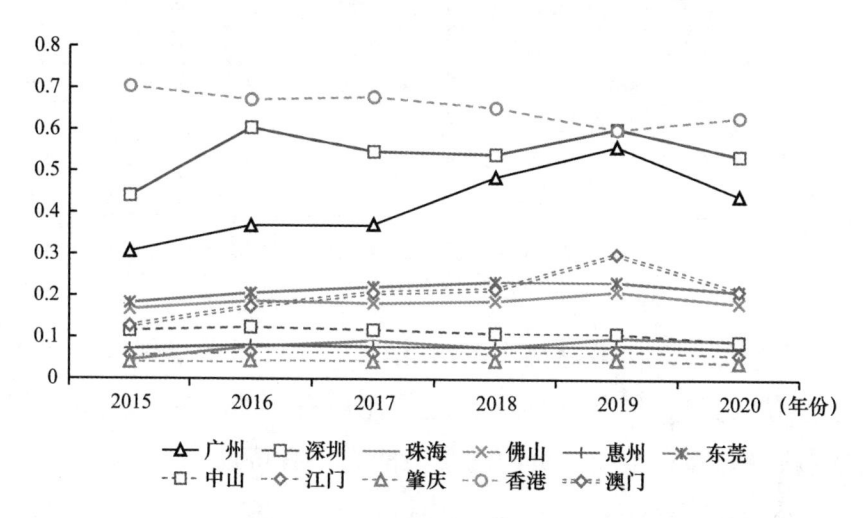

**图7-2　粤港澳大湾区要素相对集聚水平TOPSIS评价指数**

资料来源：《广东统计年鉴》《香港统计年刊》《澳门统计年鉴》。

具体来看，2015年以来，广州从业人员数量、专利授权数、外商直接投资、公共财政支出在粤港澳大湾区中所占的比重均呈现上升趋势，客户存款占比则略有下降，这意味着与自身相比广州的要素集聚能力得到了增强。但是与深圳相比，广州对劳动力、科技创新、资金资本的集聚能力尚有一定差距，尤其是在科技创新和资金资本要素资源的集聚能力落后明显。与香港相比，广州资金资本的集聚能力存在较大差距（见表7-5）。

表7-5　2015—2020年各城市部分要素指标占粤港澳大湾区比重　　单位：%

| 要素指标<br>年份<br>城市 | 从业人员占比 2015 | 2020 | 专利授权占比 2015 | 2020 | 外商直接投资占比 2015 | 2020 | 客户存款占比 2015 | 2020 | 公共财政支出占比 2015 | 2020 |
|---|---|---|---|---|---|---|---|---|---|---|
| 广州 | 19.4 | 22.6 | 18.1 | 24.3 | 3.3 | 9.9 | 18.3 | 17.9 | 14.0 | 15.1 |
| 深圳 | 23.0 | 24.0 | 32.8 | 34.7 | 10.0 | 10.4 | 24.6 | 26.9 | 28.5 | 21.4 |
| 香港 | 8.2 | 7.0 | 2.9 | 1.3 | 68.0 | 52.0 | 36.8 | 34.0 | 28.3 | 37.1 |
| 珠海 | 2.8 | 3.2 | 3.1 | 3.8 | 1.4 | 5.2 | 2.3 | 2.5 | 3.1 | 3.5 |
| 佛山 | 10.3 | 9.2 | 12.5 | 11.5 | 1.1 | 1.4 | 5.1 | 5.1 | 6.5 | 5.1 |
| 惠州 | 6.3 | 6.1 | 4.5 | 3.0 | 0.8 | 1.1 | 1.6 | 1.9 | 3.9 | 3.3 |
| 东莞 | 14.2 | 13.9 | 12.2 | 11.6 | 2.0 | 2.3 | 4.2 | 4.8 | 4.7 | 4.3 |
| 中山 | 4.7 | 4.3 | 10.1 | 6.2 | 0.4 | 0.5 | 1.9 | 1.8 | 2.9 | 1.9 |
| 江门 | 5.5 | 4.8 | 2.9 | 2.6 | 0.4 | 0.5 | 1.6 | 1.4 | 2.4 | 2.3 |
| 肇庆 | 4.7 | 4.1 | 0.8 | 1.0 | 1.4 | 0.1 | 0.8 | 0.7 | 2.2 | 2.2 |
| 澳门 | 0.8 | 0.7 | 0.1 | 0.1 | 11.3 | 16.6 | 2.9 | 2.9 | 3.5 | 3.9 |

资料来源：笔者根据《广东统计年鉴》《香港统计年刊》《澳门统计年鉴》当年数据计算。

总体而言，在粤港澳大湾区当中，广州要素集聚能力具有较为明显优势，但与深圳和香港相比还有不小差距，尤其是科技创新资源和资金资本资源的集聚能力还有待进一步提高。

### 四　市场集聚能力评估与分析

根据前文熵权TOPSIS法对各个城市市场相对发展水平进行测度，2015年以来广州市场相对发展水平即集聚能力位居粤港澳大湾区第三位，与香港和深圳还有一定差距。从发展趋势看，广州市场集聚能力有所提升。具体而言，2021年，广州常住人口1881.06万人，占粤港澳大湾区人口总量的比重达到21.7%；2020年广州社会消费品零售总额占粤港澳大湾区社会消费品零售总额的比重达到26.7%，两项指标均排名第一。人口数量和社会消费品零售总额是衡量城市本身市场规模大小的关键指标，因此可以认为广州市场规模在粤港澳大湾区当中具有一定优势。

事实上，2021年7月，经国务院批准，广州与北京、上海、天津、重庆率先试点建设国际消费中心城市。为更好落实国家部署，2021年11月，广州市人民政府印发《广州市加快培育建设国际消费中心城市实施方案》，明确提出一系列具体举措和目标，为国际消费中心建设提供了清晰指引。作为千年商都，广州商贸业优势明显，为国际消费中心城市建设典型了良好的基础。2021年，广州社会消费品零售总额达10122.56亿元，历史上首次突破1万亿元大关，仅次于上海、北京和重庆。批发和零售业、住宿和餐饮业、时尚品质类、限额以上金银珠宝类、生活办公类、体育娱乐类及中西药品类等消费均显示出良好的发展势头。在数字经济快速发展的背景下，线上消费成为新趋势，2021年广州线上实物商品网上零售额和线上住宿餐饮企业通过公共网络实现的餐费收入分别同比增长12.6%和32.8%。[①] 根据21世纪经济研究院发布的2021年国际消费中心城市排名，广州的综合排名位列全国第三，仅次于北京和上海。在国家商务部对2021年跨境电子商务综合试验区评估当中，广州位列第一档。跨境电商进口额连续七年排在全国主要城市第一位（见表7-6）。

表7-6　　2021年国际消费中心城市指标得分及排名

| 排名 | 城市 | 综合得分 | 经济社会发展指标 | 国际消费环境指标 | 优质消费资源聚集度指标 | 国际知名消费品渗透度指标 | 国际旅游发展指标 |
| --- | --- | --- | --- | --- | --- | --- | --- |
| 1 | 北京 | 739 | 137 | 163 | 216 | 74 | 149 |
| 2 | 上海 | 725 | 137 | 159 | 203 | 76 | 150 |
| 3 | 广州 | 635 | 119 | 142 | 183 | 68 | 123 |

① 《2021年广州市国民经济和社会发展统计公报》，2022年3月27日，广州市统计局（http://tjj.gz.gov.cn/attachment/7/7075/7075010/8540102.doc）。

续表

| 排名 | 城市 | 综合得分 | 经济社会发展指标 | 国际消费环境指标 | 优质消费资源聚集度指标 | 国际知名消费品渗透度指标 | 国际旅游发展指标 |
|---|---|---|---|---|---|---|---|
| 4 | 成都 | 598 | 100 | 133 | 177 | 71 | 117 |
| 5 | 重庆 | 571 | 105 | 108 | 183 | 48 | 127 |
| 6 | 深圳 | 528 | 109 | 101 | 157 | 69 | 92 |
| 7 | 杭州 | 525 | 96 | 96 | 167 | 68 | 98 |
| 8 | 武汉 | 491 | 81 | 115 | 131 | 48 | 116 |
| 9 | 苏州 | 463 | 83 | 76 | 149 | 51 | 104 |
| 10 | 西安 | 430 | 44 | 95 | 122 | 42 | 127 |
| 11 | 长沙 | 413 | 67 | 75 | 121 | 47 | 103 |
| 12 | 天津 | 410 | 75 | 80 | 100 | 48 | 107 |
| 13 | 南京 | 406 | 68 | 87 | 112 | 47 | 92 |
| 14 | 昆明 | 356 | 55 | 78 | 94 | 42 | 87 |
| 15 | 青岛 | 335 | 63 | 55 | 102 | 27 | 88 |
| 16 | 厦门 | 321 | 49 | 58 | 67 | 43 | 104 |
| 17 | 济南 | 235 | 53 | 53 | 67 | 24 | 38 |
| 18 | 三亚 | 220 | 43 | 13 | 44 | 40 | 80 |
| 19 | 海口 | 196 | 49 | 40 | 44 | 36 | 27 |

资料来源：21世纪经济研究院。

在进出口总额方面，广州在粤港澳大湾区中所占的比重还比较低，即链接国际市场方面相比香港和深圳还有不小差距。一个城市接待游客数量越多，意味着城市的旅游消费市场越大。在香港因为疫情原因导致游客数量大幅减少的背景下，广州接待游客数量占粤港澳大湾区接待游客总量的比例排名第二，仅次于深圳。值得关注的是，与2015年相比，广州接待游客数量占粤港澳大湾区接待游客总量的比例有所下降（见表7-7）。

表7-7　　2015—2020年各城市市场指标占粤港澳大湾区比重　　单位：%

| 市场指标<br>年份<br>城市 | 社会消费品零售总额 2015 | 社会消费品零售总额 2020 | 接待游客数量 2015 | 接待游客数量 2020 | 进出口额 2015 | 进出口额 2021 | 人口数量 2015 | 人口数量 2021 |
| --- | --- | --- | --- | --- | --- | --- | --- | --- |
| 广州 | 25.2 | 26.7 | 18.3 | 17.8 | 6.8 | 6.5 | 20.2 | 21.7 |
| 深圳 | 23.2 | 25.1 | 17.4 | 20.8 | 22.4 | 21.4 | 17.1 | 20.4 |
| 香港 | 13.8 | 8.4 | 19.2 | 1.5 | 50.1 | 51.5 | 10.9 | 8.5 |
| 珠海 | 2.7 | 2.7 | 6.5 | 6.2 | 2.4 | 2.0 | 2.5 | 2.8 |
| 佛山 | 9.3 | 9.5 | 4.1 | 15.2 | 3.3 | 3.7 | 11.1 | 11.1 |
| 惠州 | 4.5 | 5.1 | 6.0 | 9.5 | 2.7 | 1.8 | 7.1 | 7.0 |
| 东莞 | 9.5 | 10.8 | 6.1 | 16.5 | 8.5 | 9.2 | 12.4 | 12.2 |
| 中山 | 4.4 | 4.1 | 3.2 | 3.5 | 1.8 | 1.6 | 4.8 | 5.2 |
| 江门 | 3.1 | 3.4 | 5.6 | 4.2 | 1.0 | 1.1 | 6.8 | 5.6 |
| 肇庆 | 2.6 | 3.1 | 3.6 | 2.1 | 0.4 | 0.2 | 6.1 | 4.8 |
| 澳门 | 1.7 | 1.1 | 9.9 | 2.5 | 0.8 | 0.8 | 1.0 | 0.8 |

资料来源：笔者根据《广东统计年鉴》《香港统计年刊》《澳门统计年鉴》当年数据计算。

总体而言，广州本地市场规模在粤港澳大湾区具有领先优势，但是在影响和连接国际市场方面还存在不小差距；消费市场处于国内城市领先地位，但受新冠疫情的影响，旅游消费市场吸引力有所下降。

## 五　公共服务集聚能力评估与分析

根据前文熵权TOPSIS法对各个城市公共服务相对发展水平的测度，广州公共服务相对发展水平在粤港澳大湾区中排名第二，仅次于香港。从发展趋势看，由于香港公共服务相对发展水平呈现下降趋势，广州公共服务相对发展水平有所上升，因此两个城市之间公共服务相对发展水平差距有所减小。与此同时，深圳公共服务相对发展水平呈现出较快的增长态势，与广州的差距不断缩小。

具体来看，广州具有丰富的医疗教育资源，在卫生技术人员、医疗机构床位数、中小学在校人数等方面具有较为明显优势。2020年，广州中小学在校人数占粤港澳大湾区在校人数比例为18%，占比略高于深圳居第一位。广州卫生技术人员数量占比和医疗机构床位数量占比则具有明显优势，占比远远高于其他城市。博物馆数量占比达到23.7%，仅次于深圳。公共图书馆数量占比数量达到6.0%，仅次于香港居于第二位，但与香港的差距较大。需要关注的是广州教育支出占比远远小于香港和深圳，这可能不利于巩固广州在粤港澳大湾区的教育优势地位（见表7-8）。

表7-8  2015—2020年各城市公共服务指标占粤港澳大湾区比重  单位：%

| 市场指标<br>年份<br>城市 | 教育支出占比 2015 | 教育支出占比 2020 | 中小学在校人数占比 2015 | 中小学在校人数占比 2020 | 卫生技术人员占比 2015 | 卫生技术人员占比 2020 | 医疗机构床位占比 2015 | 医疗机构床位占比 2020 | 公共图书馆占比 2015 | 公共图书馆占比 2020 | 博物馆占比 2015 | 博物馆占比 2020 |
|---|---|---|---|---|---|---|---|---|---|---|---|---|
| 广州 | 15.3 | 16.0 | 18.8 | 18.0 | 25.3 | 27.6 | 27.8 | 28.1 | 6.3 | 6.0 | 20.1 | 23.7 |
| 深圳 | 15.4 | 24.4 | 15.4 | 17.4 | 15.1 | 16.7 | 11.5 | 13.8 | 5.3 | 5.5 | 17.4 | 24.5 |
| 香港 | 33.9 | 31.9 | 9.1 | 7.7 | 19.3 | 14.4 | 13.0 | 11.7 | 38.8 | 37.6 | 10.1 | 5.8 |
| 珠海 | 2.8 | 3.2 | 3.0 | 3.2 | 2.9 | 3.2 | 2.9 | 3.1 | 1.5 | 1.8 | 2.0 | 1.2 |
| 佛山 | 6.8 | 4.9 | 10.3 | 10.9 | 8.7 | 9.1 | 11.2 | 10.6 | 2.9 | 2.8 | 10.7 | 9.7 |
| 惠州 | 5.1 | 3.7 | 9.8 | 10.4 | 5.5 | 5.9 | 7.4 | 6.4 | 2.4 | 2.3 | 4.0 | 3.9 |
| 东莞 | 7.0 | 5.8 | 12.8 | 12.9 | 9.0 | 9.0 | 9.3 | 9.3 | 0.5 | 0.5 | 4.7 | 7.0 |
| 中山 | 3.4 | 2.8 | 5.4 | 5.5 | 4.0 | 3.9 | 4.5 | 4.4 | 0.5 | 0.5 | 4.0 | 3.5 |
| 江门 | 3.4 | 2.5 | 6.9 | 6.3 | 5.1 | 5.1 | 6.7 | 6.9 | 3.4 | 3.7 | 6.7 | 5.8 |
| 肇庆 | 2.9 | 2.2 | 7.9 | 7.0 | 4.2 | 4.3 | 5.1 | 5.2 | 4.4 | 4.1 | 5.4 | 3.9 |
| 澳门 | 4.0 | 3.0 | 0.7 | 0.7 | 1.0 | 0.7 | 0.5 | 0.5 | 34 | 35.3 | 14.8 | 10.9 |

资料来源：根据《广东统计年鉴》《香港统计年刊》《澳门统计年鉴》当年数据计算。

总体而言，广州公共服务集聚能力在粤港澳大湾区具有一定优势，尤其在医疗领域具有显著优势。广州在教育领域由于资金投入相对香港和深圳较低，未来其优势可能会面临降低风险。在文化公共服务领域，广州的优势也有所下降，而深圳则得到了加强。

## 第二节　广州在粤港澳大湾区的连接能力分析

良好的连接和联系能力意味着更高的开放程度、更高的生产效率和更低的生产成本，是衡量一座城市全球竞争力的重要标准。连接能力主要通过交通联系情况来体现。目前，广州已经基本建成了连通内外、联动陆海、沟通南北、辐射东西的交通网络，成为全国乃至全球重要的航空城市、航运城市、高铁城市，城市的通达性居于全国前列。通过前文对粤港澳大湾区路网和轨道交通网的空间分布情况分析发现，无论是公路交通还是轨道交通，广州的枢纽地位都十分明显。广州与周围的佛山、东莞、中山等城市间均出现高密度路网连片区域，且随着时间演进连片化的高密度路网区域不断增加。通过前文中交通POI数据分析同样发现，在粤港澳大湾区中，广州交通设施集聚水平位居第一，与深圳共同构成双交通枢纽。得益于良好的交通通达性，广州与粤港澳大湾区各城市之间联系紧密。事实上，根据百度地图与北京交通发展研究院发布的《2021年度中国城市交通报告》，2021年全国双城驾车出行热度中，广州与周围城市之家的驾车出行热度最大，其中广州—佛山、广州—东莞、广州—深圳为全国双城出行热度的前三对城市，广州—中山双城出行热度排名第九。然而，需要关注的是，近年来，随着各个城市加快推进交通基础设施建设，广州和深圳交通设施集聚水平都有所下降，整个湾区的交通发展呈现更加均衡趋势。

粤港澳大湾区城市间的交通联系方式主要包括公路和轨

道交通，因此可选取这两种方式来进一步评估广州在粤港澳大湾区中的连接效率。综合通勤时间能从侧面反映出广州到其他城市资源流通的便捷性，进而反映出广州的连接水平和效率。为了尽可能反映实际通勤时间，评估考虑主要因素包括：一是为尽量考虑堵车因素的影响，综合通勤时间取早晚通勤时间的均值，时间来自百度地图导航的时间。二是鉴于广州到其他城市的各类资源交流方式主要是通过公路运输进行，因此综合通勤时间测算中公路通勤时间权重为70%，轨道交通为30%。三是由于火车站、高铁站等与主城区及其他地方的通勤耗时较长，因此综合通勤时间取两个城市间行政中心的通勤时间。

基于以上考虑，测算出粤港澳大湾区综合通勤时如下表7-9所示。将粤港澳大湾区各个城市的对外通勤时间汇总，得到总的平均通勤时间2.7小时。其中，广州到周边城市的平均通勤时间最短，为2.3小时，对外连接便捷水平在粤港澳大湾区中居于首位。广州到佛山的综合通勤时间最短，为0.99小时；其次是东莞和中山，在2小时以内；再次是深圳和肇庆、珠海、澳门、惠州与江门，综合通勤时间在三小时以内；最后是香港，综合通勤时间为3.61小时。总体而言，在粤港澳大湾区中，广州交通枢纽地位和连接水平均居于第一位，具有较为明显的优势。然而，粤港澳大湾区交通网络正呈现出朝着更加均衡化的方向演进，单个城市的交通连接优势将会缩小。此外，在综合考虑道路拥堵、通勤时间、通勤地点等因素的影响下，广州到粤港澳大湾区各个城市还未全天候实现"一小时通勤圈"，通勤效率还有待进一步提高。

表7-9　　　　　2021年粤港澳大湾区各城市综合通勤时间　　　　单位：小时

| 城市 | 广州 | 深圳 | 珠海 | 佛山 | 惠州 | 东莞 | 中山 | 江门 | 肇庆 | 香港 | 澳门 |
|---|---|---|---|---|---|---|---|---|---|---|---|
| 广州 | 0 | 2.13 | 2.28 | 0.99 | 2.93 | 1.43 | 1.87 | 2.89 | 2.06 | 3.61 | 2.58 |
| 深圳 | 2.13 | 0 | 3.28 | 2.53 | 2.45 | 1.80 | 2.63 | 1.98 | 3.53 | 1.50 | 3.88 |
| 珠海 | 2.28 | 3.28 | 0 | 2.19 | 3.12 | 1.94 | 1.21 | 2.13 | 3.24 | 2.81 | 0.99 |
| 佛山 | 0.99 | 2.53 | 2.19 | 0 | 3.05 | 1.89 | 1.86 | 2.21 | 2.02 | 4.83 | 2.61 |
| 惠州 | 2.93 | 2.45 | 3.12 | 3.05 | 0 | 2.10 | 3.77 | 2.73 | 3.76 | 3.70 | 4.11 |
| 东莞 | 1.43 | 1.80 | 1.94 | 1.89 | 2.10 | 0 | 2.71 | 1.64 | 3.21 | 3.28 | 2.94 |
| 中山 | 1.87 | 2.63 | 1.21 | 1.86 | 3.77 | 2.71 | 0 | 1.66 | 3.14 | 4.03 | 2.10 |
| 江门 | 2.89 | 1.98 | 2.13 | 2.21 | 2.73 | 1.64 | 1.66 | 0 | 1.44 | 4.64 | 3.04 |
| 肇庆 | 2.06 | 3.53 | 3.24 | 2.02 | 3.76 | 3.21 | 3.14 | 1.44 | 0 | 5.74 | 4.55 |
| 香港 | 3.61 | 1.50 | 2.81 | 4.83 | 3.70 | 3.28 | 4.03 | 4.64 | 5.74 | 0 | 2.73 |
| 澳门 | 2.58 | 3.88 | 0.99 | 2.61 | 4.11 | 2.94 | 2.10 | 3.04 | 4.55 | 2.73 | 0 |

资料来源：根据百度地图导航时间并进行权重赋值计算。

## 第三节　广州在粤港澳大湾区的辐射能力分析

辐射力即对外辐射的能力。综合相关研究，在此运用引力模型和断裂点模型来测度分析广州的辐射力。空间联系强度能在一定程度上反映出城市的辐射能力，测算公式如式（7-1），即用常住人口和地区生产总值乘积的开方表示城市综合发展质量，用百度地图测算的驾车通勤距离来代表城市间距离。

$$F_{ab} = k \frac{\sqrt{P_a V_a} \sqrt{P_b V_b}}{T_{ab}^2} \quad (7-1)$$

式中，$F_{ab}$ 为 $a$、$b$ 两城市间的空间相互作用力，$k$ 为引力常量，一般取 $k=1$，$P_a$ 和 $P_b$ 为城市的人口指标，$V_a$ 和 $V_b$ 为城市的GDP，$T_{ab}$ 表示城市行政中心间的综合通勤时间，计算结果如表7-10所示。

表 7-10　　　　　　　广州到大湾区各城市空间联系强度

| 年份<br>城市 | 2015 | 2016 | 2017 | 2018 | 2019 | 2020 | 2021 |
|---|---|---|---|---|---|---|---|
| 深圳 | 1244.74 | 1424.27 | 1672.25 | 1849.94 | 2041.15 | 2498.43 | 2813.62 |
| 珠海 | 172.77 | 194.39 | 233.11 | 263.26 | 304.65 | 382.74 | 433.20 |
| 佛山 | 14605.65 | 16108.87 | 14006.57 | 19819.43 | 21578.08 | 26545.64 | 30180.48 |
| 惠州 | 303.42 | 335.91 | 363.03 | 412.72 | 431.26 | 596.60 | 636.02 |
| 东莞 | 2534.15 | 2802.89 | 1889.73 | 3465.49 | 3837.84 | 4893.45 | 5551.48 |
| 中山 | 672.52 | 742.68 | 707.00 | 911.41 | 981.54 | 1145.41 | 1300.19 |
| 江门 | 615.43 | 679.64 | 646.99 | 834.05 | 898.23 | 1048.19 | 1189.83 |
| 肇庆 | 395.24 | 432.18 | 465.17 | 498.94 | 521.75 | 595.95 | 681.57 |
| 香港 | 653.13 | 730.34 | 815.76 | 872.53 | 922.58 | 1023.33 | 1077.16 |
| 澳门 | 92.64 | 102.50 | 437.28 | 126.35 | 134.96 | 102.14 | 116.73 |

资料来源：根据修正的引力模型计算。

结果显示，在粤港澳大湾区中，广州与佛山联系最强，远超其他城市，其次是东莞、深圳、中山、香港、江门，而与肇庆、惠州、珠海、澳门之间的联系强度则最弱。2015—2021年，广州与各个城市间的引力值均逐年大幅度提升，对外联系强度持续增强。将2021年粤港澳大湾区内部各个城市之间的联系强度值汇总，得出各个城市对外联系强度从高到低依次为广州（43980.29）、佛山（35952.68）、深圳（20821.44）、东莞（13883.90）、香港（13310.98）、中山（4978.41）、江门（4233.48）、惠州（3571.74）、珠海（3144.33）、肇庆（1721.32）、澳门（1611.61），广州位居第一。其中，联系最紧密的五对城市分别为广州—佛山（30180.48）、深圳—香港（9306.47）、广州—东莞（5551.48）、深圳—东莞（4259.80）、广州—深圳（2813.62）。

进一步，使用断裂点法对广州城市的辐射范围进行测度。断裂点即两城市间互相吸引达到平衡的点，可用于测度城市对周边区域的影响和辐射范围，计算公式如式7-2所示。其中，

$D_a$ 表示断裂点到 $a$ 市的距离，$D_{ab}$ 表示两城市间通勤距离，$M_a$ 和 $M_b$ 分别表示两城市综合发展质量指数。综合发展质量指数根据表 1-2 的指标计算合成。

$$D_a = \frac{D_{ab}}{1 + \sqrt{\frac{M_b}{M_a}}} \qquad (7-2)$$

结果如表 7-11 所示。可以看出，除深圳与香港外，广州与大湾区其他城市的断裂点占城市距离的比重均超过 50%，且 2015—2020 年比重呈略微上升的趋势，这表明广州对周边城市的辐射影响范围不断增强。广州到其他城市断裂点比重（辐射范围在总距离中的比重）从大到小的被辐射城市依次为肇庆、珠海、中山、江门、惠州、佛山、东莞、澳门、深圳和香港，大致与被辐射城市的综合发展质量成反比。究其原因，断裂点是单个城市的辐射范围，辐射范围的相对大小要受到对方城市的影响，对方城市的综合发展质量越大，辐射方的影响范围就相对越小。

表 7-11　2015—2020 年广州与各城市之间的断裂点及比重　单位：千米，%

| 城市 | 距离 | 2015 年 断裂点 | 2015 年 断裂点占比重 | 2020 年 断裂点 | 2020 年 比重 |
| --- | --- | --- | --- | --- | --- |
| 深圳 | 138.82 | 66.26 | 47.73 | 66.27 | 47.74 |
| 珠海 | 128.92 | 94.78 | 73.51 | 91.49 | 70.97 |
| 佛山 | 34.85 | 20.30 | 58.26 | 20.51 | 58.85 |
| 惠州 | 141.60 | 93.47 | 66.01 | 94.13 | 66.48 |
| 东莞 | 72.23 | 42.45 | 58.77 | 42.06 | 58.23 |
| 中山 | 83.50 | 55.88 | 66.93 | 58.72 | 70.32 |
| 江门 | 82.45 | 56.39 | 68.39 | 57.45 | 69.68 |
| 肇庆 | 99.17 | 69.18 | 69.76 | 71.26 | 71.85 |
| 香港 | 188.62 | 81.20 | 43.05 | 86.49 | 45.85 |
| 澳门 | 136.69 | 76.87 | 56.24 | 78.53 | 57.45 |

资料来源：根据断裂点模型计算。

将 2020 年广州与大湾区其他城市的断裂点及直线距离在地图中可视化如图 7-3 所示。若以断裂点为半径画圆，广州到其他城市的辐射半径最高可达 94 千米，在粤港澳大湾区中具有较强的辐射带动作用，对珠江西岸的辐射能力大于对珠江东岸的辐射能力。

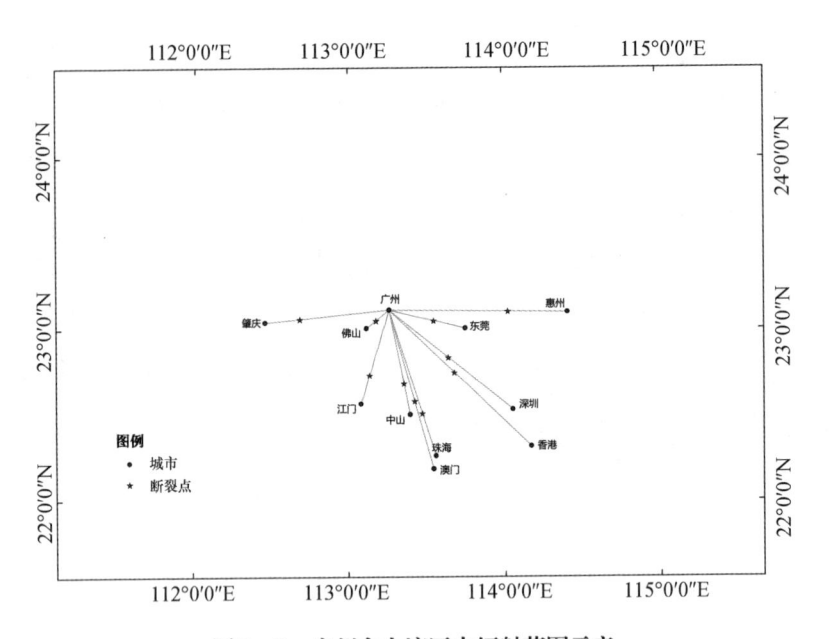

**图 7-3　广州在大湾区中辐射范围示意**

资料来源：根据断裂点模型测算结果绘制。

# 第四节　广州引领粤港澳大湾区协同发展面临的挑战

综合以上分析可以看到广州引领粤港澳大湾区协同发展的优势与短板：广州在粤港澳大湾区引广州集聚能力排名第三，仅次于香港和深圳，对人口、服务业、医疗教育集聚能力相对较强，对制造业、科技创新、资金资源集聚能力相对较弱，利用和拓展国际市场也存在一定差距；连接能力排名第一，但是与粤港澳大湾区主要城市还未形成全天候"一小时通勤圈"；经济联系强度排名第一，但是辐射范围有待进一步扩展。除此之外，广州要引领推动粤港澳大湾区协同发展，还面临以下四个方面的挑战。

### 一 既有城市格局固化减弱广州对大湾区的空间响应能力

每一座城市空间结构的演化和形成都会受到历史多种因素的影响，且空间结构一旦形成就会具有一定的稳定性。面向未来，广州将严格划定城镇开发边界、生态控制线和永久基本农田保护线，以资源环境承载力作为硬约束，强化土地用途管制和空间开发管制，严格控制建设用地规模，实现新增建设用地逐步递减。因此，结合城市主体功能区划，以及现有城镇空间布局和各类用地性质分布，广州城市的总体空间分布格局已经基本确定，大规模调整的空间有限、难度较大。在此背景下，广州只能在现有城市总体空间框架下寻找合适的新空间或者通过整合重组旧空间建设融入粤港澳大湾区的重大战略平台或者合作对接网络，由此可能会导致对粤港澳大湾区空间发展的响应速度变慢、响应能力变弱。

### 二 湾区空间演化对广州综合性门户枢纽地位形成挤压

广州地处粤港澳大湾区东岸和西岸的交汇点，是湾区东西两岸联系以及湾区与华南地区联系的重要枢纽。作为国家三大综合交通枢纽之一，通过发达国家航空网络和航运网络，广州也是粤港澳大湾区链接全球的综合性门户枢纽。然而，随着港珠澳大桥、深中通道、虎门二桥、黄茅海跨海通道等区域重大交通设施的建设，粤港澳大湾区东西两岸的人流、物流、资金流等将可以实现更加高效便捷的流动，区域要素流动网络将会被重塑，香港、深圳乃至中山、珠海等城市将在湾区对外联系中发挥更大作用，广州作为湾区综合性门户枢纽的地位可能被进一步弱化。

### 三 大湾区圈层发展结构不利于广州全域融入引领区域发展

根据粤港澳大湾区的经济辐射和溢出方向，大湾区将形成"内湾—环湾—外湾"圈层发展结构。"内湾发展带"将成为大湾区经济社会最发达、最开放的地区，是大湾区高端服务业的集聚区，整个湾区的辐射器和动力源。"环湾发展带"将依托临近内外发展带的优势，通过承接内湾产业发展和自主创新发展，成为大湾区先进制造业集聚带和优质生活延伸带。"外湾发展带"将成为大湾区生态文明示范带、城乡融合示范带、据点开发探索区和特别合作区（飞地）建设试验区。相应这一空间发展趋势，各个城市重大战略功能区向内湾地区集聚发展的趋向十分明显。在此背景下，距离内湾地区相对较远的区域可以分享到内湾地区发展的红利可能相对较少，可能导致在湾区层面出现新的"中心—外围"二元结构，处于相对外围地区的城市或者区域将在新一轮发展中面临既有优势稀释或者相对边缘化。广州城市空间形态呈南北狭长特征，整个城市除了南沙及珠江沿岸周边地区之外，其他地区离内湾地区相对较远，在湾区中的区位优势并不明显，对湾区发展的响应能力相对较弱。

### 四 既有发展平台能级对广州中心城市地位支撑不足

经过多年开发建设，广州已经建成多个发展战略平台。2022年6月，国务院发布《广州南沙深化面向世界的粤港澳全面合作总体方案》，意味着南沙作为国家级战略平台建设迎来新的发展契机。但是，与前海合作区相比，南沙要在粤港澳大湾区建设中发挥引领带动作用，还需要一段时间的开发建设。总体来看，广州的各类战略平台广泛分布于 11 个区当中，在空间上较为分散，部分战略平台发展特色不够鲜明，要素集聚能力和功能能级还相对较低，还无法形成国际级、国家级乃至湾区级影响力。与此相比，香港和深圳已经逐步巩固国际金融中心和国际科技创新中心地位，其发展平台对要素的集聚能力更高。在此背景下，广州如果没有构建出足够强大的要素集聚新平台，或者推动现有平台快速上升成为湾区级的重大战略功能区，未来在粤港澳大湾区中的中心城市地位将面临稀释和分解。

## 第五节 提升广州在粤港澳大湾区协同发展中引领能力的对策

通过分析可以发现，广州在粤港澳大湾区中的核心引擎功能不断增强，在某些领域具有领先优势，同时也在一些领域还有差距。面向未来，广州引领提升粤港澳大湾区协同发展的总体思路是要牢牢把握粤港澳大湾区发展新形势、新阶段、新要求，坚持新发展理念，按照高质量发展要求，立足自身在国内大循环和国内国际双循环中的位置和优势，以规划对接、规则对接、市场对接、功能对接、交通对接、平台对接、项目对接为重点，畅通与各类区域商品、要素和服务的循环流转网络，持续增强国家中心城市集聚承载能力与辐射带动能级，努力成为推动粤港澳大湾区协调发展的排头兵和引领者。

### 一 强化功能提升

经济价值构成国际大都市价值的基础，城市在全球城市网络体系中的位置与其经济规模和功能、辐射范围及在世界经济系统中的地位密切相关。但是，越来越多国际大都市发展的价值取向正由高度聚焦经济价值转向关注综合价值，如纽约提出规划强大而公正的全球城市，新加坡提出建设高品质生活的城市。广州在面向粤港澳大湾区拓展、调整和优化城市空间过程中，应紧跟发展大趋势推动生产空间、生活空间和生态空间融合发展，更加重视进一步提升综合城市功能，围绕持续巩固和强化在粤港澳大湾区中的国际商贸功能、国际经济枢纽功能、陆海内外联动的国际综合门户枢纽功能、国际科技教育文化功能和国际宜居宜业功能，发挥广州在粤港澳大湾区中的引擎作用。强化与港澳文化、教育、医疗、养老等领域交流合作，积极为港澳人士特别是港澳青年在广州居住、学习、创业、就业、商旅提供更加便利的条件，共同推进环境保护和治理，在湾区中率先建设成为公平公正、和谐包容、可持续发展的国际大都市。

依托城市功能提升增强经济集聚能力，强化在粤港澳大湾区中的经济发展引领能力。加快建设国际商贸中心、国际消费中心，进一步增强作为粤港澳大湾区现代服务经济中心的优势地位，提升链接和拓展国际市场能力。把握数字化发展新机遇加快实施制造业立市战略，着力打造若干规模产值大的先进制造业产业集群，进一步提升在粤港澳大湾区中的制造业地位。建立更加精准的新产业、新业态识别监测机制，主动发现和培育新兴经济领域中的潜力企业，力争在未来产业的发展中形成新增长点、创造新优势。贯彻落实国务院印发的《扎实稳住经济的一揽子政策措施》，抓住国家出台《广州南沙深化面向世界的粤港澳全面合作总体方案》新机遇，加快市内重大战略性平台建设和政策制度创新，持续增加市场主体数量和质量，积极提升广州企业和产业载体数量在粤港澳大湾区的比重。统筹发展和安全，实行更加积极的防疫政策，以多种方式刺激零售、餐饮、文旅、住宿、体育领域消费，进一步扩大消费市场规模。

## 二 强化轴带串联

广州作为粤港澳大湾区中心城市，要增强核心引擎功能，就必须面向粤港澳大湾区调整优化广州枢纽型网络城市格局，更加重视与周边城市交界地区的开发建设，建立与粤港澳大湾区融为一体的城市空间形态。因此，站在粤港澳大湾区的视角，立足广州城市空间布局特征，可着力构建引领广州融入粤港澳大湾区的两条发展轴。

第一条即为依托珠江形成的发展轴。珠江沿岸发展带沿珠江口逆流而上，包括珠江前航道、后航道、西航道约75平方千米，涉及越秀区、海珠区、荔湾区、天河区、白云区、黄埔区、番禺区等沿岸重点规划建设区域。以珠江沿岸发展带为基础建设广州向湾发展轴的优势是：依靠珠江串联作用而形成的轴带形态特征比较明显；珠江沿岸高质量发展已经有较为清晰明确的规划建设方案；珠江沿岸发展带位于环珠江口黄金内湾核心地区和延伸地区，有利于带动广州城市空间向湾发展。第二条即为依托广州科技创新轴形成的发展轴。广州科技创新轴以中新广州知识城、南沙科学城为极点，连接广州人工智能与数字经济试验区、广州科学城、广州国际生物岛、天河智慧城、广州大学城、白云湖数字科技城等关键节点，从南向北串联起黄埔区、天河区、番禺区和南沙区四个区。以广州科技创新轴建设广州第三条发展轴的优势是：科技创新轴位于广深港澳科技创新走廊上，其规划建设已被写入《广州市国民经济和社会发展第十四个五年规划和2035年远景目标纲要》和广州市第十三次党代会报告当中；科技创新轴呈现南北走向，基本贯穿了广州全域，与城市整体空间形态一致，也与广州城市第一条发展轴和第二条发展轴平行分布；科技创新轴上分布有国家战略级平台，科技和产业发展积累了较好的基础。

### 三 强化资源整合

主动按照比较优势的原则推动人才、资本、技术、创新等要素在湾区中合理化配置，引导高端要素资源向重大产业、科技创新等功能区集聚，同时通过土地租金等成本因素推动相对低端生产要素转移实现空间腾挪升级，重点依托广州开发区等国家级开发区，以及广州知识城、科学城、琶洲互联网创新集聚区等重大平台，打造广深港澳科技创新走廊重要节点。重点整合利用湾区金融市场和科技创新资源，加快推动广州建设实体经济、科技创新、现代金融、人力资源协同发展的现代化产业体系。率先与港澳开展经济合作项目共建，再逐步扩展到与湾区内部政务服务、公共服务、要素市场等领域开展深度合作，在"一国两制"框架下实现穗港澳体制机制深入融合对接，带动穗港澳人流、物流、资金流、技术流和信息流的优化配置，最终实现在湾区形成一种相对合理的产业链分工格局、相对自由高效的要素流动格局。

通过市场化社会化办法多渠道、多方式稳住并增加就业岗位，不断储备并巩固劳动力资源优势。深入实施人才强市战略，优化创新创业环境，吸引更多内地、港澳台和外国创新人才，着力打造青年友好型城市、创新人才理想工作之城和生活之城，将广州打造成为粤港澳大湾区高水平人才高地重要战略支点。加快创新平台建设，以构建覆盖到基础研究、技术攻关、成果转化、产业发展、科技金融、人才支撑的全过程创新生态链为重点，推动各种创新资源有效集聚。加快推进国际化转型，持续优化现代化国际化营商环境，增强对外资的吸引力。加快推进国际金融城等重点平台建设以及与香港深圳金融市场互联互通，不断增强金融资源集聚能力。积极争取财政资金和新增地方政府债券额度支持，增强公共财政支出撬动社会投资能力。

借鉴上海、北京的数据交易所建设经验，积极推动广东数据交易所建设，加快数据要素市场建设，增强数据要素集聚配置能力。

### 四 强化战略协同

加快建立健全适应新时代粤港澳大湾区协同发展要求的高层次、多层面的合作体制机制，加强与各城市地方立法、规划建设、政务服务等领域的合作，促进政府间及对口部门间定期会晤与互访互学交流，主动加强与各城市相关规划和政策制度的衔接，分阶段、分梯次、分类别推进粤港澳大湾区协同发展。积极推动广州国有企业与其他城市国有企业开展资源重组或成立合资公司，鼓励民营经济跨城合作，共同开展产业项目投资或者区域开发建设。围绕国家重大区域发展战略要求，积极探索与粤港澳大湾区其他城市联合向国家申请重大项目落地支持。主动推动成立各类粤港澳大湾区产业发展协会、联盟或者社会组织，依托民间组织力量推进区域合作。支持粤港澳大湾区研究智库在广州成立和发展壮大，为粤港澳大湾区建设开展深入研究、宣传推介，共同讲好大湾区故事。

强化城市边界地区战略规划以及开发建设的协同性。在粤港澳大湾区融合发展中重塑广州外围区域区位新优势，致力于挖掘南沙、黄埔、增城等战略发展平台在粤港澳大湾区建设中的独特优势，推动其从市域外围成为粤港澳大湾区中心地区，建设成为湾区开放合作主战场和前沿阵地。具体来看，充分发挥南沙作为国家级粤港澳全面合作平台、粤港澳大湾区几何中心、环珠江口100千米内湾地区以及广深港澳科技创新走廊中心地段的优势，加强与珠江东岸深圳、东莞和珠江西岸中山、珠海以及珠江北岸佛山毗邻地区的连通发展，增强与前海合作区、横琴合作区、滨海湾新区等区域重大战略平台的互动，携手深、港、澳共建国际科技创新中心、湾区国际贸易中心和高水平对外开放门户，建设具有国际竞争力的现代化产业体系，打造成为粤港澳大湾区城市群高质量发展的先行区、示范区。充分发挥广州东部黄埔、增城的空间优势、产业优势、创新优势和宜居优势，依托广深港科技创新走廊的串联作用，谋划共建区域重大合作平台，加强与东莞、深圳、惠州的连通与融合发展。充分发挥广州西部荔湾历史文化和现代服务发展优势，加快建设广佛科技产业示范区、广佛高质量融合发展示范区，推动交界地区结对合作共建，引领广佛同城化发展。

### 五 强化规则对接

对标对表全球营商环境最高最好最优，以实施营商环境5.0版改革为契机，推进更多引领型创造型改革，率先构建高标准国际化经贸规则体系和市场体系，打造国家营商环境创新试点城市，加快实现现代化国际化营商环境出新出彩。加强与港澳等城市在经济规则、营商环境规则等市场规则的对接，重点在市场准入、审批制度、商事制度、贸易监管、金融创新、市场监管等方面先行先试，不断压缩负面清单长度，建成比肩香港的国际一流营商环境，更好促进港澳要素以及国际要素通过港澳流入广州或经广州流入内地。以南沙自贸试验区、广州科学城、中新广州知识城等区域为重点，探索建设粤港澳大湾区制度创新先行区，重点围绕制约粤港澳大湾区要素高效流动和配置的关键问题开展先行先试，加快形成可复制可操作的经验并进行推广。加快推动中新广州知识城、临空经济试验区等特殊区域与广东自贸试验区联动发展，强化面向科技产业创新和创新要素全球化配置的制度和政策创新，形成国际一流的投资贸易便利化环境。紧紧围绕打造成为立足湾区、协同港澳、面向世界的重大战略性平台，充分发挥南沙作为国际资源和国内资源、国际市场和国内市场的重要交汇点优势，对标国际高水平自贸协定规则，深入对接共建"一带一路"合作国家和地区发展需要，以国际交往平台、国际服务平台、国际市场平台建设为抓手推动国际经济合作，加快引进港澳元素、港澳资源、港澳力量，将南沙打造成为国内外一流企业、高端要素和优质公共服务资源富集的空间增长极和辐射动力源，拓展广州向粤港澳大湾区东西两岸乃至国内外的辐射半径。

# 附录　数据来源与使用说明

本书包含常规统计数据、站点数据、POI 数据、遥感影像数据等四类统计数据。其中，常规统计数据的来源为 2016 至 2021 年的《广东统计年鉴》《香港统计年刊》《澳门统计年鉴》《澳门环境状况报告》以及 2020 年的《中国统计年鉴》以及国家统计局的公开数据等，由合计两百多个数据表格整理而成。站点数据的来源为粤港澳区域空气质量实时发布平台，由共计 15 个数据表格整理而成。POI 数据委托了第三方进行网络地图 POI（信息点）数据采集和加工处理工作，采集并处理了粤港澳大湾区三个年份累计约 2000 万条 POI 数据。遥感影像的数据来源为中国科学院地理科学与资源研究所资源环境科学数据中心关于广东地区的 2015 年、2018 年和 2020 年的 1KM 分辨率土地利用现状遥感监测数据，使用了其中的一级土地利用类型，采用 QGIS 软件进行分类统计。以上所述四个方面的统计数据均在本研究中涉及，详细的说明见如下。

## 一　常规统计数据

产业、市场、公共服务、生态环境协同发展指数的评价分析使用了常规的统计数据。数据来源于 2016 至 2021 年历年的《广东统计年鉴》《香港统计年刊》《澳门统计年鉴》，以及 2020 年的《中国统计年鉴》等。数据的来源详见下表。

附录　数据来源与使用说明　249

附表1　常规统计数据来源

| 常规统计数据来源 | 网址 |
| --- | --- |
| 《广东统计年鉴》 | 广东省统计局（gd.gov.cn） |
| 《香港统计年刊》 | 政府统计处（censtatd.gov.hk） |
| 《澳门统计年鉴》 | 澳门统计暨普查局（dsec.gov.mo） |
| 《澳门环境状况报告》 | DSPA—澳門特別行政區—環境保護局 |
| 《中国统计年鉴》 | 国家数据（stats.gov.cn） |
| 人民币汇率 | 国家数据（stats.gov.cn） |

附表2　常规统计数据来源——产业协同指标数据来源

| 产业协同指标 | 数据源 |
| --- | --- |
| 农业、工业、建筑业、批发和零售业、交通运输仓储和邮政业、住宿和餐饮业、金融业、房地产业生产值 | 广东：《广东统计年鉴》2016 表2-19+续表，《广东统计年鉴》2017 表2-20+续表，《广东统计年鉴》2018、2019、2020、2021 表2-24+续表<br>澳门：《澳门统计年鉴》表18.1，《澳门统计年鉴》2017 表18.9（2015—2016年），《澳门统计年鉴》2020 表18.9（2017—2019年）<br>香港：《香港统计年刊》表4.6 按经济活动划分的本地生产总值，或《中国统计年鉴》2020 表26-11 |
| 进出口总额 | 广东：《广东统计年鉴》2021 表6-12 各市进口总额（2016—2020），《广东统计年鉴》2021 表6-11 各市出口总额（2016—2020），2015年见2020年《广州统计年鉴》<br>香港：《中国统计年鉴》2020 表26-26 商品进出口贸易总额或表26-1 的进出口总额<br>澳门：《中国统计年鉴》2020 表27-1 进出口总额（2015—2019） |
| 从业人员 | 广东：《广东统计年鉴》2021 表4-5（2015—2020）<br>香港：《中国统计年鉴》2020 表26-6 劳动人口（2015—2019）或表26-1 劳动人口<br>澳门：《中国统计年鉴》2020 表27-1 劳动人口（2015—2019） |

附表3　　常规统计数据来源——市场协同指标数据来源

| 市场协同指标 | 数据源 |
| --- | --- |
| 社会消费品零售总额 | 广东：《广东统计年鉴》2020 表 16-4（2015—2019）<br>香港：《香港统计年刊》2020 表 6.9（2015—2019）<br>澳门：《澳门统计年鉴》2020、2017 表 4.7 |
| 综合消费物价指数 CPI | 广东：2015 年的在《广东统计年鉴》表 9-8（每年统计上一年），其余年份在表 9-5<br>香港：《中国统计图鉴》2020 表 26-1（每年都是以 2014—2015 年 =100 为基准）<br>澳门：《中国统计图鉴》2020 表 27-1（每年均以 2018—2019 年 =100 为基准） |
| 工业生产者出厂价格指数 PPI | 广东：2015 年的在《广东统计年鉴》表 9-12（2015—2019），其余年份在表 9-8<br>香港：《中国统计年鉴》2020 表 26-1（都是以 2015 年等于 100 为基准）<br>澳门：2020 年、2017 年《澳门统计年鉴》表 13.2 工业生产指数（以 2008 年 =100 为基准） |
| 接待游客数 | 广东：《广东统计年鉴》2018、2020 表 17-14 总计<br>香港：《中国统计年鉴》2020 表 26-1 访港游客（2015—2019）<br>澳门：《中国统计年鉴》2020 表 27-1 入境旅客数（2015—2019） |

附表4　　常规统计数据来源——公共服务协同指标数据来源

| 公共服务协同指标 | 数据源 |
| --- | --- |
| 教育支出 | 广东：《广东统计年鉴》2016—2020 表 8-5 各市财政收支　教育（每年统计上一年）<br>香港：《中国统计年鉴》2020 表 26-40 按政策组分划分的公共开支　教育（2015—2019）<br>澳门：《澳门统计年鉴》2020 表 19.2.5（2015、2018、2019）、《澳门统计年鉴》2018 表 19.2.5（2016、2017）教育开支 |
| 小学与中学在校生数据 | 广东：《中国城市统计年鉴》2015—2019 年表 2-37（每年统计当年）<br>香港：《香港统计年刊》2020 表 12.3 学生人数（2015—2019）<br>澳门：《中国统计年鉴》2020 表 27-28 注册学生人数（2015—2019） |

续表

| 公共服务协同指标 | 数据源 |
| --- | --- |
| 城镇登记失业率 | 广东：表 4-17 各市年末登记失业人数，除以各市劳动力人数计算失业率，劳动力人数来自城市统计年鉴中城镇单位从业人员期末人数<br>香港：《香港统计年刊》2020 表 2.2 失业比率总计（2015—2019）<br>澳门：《澳门统计年鉴》2020 表 3.1 主要指标中的失业率（2015、2018、2019），《澳门统计年鉴》2018 表 3.1（2016—2017） |
| 城镇登记失业人数 | 广东：《广东统计年鉴》2020 表 4-17 各市年末登记失业人数（2016—2019），《广东统计年鉴》2019 表 4-17（2015）<br>香港：《中国统计年鉴》2020 表 26-6 失业人口（2015—2019）或《香港统计年刊》2020 表 2.2 失业人数总计<br>澳门：《中国统计年鉴》2020 表 27-4 失业人口（2015—2019）或《澳门统计年鉴》2020 表 3.1 主要指标中的失业人口 |
| 失业参保人数 | 广东：《广东统计年鉴》2020 表 21-7、《广东统计年鉴》2016—2019 表 20-7 失业保险参保人数（每年统计上一年）<br>香港：《香港统计年刊》表 14-2 社会保障援助个案中的失业<br>澳门：《澳门统计年鉴》2020 表 7.6（2015、2018、2019）、《澳门统计年鉴》2018 表 7.6（2016、2017）社会保障基金的发放中的失业津贴受领人数 |

**附表 5　常规统计数据来源——生态环境协同指标数据来源**

| 生态环境协同指标 | 数据源 |
| --- | --- |
| 单位 GDP 耗电量 | 广东：《广东统计年鉴》2020 表 7-6 各市电力消耗量（2015—2019）/表 2-15 各市 GDP（2015—2019）<br>香港：《中国统计年鉴》2020 表 26-17 电力消费量（2015—2019）/表 26-10 本地生产总值（2015—2019）或《香港统计年刊》表 7.2 电力用量/表 4.1（A）GDP<br>澳门：《中国统计年鉴》2020 表 27-11 电力消耗量（2015—2019）/表 27-7 本地生产总值（2015—2019）或《澳门统计年鉴》表 15.1 耗电量/表 18.1GDP |

续表

| 生态环境协同指标 | 数据源 |
| --- | --- |
| 单位GDP的污水排放量 | 广东：2016年表7-21、2017年表7-22，2018年与2017年的重复，2019年、2020年的《广东统计年鉴》表7-23废水排放总量<br>香港：污水投入金额<br>澳门：日均污水处理量 |
| 人均城市绿地面积 | 广东：2019年《广东统计年鉴》表7-24（2015—2017），2020年《广东统计年鉴》表7-24（2018）<br>澳门：澳门环境状况报告 |

## 二 站点数据

生态环境协同指数中的PM2.5年平均浓度、单位GDP二氧化氮排放量、单位GDP二氧化硫排放量均来源于站点数据。数据来源于粤港澳区域空气质量实时发布平台。

附表6　　　　　　　　　　站点统计数据来源

| 协同指数 | 数据源 |
| --- | --- |
| PM2.5年平均浓度 | 粤港澳区域空气质量实时发布平台表4.5b或表4.6b（每年统计当年，下同） |
| 单位GDP二氧化氮排放量 | 粤港澳区域空气质量实时发布平台表4.2c |
| 单位GDP二氧化硫排放量 | 粤港澳区域空气质量实时发布平台表4.1c |

## 三 POI数据

产业、商业、交通、公共服务、生态环境协同发展指数的评价分析使用了POI数据。数据采集委托了第三方进行网络地图POI（信息点）数据采集和加工处理工作，并提供全国范围内四个年份的的POI数据。部分年份数据的详情如下。

附表7　　　　粤港澳大湾区各类POI数量及占比　　　　单位:%

| 分类编码 | 名称 | 2017年 数量 | 2017年 占比 | 2021年 数量 | 2021年 占比 | 变化 |
|---|---|---|---|---|---|---|
| 01 | 汽车服务 | 70784 | 1.43 | 125183 | 1.99 | 76.85 |
| 02 | 汽车销售 | 10626 | 0.21 | 21986 | 0.35 | 106.91 |
| 03 | 汽车维修 | 32223 | 0.65 | 38642 | 0.61 | 19.92 |
| 04 | 摩托车服务 | 14363 | 0.29 | 14735 | 0.23 | 2.59 |
| 05 | 餐饮服务 | 708243 | 14.28 | 978147 | 15.56 | 38.11 |
| 06 | 购物服务 | 1513155 | 30.50 | 1760473 | 28.00 | 16.34 |
| 07 | 生活服务 | 650082 | 13.10 | 857389 | 13.64 | 31.89 |
| 08 | 体育休闲服务 | 77096 | 1.55 | 106135 | 1.69 | 37.67 |
| 09 | 医疗保健服务 | 119400 | 2.41 | 178773 | 2.84 | 49.73 |
| 10 | 住宿服务 | 80495 | 1.62 | 133901 | 2.13 | 66.35 |
| 11 | 风景名胜 | 21029 | 0.42 | 38066 | 0.61 | 81.02 |
| 12 | 商务住宅 | 137967 | 2.78 | 215341 | 3.43 | 56.08 |
| 13 | 政府机构及社会团体 | 108232 | 2.18 | 154292 | 2.45 | 42.56 |
| 14 | 科教文化服务 | 122403 | 2.47 | 218423 | 3.47 | 78.45 |
| 15 | 交通设施服务 | 200989 | 4.05 | 257432 | 4.09 | 28.08 |
| 16 | 金融保险服务 | 72269 | 1.46 | 61441 | 0.98 | -14.98 |
| 17 | 公司企业 | 990034 | 19.95 | 1095545 | 17.43 | 10.66 |
| 18 | 道路附属设施 | 2959 | 0.06 | 2004 | 0.03 | -32.27 |
| 20 | 公共设施 | 29022 | 0.58 | 28951 | 0.46 | -0.24 |
| 合计 | | 4961371 | 100 | 6286859 | 100 | 26.72 |

## 四　遥感影像数据

生态环境协同发展指数的评价分析使用了遥感影像数据。数据来源于中国科学院地理科学与资源研究所资源环境科学数据中心广东地区的2015年、2018年和2020年的1KM分辨率土地利用现状遥感监测数据。土地利用类型包括耕地、林地、草地、水域、居民地和未利用土地 6 个一级类型和 25 个二级类型，本研究只使用了一级类型而并未使用二级类型。根据中国科学院地理科学与资源研究所资源环境科学数据中心，具体分类系统见附录表 8。

附表 8　　　　　　　　　遥感影像数据分类系统

| 一级类型 || 二级类型 |||
|---|---|---|---|---|
| 编号 | 名称 | 编号 | 名称 | 含义 |
| 1 | 耕地 | — | — | 指种植农作物的土地，包括熟耕地、新开荒地、休闲地、轮歇地、草田轮作物地；以种植农作物为主的农果、农桑、农林用地；耕种三年以上的滩地和海涂 |
| — | — | 11 | 水田 | 指有水源保证和灌溉设施，在一般年景能正常灌溉，用以种植水稻，莲藕等水生农作物的耕地，包括实行水稻和旱地作物轮种的耕地。111 山地水田 112 丘陵水田 113 平原水田 114 >25 度坡地水田 |
| — | — | 12 | 旱地 | 指无灌溉水源及设施，靠天然将水生长作物的耕地；有水源和浇灌设施，在一般年景下能正常灌溉的旱作物耕地；以种菜为主的耕地；正常轮作的休闲地和轮歇地 121 山地旱地 122 丘陵旱地 123 平原旱地 124 >25 度坡地旱地 |
| 2 | 林地 | — | — | 指生长乔木、灌木、竹类、以及沿海红树林地等林业用地 |
| — | — | 21 | 有林地 | 指郁闭度 >30% 的天然林和人工林。包括用材林、经济林、防护林等成片林地 |
| — | — | 22 | 灌木林 | 指郁闭度 >40%、高度在 2 米以下的矮林地和灌丛林地 |
| — | — | 23 | 疏林地 | 指林木郁闭度为 10%—30% 的林地 |

续表

| 一级类型 || 二级类型 |||
|---|---|---|---|---|
| 编号 | 名称 | 编号 | 名称 | 含义 |
| — | — | 24 | 其它林地 | 指未成林造林地、迹地、苗圃及各类园地（果园、桑园、茶园、热作林园等） |
| 3 | 草地 | — | — | 指以生长草本植物为主，覆盖度在5%以上的各类草地，包括以牧为主的灌丛草地和郁闭度在10%以下的疏林草地 |
| — | — | 31 | 高覆盖度草地 | 指覆盖>50%的天然草地、改良草地和割草地，此类草地一般水分条件较好，草被生长茂密 |
| — | — | 32 | 中覆盖度草地 | 指覆盖度在>20%—50%的天然草地和改良草地，此类草地一般水分不足，草被较稀疏 |
| — | — | 33 | 低覆盖度草地 | 指覆盖度在5%—20%的天然草地。此类草地水分缺乏，草被稀疏，牧业利用条件差 |
| 4 | 水域 | — | — | 指天然陆地水域和水利设施用地 |
| — | — | 41 | 河渠 | 指天然形成或人工开挖的河流及主干常年水位以下的土地。人工渠包括堤岸 |
| — | — | 42 | 湖泊 | 指天然形成的积水区常年水位以下的土地 |
| — | — | 43 | 水库坑塘 | 指人工修建的蓄水区常年水位以下的土地 |
| — | — | 44 | 永久性冰川雪地 | 指常年被冰川和积雪所覆盖的土地 |
| — | — | 45 | 滩涂 | 指沿海大潮高潮位与低潮位之间的潮浸地带 |
| — | — | 46 | 滩地 | 指河、湖水域平水期水位与洪水期水位之间的土地 |
| 5 | 城乡、工矿、居民用地 | — | — | 指城乡居民点及其以外的工矿、交通等用地 |
| — | — | 51 | 城镇用地 | 指大、中、小城市及县镇以上建成区用地 |

续表

| 一级类型 || 二级类型 |||
|---|---|---|---|---|
| 编号 | 名称 | 编号 | 名称 | 含义 |
| — | — | 52 | 农村居民点 | 指独立于城镇以外的农村居民点 |
| — | — | 53 | 其它建设用地 | 指厂矿、大型工业区、油田、盐场、采石场等用地以及交通道路、机场及特殊用地 |
| 6 | 未利用土地 | — | — | 目前还未利用的土地，包括难利用的土地 |
| — | — | 61 | 沙地 | 指地表为沙覆盖，植被覆盖度在5%以下的土地，包括沙漠，不包括水系中的沙漠 |
| — | — | 62 | 戈壁 | 指地表以碎砾石为主，植被覆盖度在5%以下的土地 |
| — | — | 63 | 盐碱地 | 指地表盐碱聚集，植被稀少，只能生长强耐盐碱植物的土地 |
| — | — | 64 | 沼泽地 | 指地势平坦低洼，排水不畅，长期潮湿，季节性积水或常年积水，表层生长湿生植物的土地 |
| — | — | 65 | 裸土地 | 指地表土质覆盖，植被覆盖度在5%以下的土地 |
| — | — | 66 | 裸岩石质地 | 指地表为岩石或石砾，其覆盖面积>5%的土地 |
| — | — | 67 | 其它 | 指其它未利用土地，包括高寒荒漠，苔原等 |
| 9 | | 99 | 海洋 | |

## 五 历年汇率换算表

考虑到粤港澳三地统计数据采用了不同货币，本书根据历年《中国统计年鉴》中的外币兑换率进行换算（见附表9）。

附表9　　　　　100元其他货币对人民币换算汇率

| 货币 | 2015年 | 2016年 | 2017年 | 2018年 | 2019年 | 2020年 |
|---|---|---|---|---|---|---|
| 港元 | 80.34 | 85.58 | 86.64 | 84.43 | 88.05 | 88.93 |
| 澳门元 | 77.99 | 83.11 | 84.21 | 81.96 | 85.60 | 86.38 |
| 美元汇 | 622.84 | 664.23 | 673.71 | 663.15 | 689.85 | 689.74 |

# 参考文献

## 一 期刊

邴綨纶、毛艳华:《港澳台与广东省地缘经济关系匹配研究》,《现代管理科学》2017年第4期。

陈朝萌:《粤港澳大湾区港口群定位格局实证分析》,《深圳大学学报》(人文社会科学版)2016年第4期。

陈德宁、郑天祥、邓春英:《粤港澳共建环珠江口"湾区"经济研究》,《经济地理》2010年第10期。

习近平:《推动形成优势互补高质量发展的区域经济布局》,《求是》2019年第24期。

陈兰杰、刘彦麟:《京津冀区域政府信息资源共享推进机制研究》,《情报科学》2015年第6期。

陈文鸿:《全球化进程中的世界城市网络——"珠三角"都会区的概念与发展》,《经济前沿》2009年第1期。

陈晓峰、陈昭锋:《生产性服务业与制造业协同集聚的水平及效应——来自中国东部沿海地区的经验证据》,《财贸研究》2014年第2期。

丛屹、王焱:《协同发展、合作治理、困境摆脱与京津冀体制机制创新》,《改革》2014年第6期。

党兴华、赵璟、张迎旭:《城市群协调发展评价理论与方法研究》,《当代经济科学》2007年第6期。

崔志新：《"十四五"时期京津冀产业协同发展研究》，《城市》2021年第3期。

邓江年：《广东产业升级的创新驱动路径研究》，《南方经济》2016年第6期。

董世竹：《粤港澳大湾区产业协同发展的机制和模式分析》，《农村经济与科技》2021年第2期。

杜彦良、高阳、孙宝臣：《关于京津冀交通一体化建设的几点思考》，《北京交通大学学报》2018年第1期。

韩兆柱、董震：《基于整体性治理的京津冀交通一体化研究》，《河北大学学报》（哲学社会科学版）2019年第1期。

胡艳、朱文霞：《交通基础设施的空间溢出效应：基于东中西部的区域比较》，《经济问题探索》2015年第1期。

郁亚丽、徐长乐：《长三角交通一体化对地方经济发展潜力影响研究》，《华东经济管理》2011年第8期。

黄丽华：《建设枢纽型网络城市引领珠三角湾区向世界级城市群发展》，《探求》2017年第1期。

江曼琦、刘晨诗：《京津冀地区电子信息产业结构优化与协同发展策略》，《河北学刊》2016年第6期。

蒋丽：《粤港澳大湾区产业升级协调发展研究》，《广东经济》2020年第11期。

金双泉：《区域一体化的综合交通规划方法探究》，《综合运输》2015年第6期。

柯丽菲：《广西北部湾经济区产业协同发展灰色关联分析》，《广西社会科学》2013年第2期。

李春生：《京津冀协同发展中的产业结构调整研究》，《企业经济》2015年第8期。

李峰、赵怡虹：《建设京津冀协同创新示范区的路径与保障机制研究》，《当代经济管理》2017年第3期。

李冠杰、李荣娟:《区域生态环境协同治理理论阐释》,《法制博览》2018年第27期。

李琳、刘莹:《中国区域经济协同发展的驱动因素——基于哈肯模型的分阶段实证研究》,《经济地理》2014年第9期。

李蓉、强林、蔡敬梅:《产业集聚于区域经济竞争力协调发展的实证研究》,《统计与信息论坛》2014年第3期。

李少林:《战略性新兴产业与传统产业的协调发展——基于省际空间计量模型的经验分析》,《财经问题研究》2015年第2期。

廖红伟、张楠:《京津冀协同发展下产业转移问题研究》,《济南大学学报》(社会科学版)2016年第3期。

刘杰:《山东省西部产业结构趋同研究》,《经济地理》2013年第9期。

刘璟、陈恩、冯杰:《区域产业协同发展及空间布局分析——以深惠莞为例》,《产经评论》2012年第6期。

刘晓丹、孙英兰:《"生态环境"内涵界定探讨》,《生态学杂志》2006年第6期。

刘雪芹、张贵:《京津冀区域产业协同创新能力评价与战略选择》,《河北师范大学学报》(哲学社会科学版)2015年第1期。

鲁勇威、张颖:《京津冀协同发展的区域一体化》,《前线》2020年第1期。

聂正英、李萍:《京津冀交通一体化与区域经济耦合:基于熵权法的协调分析》,《综合运输》2019年第4期。

彭继增、孙中美,黄昕:《基于灰色关联理论的产业结构与经济系统发展的实证分析——以江西省为例》,《经济地理》2015年第5期。

石小伟等:《宁波市城乡公共交通一体化管理与协调导则》,《上海国土资源》2019年第4期。

苏跃江等:《同城化背景下公共客运交通一体化问题探讨——以

广佛同城为例》,《城市交通》2018 年第 1 期。

眭文娟、张昱、王大卫:《粤港澳大湾区产业协同的发展现状——以珠三角 9 市制造业为例》,《城市观察》2018 年第 5 期。

孙昊哲、尹少成:《京津冀协同发展的法治保障:困境与应对》,《首都经济贸易大学学报》2018 年第 2 期。

孙虎、乔标:《京津冀产业协同发展的问题与建议》,《中国软科学》2015 年第 7 期。

孙久文、夏添:《新时代京津冀协同发展的重点任务初探》,《北京行政学院学报》2018 年第 5 期。

孙久文、原倩:《京津冀协同发展战略的比较和演进重点》,《经济社会体制比较》2014 年第 9 期。

覃成林、潘丹丹:《粤港澳大湾区产业结构趋同及合意性分析》,《经济与管理评论》2018 年第 3 期。

覃剑、巫细波:《粤港澳大湾区空间布局与协同发展研究》,《城市观察》2020 年第 1 期。

滕堂伟、瞿丛艺、曾刚:《长江经济带城市生态环境协同发展能力评价》,《中国环境管理》2017 年第 2 期。

万幼清、王云云:《产业集群协同创新的企业竞合关系研究》,《管理世界》2014 年第 8 期。

王冠、刘晓晴、张鑫红:《京津冀产业同构程度评价及制造业协同发展分析》,《河北科技大学学报》(社会科学版)2021 年第 1 期。

王宏彬:《湾区经济与中国实践》,《中国经济报告》2014 年第 11 期。

王晓文、王卓:《京津冀产业协同成熟度研究》,《北京联合大学学报》(自然科学版)2015 年第 2 期。

魏丽华:《京津冀地区市场协同发展研究》,《上海经济研究》2016 年第 4 期。

吴爱东、庞绪庆：《京津冀物流业与经济协同发展的实证分析》，《天津商业大学学报》2014年第5期。

曾刚、王丰龙：《长三角区域城市一体化发展能力评价及其提升策略》，《改革》2018年第12期。

巫细波、赖长强：《基于POI大数据的城市群功能空间结构特征研究——以粤港澳大湾区为例》，《城市观察》2019年第3期。

李砚忠、苗源源：《基于引力模型的京津冀城市群协同发展比较研究》，《北京交通大学学报》（社会科学版）2022年第3期。

武义青、田学斌、张云：《京津冀协同发展三年回顾与展望》，《经济与管理》2017年第2期。

武玉英、魏国丹、何喜君：《京津冀高技术制造业与要素协同度测度及实证研究》，《软科学》2016年第5期。

向晓梅、杨娟：《粤港澳大湾区产业协同发展的机制和模式》，《华南师范大学学报》（社会科学版）2018年第2期。

徐瑛、郭瑞军、虞明远、王笑京：《国家首都圈下的京津冀快速交通网一体化建设和管理政策研究》，《人口与发展》2015年第5期。

杨广生：《要找到粤港澳利益的共同点》，《新经济》2017年第1期。

杨健：《京津冀社会保障协作：制约因素与策略选择》，《天津行政学院学报》2016年第2期。

杨新洪：《粤港澳大湾区产业协同发展研究》，《岭南学刊》2021年第1期。

杨秀瑞、栗继祖：《京津冀产业协同发展障碍因子诊断及对策研究——基于系统论视角》，《经济问题》2020年第10期。

杨耀淇、吴泓毅、金田林：《京津冀产业协同发展的水平测度与实现路径研究》，《经济研究导刊》2021年第20期。

叶堂林、毛若冲：《京津冀协同发展与北京的辐射带动作用》，

《前线》2018年第12期。

余敏江：《论区域生态环境协同治理的制度基础——基于社会学制度主义的分析视角》，《理论探讨》2013年第2期。

喻登科、涂国平、陈华：《战略性新兴产业集群协同发展的路径与模式研究》，《科学学与科学技术管理》2012年第4期。

苑清敏：《我国沿海地区海陆战略性新兴产业协同发展研究》，《科技管理研究》2015年第5期。

张光南、黎叶子、伍俐斌：《粤港澳服务贸易自由化"负面清单"管理的问题与对策》，《港澳研究》2016年第2期。

张瑞萍：《京津冀交通法制一体化的目标与路径》，《北京联合大学学报》（人文社会科学版）2016年第2期。

赵琳琳、张贵祥：《京津冀生态协同发展评测与福利效应》，《中国人口·资源与环境》2020年第10期。

赵双琳、朱道才：《产业协同研究进展及启示》，《郑州航空工业管理学院学报》2009年第6期。

赵细康：《共建粤港澳大湾区要提供覆盖不同制度区域的公共服务》，《新经济》2017年第1期。

赵霄伟：《京津冀产业协同发展：多重困境与韧性应对》，《区域经济评论》2020年第6期。

郑天祥：《大珠三角港口群的竞争与合作》，《港口经济》2005年第3期。

周松兰、刘栋：《"一带一路"战略性新兴产业协同基础研究：以LED产业园为例》，《广东财经大学学报》2017年第1期。

祝合良、叶堂林、张贵祥：《京津冀发展报告（2017）：协同发展的新形势与新进展》，《经济学动态》2017年第6期。

## 二 著作

赫尔曼·哈肯：《协同学》，原子能出版社2007年版。

覃剑、巫细波、蒋丽:《湾区视角下广州建设国际大都市的空间战略》,中国社会科学出版社 2019 年版。

### 三 论文

姜策:《沈阳经济区交通一体化与经济协调发展研究》,博士学位论文,辽宁大学,2016 年。

魏丽华:《京津冀产业协同发展问题研究》,博士学位论文,中共中央党校,2018 年。

### 四 英文

Alessio Brancolini, Benedikt Wirth, "Equivalent Formulations for the Branched Transport and Urban Planning Problems", *Journal de mathématiques pures et appliquées*, Vol. 103, No. 4, 2016.

Alicia H. M., "Why has Productivity Growth Declined? Productivity and Public Investment", *New England Economic Review*, Vol. 1, 1990.

Aschauer D. A., "Is Public Expenditure Productive?", *Journal of Monetary Economics*, Vol. 23, No. 2, 1989.

Behrens K., "International Integration and Regional Inequalities: How Important is National Infrastructure?", *Core Discussion*, Vol. 5, 2004.

BRITTON J., "Network Structure of an Industrial Cluster: Electronics in Toronto", *Environment and Planning*, Vol. 35, No. 6, 2003.

Cantos P., Gumbau A. M., Maudos J., "Transport Infrastructures, Spillover Effects and Regional Growth: Evidence of the Spanish case", *Transport Reviews*, Vol. 25, No. 1, 2005.

Chunhong Zhu, Shenshen Wang, Fan Yang, "Analysis on the Coordinated Development Between Modern Logistics and Urban Agglomeration: Based on the Comparison of Yangtze River Delta and Jing-

Jin-Ji Area", Computer and Information Application (ICCIA), 2010 International Conference on, 2010.

Duffy D., Kevin T., Eberts, Randall W., "Public Infrastructure and Regional Economic Development: A Simultaneous Equation Approach", *Journal of Urban Economics*, Vol. 30, 1991.

Heriberto Cabezas, Christopher W. Pawlowski, Audrey L. Mayer, et al., "Simulated Experiments with Complex Sustainable Systems: Ecology and Technology", *Resources, Conservation and Recycling*, Vol. 44, No. 3, 2005.

Jian T., Sachs J. D., Warner A. M., "Trends in Regional Inequality in China", *China Economic Review*, Vol. 7, No. 1, 1996.

Jules Dupuit, "Regional Disparities and Determinants of Growth in Mexico", *Regional Science*, Vol. 6, 1994.

Mowery D., Rosenbergn, "The Influence of Market Demand Upon Innovation", *Research Policy*, Vol. 8, 1979.

R. Kager, L. Bertolini, M. Te Brömmelstroet, "Characterisation of and Reflections on the Synergy of Bicycles and Public Transport", *Transportation Research Part A*, Vol. 2, 2016.

Wang Lizhe, Chen Lajiao, "The Impact of New Transportation Modes on Population Distribution in Jing-Jin-Ji Region of China", *Scientific data*, Vol. 5, 2018.

Xuegang Cui, Chuanglin Fang, Haimeng Liu, Xiaofei Liu, "Assessing Sustainability of Urbanization by a Coordinated Development Index for an Urbanization-Resources-Environment Complex System: A Case Study of Jing-Jin-Ji region, China", *Ecological Indicators*, Vol. 96, 2019.